国际战略研究丛书

中国社会科学院创新工程学术出版资助项目

国际战略研究丛书

构建新型大国关系与塑造和平的周边环境

中国周边安全形势评估（2014）

China's Regional Security Environment Review: 2014

张　洁 / 主编

社会科学文献出版社
SOCIAL SCIENCES ACADEMIC PRESS (CHINA)

内容概要

2013年是中国周边安全环境与外交政策深度调整的一年。尽管中国周边安全形势总体上处于可控状态，但与2012年相比，传统安全问题与非传统安全问题依旧复杂多变。一方面，朝鲜半岛、钓鱼岛争端、南海、阿富汗等地区热点问题热度不减；另一方面，在积极推动再平衡的背景下，美国对华继续奉行接触加防范的对冲战略，虽然推进的步伐有所放缓，但其接触的程度更深，防范的力度也更大。

美国加强在亚太的直接军事存在，强化亚太双边同盟体系，以及积极打造以东亚双边同盟体系为基础的“小多边机制”等行为，导致中国面临的外部压力增大。为回应并缓解美国亚太战略持续深化对中国造成的压力，中国以协调与美国关系为出发点提出构筑新型大国关系，以化解矛盾为着力点运筹周边外交，以“新安全观”为指导寻求建构新型亚太安全框架，并超越国内视阈以区域稳定与发展的维度推动与东南亚、南亚和中亚地区的经济联系。

目前，中国周边安全环境的新发展与新变化主要源自两种力量驱动：一是美国实施再平衡战略，以试图“规制并引导”中国行为；二是中国积极运筹与主要大国的关系，更加重视并突出周边地区在外交全局中的地位与作用。可以说，一种是美国对中国“加压”的力量，另一种是中国“减压”的努力与实践。

在这两种力量的推动下，中国周边环境进入了一个复杂的转型期。一方面，中国和美国在亚太地区的博弈与协调，成为目前乃至未来影响中国周边安全环境的常量因子；另一方面，美国推动其亚太战略的方式，日本、东盟成员国和印度等对美国亚太战略的政策选择，世界上主要大国对中国构筑新型大国关系的战略回应，以及周边国家对中国倡导的积极周边外交的认知，使中国周边安全环境具有不确定性，当然，这种不确定性也为中国塑造和平周边的努力与实践提供了可能。

本评估报告共分为三部分，包括总篇、新型大国关系：构想与实践篇以及大国与地区篇。总篇首先回应了上年度评估对2013年中国将面临三大挑战的预测，对2013年中国周边安全环境的“常态化”热点问题以及一些新发展进行了梳理，客观分析了影响并塑造中国周边安全环境的两种力量——美国推动战略再平衡和中国周边国家对再平衡的战略回应和政策选择，以及中国为因应国内、地区和国际环境深刻变化而推出的外交新理念和外交新实践。

新型大国关系：构想与实践篇涵盖中国提出构建新型大国关系的时代背景、战略诉求以及政策目标的机遇与挑战，中国与美国、俄罗斯及日本关系的现状和未来发展趋势，中美新型大国关系构建对朝鲜半岛等地区热点问题和中国周边安全环境的影响等内容。

大国与地区篇对中国和美国在“印太”地区、东南亚地区、中南半岛和南亚地区的互动态势进行了梳理，涉及政治、军事、海上安全以及经济等领域多方面内容，既有传统安全与非传统安全议题，也有次区域经济合作。

目 录
CONTENTS

总 篇

新型大国关系：构想与实践

大国与地区

附　录

总　篇

中国周边安全环境：发展、塑造与趋势

吴兆礼*

2013年以来，中国周边安全环境受到两股力量的推动：一是美国深化再平衡战略，通过加强在亚太地区的直接军事存在、强化亚太双边同盟体系以及积极打造以东亚双边同盟体系为基础的“小多边机制”，试图对中国形成更大的战略压力；二是中国以积极的姿态推动大国与周边外交，即以协调与美国关系为出发点提出构筑新型大国关系，以化解矛盾为着力点运筹周边外交，以“新安全观”为指导寻求建构新型亚太安全框架，并推动与东南亚、南亚和中亚地区的经济联系。在可以预见的未来，中国和美国在亚太地区的博弈与调适，仍是影响中国周边安全环境的第一位因素。

在《中国周边安全形势评估：海上争端的焦点与根源（2013）》中，我们认为美国实施再平衡战略的地区效应日益显现，与中国周边安全环

* 吴兆礼，中国社会科学院亚太与全球战略研究院博士，助理研究员。

境变化形成联动，而海上争端则成为美国介入亚太事务以及中国周边国家“拉美抑中”的现实驱动。报告预测，中国在2013年面临三大挑战，一是应对中美试探期的考验；二是应对中南半岛形势新变化；三是应对海上争端，并且认为中美关系和中国与周边国家关系是中国和平发展过程中无法回避而且必须应对的挑战。纵观2013年中国周边安全形势的发展情况，证明上年度评估报告做出的判断基本是正确的。2013年，一方面是美国亚太战略持续深化，另一方面是中国以积极的姿态推动并构筑新型大国关系和周边关系。在这两种力量的推动下，中国周边环境进入了一个复杂的转型期。中国和美国在亚太地区的互动，成为目前乃至未来影响中国周边安全环境的常量因子。同时，美国推动其亚太战略的方式，日本、东盟成员国和印度等对美国亚太战略的政策选择，世界上主要大国对中国构筑新型大国关系的战略回应，周边国家对中国倡导的积极周边外交的认知，又使中国周边安全环境具有不确定性，这也为中国塑造和平周边的努力提供了可能性。

中国周边安全环境新发展

2013年，中国周边安全形势总体上稳定可控，但朝鲜半岛问题、钓鱼岛争端、南海问题、阿富汗问题、恐怖主义威胁等热点问题仍然突出。除这些“常态化”热点问题外，日本政治加速右倾化与军事化，美国与东南亚的军事关系升级，南海问题相关声索国对华姿态出现分歧，以及大国在中南半岛博弈日益凸显，成为中国周边安全环境新变化的四个显性要素。

（一）日本加速右倾化和军事化，引发东亚局势持续紧张

自安倍第二次执政以来，日本政治右倾化加速发展。从安倍的“侵

略定义未定论”到桥下的“慰安妇必要论”，再到麻生的“效仿纳粹修宪论”，安倍政府在政治右倾化的道路上越走越远。安倍及其阁员发出否定侵略历史的言行，引起周边国家的强烈不满。日本政府试图否认和篡改日本侵略历史，并在参拜靖国神社问题上采取纵容与支持态度，加剧了日本与邻国的政治对立。日本政治右倾化加速发展，成为引发东亚国家间关系紧张和地区局势动荡的最主要因素。

日本以周边安全形势复杂恶化为由，借口与中国、俄罗斯以及韩国的领土纷争及朝鲜的“核威胁”大力发展军事能力，增加了与邻国发生潜在武力冲突的能力和可能性。迫于国内外压力，尽管安倍于 2013 年 9 月提出了“基于国际协调的积极和平主义”，但其所谓的“积极和平主义”就是借助美日同盟以求在对外军事行动上采取积极的先发制人战略。积极和平主义背后的战略诉求，以及面向东南亚的以围堵中国为目标的“小东亚主义”，成为东亚地区重大不稳定因素之一。

（二）美国与东南亚国家军事关系大幅提升

美国显著强化盟国和准盟国在其东南亚战略中的支柱地位，与菲律宾、泰国、新加坡军事关系进一步提升；作为同盟关系重要补充和加大在东南亚军事存在的主要着力点，其大力发展与印度尼西亚、马来西亚、越南等国的军事关系，“新战略关系”构建取得很大进展；通过改善与柬埔寨、老挝、缅甸等国军事关系，介入各国军事现代化和职业化进程，使美国在东南亚军事链条趋于完整。

可以说，随着对东南亚战略资源投入增加，美国与东盟几乎所有国家的军事关系都得到新发展，改变了美国的亚太部署“北重南轻”的局面。目前，美国在东南亚的战略布局更趋平衡，呈现出多元、突出海上安全考量、寻求多点进入为主要着眼点和更注重应对所谓“反进入/区域拒止”威胁的先进装备部署等四个特点。

（三）南海形势有所缓和，越南立场有所克制

2013 年，南海形势的主要特征表现为：第一，相关国家之间没有发生激烈的海上摩擦或冲突；第二，南海问题的法理斗争突出，菲律宾就南海断续线等议题提起国际仲裁，中国与东盟也启动关于《南海各方行为准则》的磋商；第三，在合作领域出现一些缓和迹象，但是合作进展缓慢。菲律宾提起国际仲裁，加剧了南海问题的法理化斗争和国际化趋势。虽然中国声明领土主权问题不是《联合国海洋法公约》的解释和适用问题，不接受菲律宾所提仲裁，但到 2013 年 7 月相关仲裁法庭已经成立并启动了仲裁程序。可以说，越南和菲律宾是南海问题中立场最强硬、制造摩擦最多的两个国家，但在 2013 年，这两个国家在南海问题和对华关系方面采取了截然相反的态度，较之于菲律宾借助国际社会施压中国，越南的态度较为友好和克制。2013 年，越南国家主席张晋创和中国总理李克强先后实现互访，中越高层在领土领海归属短期内无法解决的情况下试图从低敏感度的合作项目出发，决定成立中越海上共同开发磋商、基础设施合作工作组、金融合作工作组。尽管中越双方在合作议题上的立场还有较大差异，相关磋商也面临现实挑战，但中越基于合作愿望的努力为双边探讨和平解决南海争端提供了可能性。

（四）中南半岛在大国博弈中的地位日益凸显，泰国再现动荡，缅甸国内民族冲突加剧

中南半岛长期以来一直是亚太地区多个大国力量的交汇地带，近年来该区域在大国博弈中的地位日益凸显，美国的“亚太再平衡”，日本的“价值观外交”，印度的“东向战略”，俄罗斯的亚太战略新构想及中国的周边战略，都在中南半岛碰撞交集。由于中东问题和国内问题的牵绊和困扰，2013 年美国对中南半岛国家的外交攻势有所“放缓”。奥巴

马总统因政府关门先后缺席在印度尼西亚举行的 APEC 峰会和在文莱举行的东亚峰会，在某种程度上是美国东南亚外交的一次挫败。2013 年底克里国务卿访问越南，以及 2014 年春季奥巴马总统预定出访马来西亚和菲律宾，则应该是美国在东南亚收复失地之举。2013 年，部分中南半岛国家利用大国纷争从中渔利的战略意图得到进一步强化。如何对中国的战略行为进行正确的研判，并促成包括中国在内的亚太各大国间的有效互动及合作，是中南半岛国家甚至整个东盟面临的共同难题。从此次越南、柬埔寨等中南半岛国家对中国在东海设立防空识别区的反应来看，尽管上述国家通过各种渠道表明对中国此举的担忧，但从 12 月 13 日至 15 日举行的日本 – 东盟特别峰会上通过的声明来看，包括中南半岛国家在内的东盟并不愿因过于靠拢日本而对中国 – 东盟关系造成实质性的损害。2013 年，越南国内开始对越南国内互联网及其他媒体平台进行整肃，防范、控制危及社会稳定及越南共产党执政地位的言论传播，并着力解决革新开放进程中出现的腐败等违法乱纪行为。柬埔寨自 2013 年 7 月底大选结束以来，反对党桑兰西党抗议选举不公而发动系列示威游行至今亦未平息。缅甸政府与克钦武装虽然已经再次达成和解，但缅甸境内佛教徒民族主义者与若钦邦穆斯林之间的民族冲突却持续加剧，导致处在政治、经济转型期的缅甸国内政局及社会的不稳定。2013 年 11 月持续至今的泰国民主党与为泰党之间的政党纷争所引发的政治动荡，使泰国政局的未来走向充满变数。

中国周边安全环境恶化的推动力量

2013 年以来，美国奥巴马政府延续了第一任期内出台的再平衡战略，然而与奥巴马第一任期内对中国立场强硬相比，美国贯彻再平衡战略出现新特点。美国一方面借用传统联盟体系和拉拢新伙伴，加强自身在亚太地区的领导地位，以限制中国稳定快速的发展势头；另一方面也突出了与中国的接触与对话。2013 年的美国再平衡战略最主要的特点就是，对中国接触程度更深，防范力度也更大。美国因素，或者说美国推进再平衡战略，是中国周边安全环境变化的主要推动力量。

（一）美国加强在亚太的直接军事存在，中国面临的美国军事压力增大

美国通过涵盖政治、经济、外交与军事手段在内的“组合拳”，加大对亚太地区的关注力度，大幅介入亚太事务，其全球战略重心东移，在过去三年内实现了从“战略运筹与外交宣示”到“具体落实与逐步深化”的实质转型。针对中国综合实力上升，限制中国影响力扩展，对中国形成切实战略压力，阻滞中国崛起速度，是美国全球战略调整和亚太战略转型的主要考量。2012 年 1 月，美国防长帕内塔在谈到美国面临的 21 世纪挑战时，就提及亚洲新兴力量的崛起。而奥巴马在五角大楼发布题为《维持美国的全球领导地位：21 世纪国防的优先任务》的军事战略报告时也公开宣称，美军战略调整的目的就是要应对中国这个“潜在”的对手。

从宏观战略上调整全球军事部署，加强在亚太地区的直接军事存在，是美国再平衡战略的重要举措，也是影响中国周边安全环境的首要因素。2013 年 6 月，新任美国防长哈格尔在第十二次香格里拉对话会上坦承，亚太地区已经成为“全球重中之重和全球变化的核心”，为保障美国及其盟国利益，美国将坚持到 2020 年前把 60% 的海军军舰部署到太平洋地区的计划，同时，美国还宣布调整空军和地面力量部署，包括将其本土以外 60% 的空军力量部署到亚太地区，在亚太地区投入更多的地面力量以及高科技武器等。

可以说，自 2009 年以来，美国在日本、韩国、关岛、菲律宾、越

南、泰国、新加坡和澳大利亚的军事部署处于深度调整中。这些部署调整的目标就是加强其在亚太地区的直接军事存在，调整的中心则始终围绕着中国。近两年来，美国进一步强化了在军事上对中国形成的"C形布局"，增大了中国的外部军事压力。

（二）美国在亚太的双边同盟体系，对中国塑造和平周边的实践构成压力

美国强化亚太同盟体系、构建以其为主导的全球海上伙伴关系，对中国的安全构成了现实压力和挑战。美国提出新的"空海一体战"概念主要就针对中国。空海一体战强调利用海空军优势和盟友的帮助，对中国的陆上战略目标进行打击，以阻止中国的反介入或区域拒止能力。美国在全球有众多盟国，在中国的周边地区就包括日本、韩国、菲律宾、泰国、巴基斯坦，以及大洋洲的澳大利亚和新西兰。可以说，亚太地区的盟国，是美国军事再平衡的支点国家。

美国的再平衡战略，实际上是其战略资源的再分配，即自身资源与外部资源的再分配。受自身经济影响，美国自身拥有的战略资源（例如国防预算）满足美国战略诉求的能力在下降，同盟体系在美国实现战略诉求上的作用被放大。借重双边同盟体系，美国找到了强化在亚太地区存在的途径，开始大幅介入亚太事务。

中日钓鱼岛争端，中国与部分东盟国家之间的南海问题，是近几年引发中国周边局势动荡的"引信"。美国强化与亚洲盟国和其他国家的双边安全关系，尤其是与那些和中国有直接岛屿争端的国家的安全关系，加大了相关争端解决的难度，对中国周边安全环境恶化产生了直接影响。目前，一个普遍的印象是，美国的"再平衡"是"失衡"的，凸显了其在亚太地区的军事存在，包括加强在亚太地区的军事部署，加强和同盟国的一些军演和合作等。因此，尽管美国刻意回避针对中国的意图，但

毫无疑问，美国盟国对美国行为与战略意图的研判并非如此。日本和菲律宾在岛屿争端问题上采取强硬立场，美国因素在其中的作用是显而易见的。在中越南海问题上，美国身影也开始浮现。

（三）积极打造以东亚双边同盟体系为基础的“小多边机制”

布什政府曾提出过“扩展的多边主义”，鼓励盟国在“共同利益和价值观”的基础上与其他国家的合作。目前，针对亚洲安全态势，奥巴马政府除借重传统盟友外，正在推动以美国和日本双边同盟体系为基础的“美日 +1”或“美日 +2”的“小多边安全框架”，其中多个三边安全机制的发展尤为突出。

美日韩三国自 1993 年第一次朝核危机以来逐步形成了两个三边机制，即三边防长会议和三边外长会议。三边防长会议除应对朝鲜问题外，还关注包括人道主义援助和灾害救助、海洋安全、航行自由保障、核不扩散等问题。美日澳三边战略对话始于 2002 年，并于 2006 年升级为部长级对话，至 2013 年 10 月共举行了五次三边战略对话部长级会议。美日印三边战略对话始于 2011 年 12 月，至 2013 年 5 月共举行四轮会谈。

此外，印日韩三边二轨对话始于 2012 年 6 月，对话关注南海自由航行以及三国之间在区域与全球事务，包含海事、安全、反恐、贸易和投资等议题的合作。同时，美澳印三边合作也在酝酿中。2013 年以来日本积极倡议建立“民主安全钻石链”，由澳大利亚、印度、日本以及美国的夏威夷构成一个新的地区安全机制，以保证从印度洋至西太平洋共享海上安全。实际上，日本首相安倍晋三曾于 2006 年提出四国“民主同盟”战略框架，时任美国副总统切尼在 2007 年也提出将印度纳入美日澳三方防务协议的构想。尽管随后四国的战略对话磋商取得进展，防务交流和安全对话的力度也逐年增强，但限于印度和澳大利亚的谨慎立场，美日印澳四国安全合作并不顺畅。

中国应对周边安全形势的举措

美国加强在亚太的直接军事存在，强化亚太双边同盟体系，以及积极打造以东亚双边同盟体系为基础的“小多边机制”，导致中国面临的外部压力加大。为回应并缓解美国亚太战略持续深化对中国造成的战略压力，中国以协调与美国关系为出发点提出构筑新型大国关系，以化解周边矛盾为着力点运筹周边外交，以“新安全观”为指导寻求建构新型亚太安全框架，并超越国内视阈以区域稳定与发展的维度提升与东南亚、南亚和中亚地区的经济联系。

（一）构建新型大国关系

中国外交理念与实践正在发生具有重大政策意涵的变化，这些变化一方面受到中国国内政策主要目标的驱动，另一方面是适应两个变化。一是因应国际环境深刻而复杂的变化；二是体现中国国际地位和影响力的变化。构建新型大国关系，是中国外交新动态的最重要体现。

新型大国关系作为中国外交正式的政策理念的缘起，是与中美关系紧密相连的，体现了中国领导层希望为全局性、战略性、复杂性日益增强的中美关系寻求新的指导理念和范式，破除以冷战思维、零和博弈、阵营对抗等为特征的传统大国关系定式，推动以合作求和平、以合作促发展、以合作谋安全的新理念。

积极运筹与主要大国的关系成为2013年中国外交新变局的重要标志。习近平主席将俄罗斯作为首次出访第一站，目的在于加强中俄经贸、能源和战略安全合作，夯实中俄全面战略协作伙伴关系基础。习近平主席访美，概括了中美新型大国关系的内涵：一是不对抗、不冲突；二是相互尊重；三是合作共赢。李克强履新后首次出访亚欧四国的第一站是印度，这成为双边关系中高层访问的最大亮点。中国与美国、日本、俄罗斯、印度等大国关系的许多重要内涵，也直接体现在对周边地区的影响中。中国领导人和负责外交事务的官员多次明确表示，中美构建新型大国关系应面向全球，首先从亚太做起，实现良性互动，合作共赢。

构建新型大国关系的对象并不仅仅限于美国，在当前和未来一个时期，新型大国关系的适用对象分为三个层面：一是中美关系；二是中国与俄罗斯和欧盟的关系；三是中国和发展中大国及地区大国的关系。在可预见的未来，受到政策优先目标、紧迫性、重要性和外交资源分配等因素的限制，新型大国关系的经营重点是构建不冲突不对抗、相互尊重、合作共赢的中美关系，并且在相当长时期内，中美关系在中国外交中仍具有全局性影响。与此同时，中国积极推进中俄全面战略协作伙伴关系、提升中欧战略合作关系水平，深化与印度这样的发展中大国和地区大国的友好合作关系。

（二）积极运筹周边外交

目前，我国周边环境总体上是稳定的，睦邻友好、互利合作是中国与周边国家关系的主流。但是也要看到，中国周边地区形势和环境却比21 世纪第一个 10 年发生了很大变化。一方面，中国同周边国家的联系日益紧密，中国周边地区充满生机与活力；另一方面，多样性与差异性特点日益突出，一些历史遗留问题不时出现。

2013 年，周边环境在中国整体外交中的首要地位得到了充分肯定，中国的周边战略日益清晰。中国在保持外交大政方针延续性和稳定性的基础上，更加突出周边在外交全局中的重要作用。2013 年 10 月周边外交工作座谈会召开，表明中国已经将周边外交提高到实现“两个一百年”奋斗目标的战略高度。对于周边外交工作的基本方针，中国最高领导层提出了坚持与邻为善、以邻为伴，坚持睦邻、安邻、富邻，突出体现亲、诚、惠、容的理念。

可以说，“亲、诚、惠、容”理念是中国努力化解近年来周边国家对中国实力上升产生疑虑的重要举措。东盟作为该地区最重要的组织，对该地区的政治、经济、安全合作等领域发挥着重要作用。而中国作为崛起中的大国，探索与中小国家的集体对话，建立稳定的周边环境，获得更多的外交支持，是构建新型国家关系的重要组成部分，也是中国实现“两个一百年”目标的战略支撑。

东盟地处中国周边，既适用中国周边外交原则，同时也是中国构建新型大国关系的重要组成部分。中国的东南亚新政具有战略性和全局性，而2013年也会成为中国－东盟关系的一个重要转折点。中国提出要建设中国－东盟命运共同体，其与东盟共同体、东亚共同体息息相关，发挥各自优势，实现多元共生、包容共进。

（三）倡导亚太新型区域安全架构

随着经济全球化加速发展，中国参与区域经贸合作的程度日益加深，并且在过去相当长的时期内，中国始终注重对区域经济合作架构的参与和建设。通过积极参与区域经济合作，中国拓展了对外贸易合作渠道，加深了与周边国家的经贸联系。近十年来，中国参与区域经济合作的进展显著加快。目前，中国参与的区域经济合作组织包括亚太经合组织（APEC）、亚欧会议、“东盟10＋3”、上海合作组织（SCO）、中非合作论坛，中国－阿拉伯国家合作论坛、中国－加勒比经贸合作论坛以及《亚太贸易协定》。与此同时，中国目前在建自贸区18个，涉及31个国家和地区。其中，已签署自贸协定12个，涉及20个国家和地区，正在谈判的自贸协定6个，涉及22个国家。

尽管中国对亚太地区经济事务的参与形成了多方式、多渠道和多层次的格局，但经贸机制的深化并没有必然带来周边安全环境的显著改善，其中一个重要的原因是中国对地区安全机制的参与程度低，而造成这一结果的主要原因是美国双边同盟体系对中国参与地区安全机制的限制以及中国的被边缘化。

鉴于近两年以来一方面是中国与周边国家的经贸联系日益紧密，另一方面是中国与一些周边国家的政治互信出现下滑，中国决策层基于1997年正式提出的“新安全观”以及亚太地区现存区域安全架构现状，从地区安全形势的新变化出发，在第八届东亚峰会上表示建立一个符合地区实际、满足各方需要的区域安全架构势在必行，明确倡议构筑亚太新型“共同安全合作”机制。为此，中国明确提出在安全问题上要有的放矢、强调着力推进区域安全合作，倡导全面安全、共同安全、合作安全，主动参与区域及次区域安全合作，深化合作机制，增进战略互信。

（四）中国的“再平衡”

中国自2000年正式提出西部开发，并逐渐超越国内视阈，开始以区域稳定与发展的维度来推动中国西部地区的发展。通过加强与南亚和中亚地区的经济联系促进地区稳定，是中国长期追求的目标。中国重心向西转移的“再平衡”蕴涵两层诉求：第一是国内层次，即发展中国西部地区，缩小国内东西部差距，以平衡发展促进西部地区稳定；第二是周边层次，即将中国西部的发展与周边国家特别是阿富汗、巴基斯坦以及中亚和中东国家联系起来，分享中国发展红利，形成区域发展合力，营造地区的发展与稳定。

2013年，中国重心向西转移的举措更为积极。在西南方向，与印度、缅甸和孟加拉国推进中印孟缅等国的次区域合作，倡议建设中印孟缅经济走廊；与巴基斯坦合作建设中巴经济走廊；在西面，中国加强与中亚五国合作，提出建设“丝绸之路经济带”构想。

当然，中国面向西南和西部的新倡议，并不是说中国对外经济关系重心转移，实际上这更多的是纠正过去“重东轻西”，以回应地区和国际形势下的新变化。中国新一届政府已经同周边21个国家开展国家元首和政府首脑级别交往并基本实现了高层交往的全覆盖，并且继续推进中日韩自贸区谈判，倡议与东南亚国家建立命运共同体，提议与东盟国家商谈缔结睦邻友好合作条约，成立亚洲基础设施投资银行，打造中国－东盟自贸区升级版，倡议重建21世纪海上丝绸之路以加强互联互通建设等，就是最好的证明。

中国周边安全形势展望

中国周边安全环境的未来发展主要取决于两种力量的博弈：一是美国如何推进战略再平衡；二是中国以构建新型大国关系和积极运筹周边外交为突破口的“外交新政”的成效。对于那些常态化的地区热点问题，如朝鲜半岛问题和南海问题等，虽有自身特点甚至存在特定性规律，但中美能否在亚太地区形成新的大国协调以及是否达成某种程度的权力分享安排，将制约甚至决定这些热点问题的表现形式、程度以及结果。

（一）中美不是零和博弈，在亚太可“竞合共处”

新型大国关系（体系）的构建是一项复杂的、长期的系统工程，这给中国总体外交的变革和运筹带来了极大挑战。目前，中美关系呈现出复杂性和两面性同步增强态势，一方面两国相互依存程度不断上升，既有经济的相互依存，也有安全的相互依存；另一方面，中美实力日益接近和战略心态改变，两国各自发展前景存在不确定性，地区和国际形势发生新变化等因素导致中美关系中的竞争性因素增多。奥巴马第二任期对再平衡战略进行了再平衡，在一定程度上缓解了中美关系紧张，但未来如何建立中美战略互信，有效管控中美分歧，处理好崛起国与守成国的关系，将是中美关系的重大课题。中美并非零和博弈，在维护亚太和平与稳定上有利益交集。未来影响中美亚太互动关系走向的主要包括三个层面的因素：一是中美如何处理与朝核危机、台湾问题、东海和南海争端、阿富汗地区局势等相关的危机型议题；二是两国如何以全球性视野和长远利益考量，创造性地应对海上安全、能源安全、可持续发展等公共型议题；三是中美如何与其他地区主要国家合作，解决地区经济一体化、地区安全机制等架构型议题。这三个层面的因素是相互密切联系的，并将充分体现中美关系未来数十年“竞争性共存”的基本性质，也是对两国如何以“共同进化”的方式实现“不对抗不冲突、相互尊重、合作共赢”局面的复杂而艰巨的考验。长远看，中美在亚太地区的互动关系存在以下五种可能前景：一是冲突性，美国全面遏制中国崛起，而中国也决定“将美国赶出亚洲”，双方走向全面冲突；二是对抗型共处，中美展开地缘政治竞争，甚至爆发局部冲突；三是竞合型共处，一些中等国家和地区集团（东盟）在地区事务中发挥重要作用，对中美既形成一定牵制，又能缓解两者的竞争形势；四是合作型共处，中美实现良好的政策协调，合理分享权力和责任，合作提供地区公共产品；五是权力和平转移，美国走向衰落，中国在亚太地区扮演首要大国角色。应该说，最可能出现同时也是相对理想的一种前景是中美竞合型共处。

（二）美国推动“再平衡”战略面临诸多局限

美国推动再平衡战略面临局限性，这在2013年表现得更为明显。美国在实施亚太再平衡战略过程中出现四大缺陷。一是虽然美国的“政策意图”未必是围堵中国，但其“政策态势”显露出过多的“反华”“制华”取向，从而使该战略丧失了成功的根本要件——稳定、积极、合作的中美关系。二是对自身承诺的“信誉度”是美国外交政策的一大考验，出于“安抚”亚太盟友和伙伴的考虑，美国过于高调地推销和渲染亚太再平衡战略，但往往口惠而实不至，这反而损害了美国的“信誉度”。三是过于突出美国重返亚太的军事色彩，从而在相当程度上忽视或偏废了亚太再平衡中的经济发展等其他支柱。四是偏离了美国在领土领海主权争端问题上长期坚持的“不采取立场”原则，向有关国家释放了错误信号，而且大大增加了将美国自己卷入冲突的风险。

（三）朝鲜半岛局势演变的惯性明显减弱，但半岛局势演变的周期性和连锁性特征依旧

对于冷战后的朝鲜半岛局势来讲，朝韩关系是其演变的主要推动力，周边大国之间关系则为朝韩关系的演变方向和幅度提供框架和边界条件。在未来1～2年，朝韩双方将继续发挥推动朝鲜半岛局势演变的主要作用。中美两国围绕朝鲜半岛的“新型大国关系”和其他有关朝鲜半岛问题各种关系，也将随着朝韩关系的变化而发生变化。中美两国决定建立“新型大国关系”，为朝鲜半岛南北关系的演变方向和幅度提供了更具制约力的新框架和边界条件。由于中美两国的“新型大国关系”将对朝韩关系演变的走向发挥更大的规制作用，2012年朝鲜半岛局势演变的惯性作用将会在短期内明显减弱。然而由于中国与俄罗斯之间的“战略协作伙伴关系”也会发挥更大的作用，冷战后朝鲜半岛局势演变的周期性和连锁性特征还会继续存在。总体来看，未来1～2年内朝鲜半岛局势的演变不仅要看中美两国的“新型大国关系”如何发挥作用，更要看韩国政府的政策取向。

（四）中日僵冷局面短期内难有突破，日本遏制中国的战略意图短期内不会缓解

日本打破钓鱼岛现状并宣扬“中国威胁论”，只是试图摆脱战后体制并最终摆脱美国控制。日本搞“小动作”的目标是推动“大战略”。美国的再平衡战略，为日本战略诉求提供了前所未有的机遇。安倍在推

动价值观外交和战略性外交的同时，也希望在经济上与中国形成战略互惠，然而很难在右倾战略利益与现实经济利益上找到平衡。短期内，日本政治右倾和在钓鱼岛问题上的小动作仍会继续，并有增加的可能性。政治右倾化将成为短期内日本国内政治的常态特征，这无疑会引发日本与周边国家关系进一步紧张。近期来看，日本遏制中国的战略意图不会缓解。为此，日本将力图建立有共同价值观的“民主国家”联盟；把日美同盟置于安保政策的核心；强化东盟地区论坛等合作安全机制，积极开展多边安全对话，并力图将第三国纳入“美日 +1”模式；力求通过改善亚洲外交，就东亚区域经济一体化、地区安全和国际问题与亚洲国家进行多边战略对话，提升日本在亚洲事务中的发言权和主导权。从长远来看，日本仍会以所谓共同价值理念作为东亚安全合作的基础，谋求通过发展与中国周边国家的关系来抵消中国和平发展的国际影响力。

（五）中国的东南亚新政面临现实挑战

2013 年，中国针对东南亚提出了包括建设中国 - 东盟命运共同体在内的一系列具有开创性的新政策，并在李克强总理提出的“2 +7 倡议”中得到集中表述。中国的东南亚新政具有战略性和全局性，必然会引起域外国家的高度重视。事实上，近几年来，出于地缘政治的考量，主要大国都纷纷加强了对东南亚地区的关注和投入。随着美国在该地区军事存在的进一步强化和完善，美国强化与东盟各国联合演训、增大对其军售、加强人员培训和介入各国军队职业化进程，将使东盟各国在军事体制、装备、理念上进一步融入美国主导的体系。目前，东盟在军事上依赖美国的程度上升，而美国着力拓展与印度尼西亚、越南等东盟主要大国的军事关系以及开启与我传统友好国家柬埔寨、缅甸等国军事关系，将给中国处理与东盟国家关系带来更多复杂因素。在经济上，为配合美国在东南亚地区加强军事存在，日本依靠在东南亚地区的多年经营，发挥自身在经济领域的优势，积极推动对东南亚国家的经济合作与援助，与中国形成相当有力的竞争。除美国和日本外，印度、欧盟国家以及俄罗斯都不同程度地参与到增加对东盟地区影响力的竞争中。而且，南海问题始终是中国与东盟国家关系的核心问题，具有复杂性和长期性，为此，中国在处理坚持走和平发展道路与坚定维护国家核心利益之间需要找到平衡点。

（六）中南半岛仍然暗流涌动，安全形势不容乐观，但不稳定因素尚不足以危及中国的周边安全

尽管泰国政局重陷动荡，柬埔寨大选后人民党的执政地位受到有力挑战，缅甸的民族冲突已经开始外溢至部分东南亚邻国，然而在短期内，中南半岛国家内部的政治不稳定尚不至于外溢并对该区域产生灾难性的冲击效应。从中长期来看，部分中南半岛国家的政治转型及由此导致的安全形势不稳可能对其对外政策与国际关系产生复杂影响，但从近期来看，因战略互疑驱动，中美、中日、中印甚至中俄之间直接或间接的竞争将导致中南半岛局势的复杂化。美国的亚太“再平衡”，日本对中南半岛国家推行的“价值观外交”，印度的“东向政策”及俄罗斯的亚太战略新构想已经并将继续给中南半岛安全形势带来不确定性。部分中南半岛国家利用大国纷争从中渔利的战略意图也随之得到进一步强化。在非传统安全层面，中南半岛国家与亚太大国的合作存在着巨大的潜力和空间。然而，在传统安全层面，如何对中国战略行为进行正确的研判，并有效促成大国间开展有效互动及合作，是中南半岛国家甚至整个东盟地区面临的难题。总体上看，中南半岛安全局势中的不稳定因素尚不足以危及中国的周边安全，但仍然暗流涌动。这也使得中国的中南半岛外交挑战与机遇并存。大国关系是否能够保持良性互动，各大国在中南半岛能否开展务实、高效的合作，将在很大程度上决定中南半岛安全格局的基本面貌及安全形势的基本走向。

（七）BCIM 面临机遇与挑战，“丝绸之路经济带”构想需要协调与俄罗斯的利益关系

中国和俄罗斯是同处欧亚大陆的世界大国，与中亚国家存在诸多经济利益的两个新兴经济体。“丝绸之路经济带”建设是以中国和“五国”为主的区域经济合作，意在打造中国－中亚跨国带状经济合作区。俄罗斯－中亚“经济一体化”是以俄罗斯和“五国”为中心的次区域经济合作发展，意在打造俄罗斯与独联体国家的“欧亚经济共同体”的合作模式。这样，“五国”成为中俄两个大国的重要合作伙伴，必然会出现利益重叠，构成中俄之间的竞争关系。从中俄与“五国”的合作历史、基础、实力以及关系比较，各有所长，机遇与挑战并存，利益竞争和政治博弈并存，需要中俄两国从国际、地区等多视角重铸中俄新型大国关系，打造“经济带”安全环境。中国深入推进孟中印缅地区经济合作既有重大机遇，同时也面临现实挑战。机遇主要体现在：一是 BCIM 符合各参与方的共同利益，各方有共同合作的愿望，尤其是南亚大国印度对 BCIM 次区域合作的态度已发生较大转变；二是孟中印缅区域地处东亚、东南亚、南亚三大市场的连接地带，具有良好的区位条件，在推动区域内市场的形成上有优势；三是合作潜力可观，合作前景广阔；四是有一定的合作基础。现实挑战表现为：一是合作机制的层次有待进一步提高；二是四国差距悬殊，对参与次区域合作的立场不尽相同，要形成合力还需一个过程；三是区域内国家关系错综复杂，互信水平有待提高；四是区域内非传统安全问题突出，对四国推进次区域合作形成一定压力；五是通关便利化和自由贸易区建设滞后，影响次区域合作进程；六是受区域外大国影响的因素仍然存在，使 BCIM 次区域合作受到一定干扰。然而从总体上看，相关国家在推进 BCIM 次区域合作上有共同利益，并且机遇大于挑战。

新型大国关系：构想与实践

新型大国关系的理论构建与现实意义

赵明昊*

在新的国际和国内形势下，中国外交正在发生具有深刻政策意涵的演变，观察这一变化的重要窗口和切入点即构建“新型大国关系”的理念和实践，这也是评估中国周边安全形势以及中国周边外交战略变化的重要参照系。新型大国关系旨在破解“国强必霸、强国必争、争而必战”的历史周期律，破除以冷战思维、零和博弈、阵营对抗等为特征的传统大国关系定式，突出利益交融、兴衰相伴、安危与共的大国关系新特征，推动以合作求和平、以合作促发展、以合作谋安全。构建新型大国关系始于中美关系，但并不止于中美关系，而中美新型大国关系应从实现两国在亚太地区的良好互动做起。如何充实新型大国关系内涵，如何统筹推进多组新型大国关系，如何使新型大国关系和新型周边关系相互促进，等等，都是中国外交在未来一个时期需努力破解的难题。

* 赵明昊，当代世界研究中心副研究员。

以习近平为总书记的中国新一届领导集体就任后，中国对外战略和政策是否出现变化成为国内外很多学术界和政策界人士争相讨论的话题。中国主要负责外交事务的国务委员杨洁篪于2013年8月在中共中央机关刊物《求是》杂志撰文论述新一届领导集体外交开局和布局的“战略性、全局性、创新性”。[①] 显而易见，在新的国际和国内形势下，中国外交的方方面面的确正在发生新的且具有重大政策意涵的演变，而观察这一变化的重要窗口和切入点即构建“新型大国关系”的理念和实践，这无疑也是评估和分析中国周边安全形势以及中国周边外交战略变化的重要参照系。鉴于当前和未来一个时期，构建新型大国关系的实践将主要集中在中美关系上，本章将首先以中国外交新变局的视角简要分析新型大国关系的内涵，继而就中美构建新型大国关系问题进行探讨，最后阐析中美构建新型大国关系的重要组成部分——两国在亚太能否实现良性互动。

“中国特色大国外交”与新型大国关系

新型大国关系这一政策理念引起国内外广泛关注，始自时任国家副主席习近平2012年2月访问美国期间提出“推动中美合作伙伴关系不断取得新进展，努力把两国合作伙伴关系塑造成21世纪的新型大国关系”。而新型大国关系的提法则首次出现于时任国务委员戴秉国2010年5月在第二轮中美战略与经济对话开幕式的致辞中，他提出中美两国“需要回答能否创建21世纪新型大国关系的疑问”，应通过共同努力，“开创全球化时代不同社会制度、文化传统和发展阶段的国家相互尊重、和谐相

① 杨洁篪：《新形势下中国外交理论和实践创新》，《求是》2013年8月16日。国务委员杨洁篪从“中国梦”“新型大国关系”“正确义利观”“外交工作的顶层设计”“外事工作统筹协调”等方面阐述了新一届中央领导集体就任后中国外交的主要创新。

处、合作共赢的新型大国关系历史”。[①]

由此，新型大国关系作为中国外交正式的政策理念的源起应是和中美关系紧密相连的，它体现了中国领导层希望为全局性、战略性、复杂性日益增强的中美关系寻求新的指导理念和范式的主动精神。然而，随着新一届中国领导集体外交理论和实践的发展，新型大国关系实际上逐渐具有了超越中美关系的深刻丰富内涵，它需要在中国外交近年从主观和客观上正显现新的演变这一大背景下进行探析。

自 2012 年底中共十八大召开以来，中国在对外政策方面彰显一种日益突出的进取精神和“战略明晰”，中国新一届中央领导集体向外界发出坚持改革开放，坚持走和平发展道路，坚持奉行互利共赢的开放战略，坚定维护国家核心利益的明确信息。[②]

2013 年 1 月 28 日，习近平总书记主持十八届中共中央政治局第三次集体学习，主题为“坚定不移走和平发展道路”，这实际上是新一届中央领导集体在对外政策方面作出的一种重要宣示。习近平不仅强调，“和平发展道路，是我们党根据时代发展潮流和我国根本利益作出的战略抉择”，他还特别指出，“要加强战略思维，增强战略定力，更好统筹国内国际两个大局，坚持开放的发展、合作的发展、共赢的发展，通过争取和平国际环境发展自己，又以自身发展维护和促进世界和平”，“中国的和平发展道路能不能走得通，关键要看我们能否把世界的机遇转变为中国的机遇，能否把中国的机遇转变为世界的机遇”。[③] 此后，习近平等中国领导人又通过金砖国家峰会、博鳌论坛等多边场合以及与有关国家、国际组织领导人会面的双边场合就中国外交作出一系列新的重要政策表述。

---

① 《戴秉国在第二轮中美战略与经济对话开幕式上的致辞》，2010 年 5 月 25 日，中国新闻网，http://www.chinanews.com/gn/news/2010/05-25/2302977.shtml。

② 赵明昊：《再平衡时代与中国外交的“战略转进”》，《现代国际关系》2013 年第 4 期。

③ 《更好统筹国内国际两个大局，夯实走和平发展道路的基础》，《人民日报》2013 年 1 月 30 日。

“外交是内政的延伸”，理解中国外交新变局以及新型大国关系理念，需要认清中国在未来 5 ~ 10 年甚至更长时期的国内政策主要目标。概括而言，这一目标集中体现为“两个一百年”和实现中华民族伟大复兴的中国梦。所谓“两个一百年”目标，即在中国共产党成立一百年时，实现国内生产总值和城乡居民人均收入比 2010 年翻一番，全面建成小康社会；在新中国成立一百年时建成富强民主、文明和谐的社会主义现代化国家。[①]

同时，“中国梦”业已成为新一届中央领导集体最鲜明、最重要的政策话语之一，而中国梦的对外政策意涵相对而言尚未受到足够关注。[②]习近平在不同场合强调，中国梦的实现需要和平稳定的国际和周边环境，中国将坚持通过和平发展方式实现中国梦；中国梦与世界各国人民的梦想息息相通，中国在实现自身发展的同时将努力带动和帮助其他国家特别是发展中国家和周边国家发展；中国将与各国分享更多发展机遇，使他们更好地实现自己的梦想；中国希望同世界各国合作共赢、共同发展；中国人民希望通过实现中国梦，同各国人民一道，携手共圆世界梦。

上述紧扣中国梦主题且颇具新意的话语显然具有丰富的外交政策意涵，以至于杨洁篪在阐述中国外交理论创新时将中国梦作为重要部分。杨洁篪提出，“习近平同志就中国梦所作的全面深入细致的阐述，是中国坚持走和平发展道路重要思想在新时期的继承与发展，增进了国际社会对中国和平发展战略的理解和认同”，“中国梦重要思想不仅大大激励了中国人民实现中华民族伟大复兴的决心和信心，同时也有力提升了我

① 蔡娟：《“两个一百年”奋斗目标铸就“中国梦”》，《中国社会科学报》2013 年 5 月 27 日。

② 马燕坤：《中国梦与中国外交》，《党政论坛》2013 年第 8 期；Peter Mattis，“Chinese Dreams：An Ideological Bulwark，Not A Framework for Sino – American Relations，” *China Brief*，Volume XIII，Issue 12，June 7，2013，The Jamestown Foundation，http：//www. jamestown. org/uploads/media/cb_06_09. pdf。

国对外影响力和亲和力，增强了我国在国际事务中的地位和话语权，充分体现了内政和外交的有机结合与高度统一”。[①]

中国外交的新演变除了受到中国国内政策主要目标的强大驱动，还要因应国际环境的所谓“深刻复杂变化”以及中国国际地位和影响力的变化，构建新型大国关系的战略思维也由此应运而生。仔细研读中共十八大报告中关于对外关系的部分，可以一窥中国最高领导层对当今世界和中国国际角色的基本看法，这自然也是其制定中国对外政策的认识论依据。[②] 笔者认为，其要点包括以下四个方面：一是认为当今世界虽然正在发生“深刻复杂变化”，但中国仍处于重要战略机遇期。国际形势“总体稳定”，世界多极化、经济全球化深入发展，文化多样化、社会信息化持续推进，但世界仍然“很不安宁”。二是用“人类只有一个地球，各国共处一个世界”的表述强调当今世界相互依存日益深化的突出特征，提出要在国际关系中弘扬平等互信、包容互鉴、合作共赢的精神，目的是共同维护国际公平正义，尤其是突出“共赢”，强调“高举和平、发展、合作、共赢的旗帜”。三是提出“中国将坚持把中国人民利益同各国人民共同利益结合起来，以更加积极的姿态参与国际事务，发挥负责任大国作用，共同应对全球性挑战”，曾在国内政策界引发激烈讨论的“负责任大国”理念被正式接受为一种“国家身份”。四是对“周边国家是首要，发展中国家是基础，大国关系是关键，多边是重要舞台”这一提法作出新的和更加细致的阐述，还着重强调了公共外交和人文交流。[③]

此外，中国领导层对于中国在国际体系中的实力和地位的变化也有着明确的认识：经过 30 多年的改革开放发展历程，特别是通过成功应对

① 参见杨洁篪《新形势下中国外交理论和实践创新》。

② 俞邃：《党的十八大报告对外关系部分研读》，《当代世界》2013 年第 2 期。

③ 详见胡锦涛在中共十八大所作工作报告《继续促进人类和平与发展的崇高事业》部分，人民网，2012 年 11 月 8 日，http：//cpc. people. com. cn/18/n/2012/1108/c350821 – 19526654. html。

2008 年世界金融危机，中国已经成为首屈一指的发展中大国，成为牵动国际力量对比演变的关键因素和影响全球大国关系变化的主要动力。显然，虽然国内各方面对于“大国”的内涵有不同理解，但“大国”已经成为中国一种越发明晰，具有广泛共识基础的国家身份认同。2013 年 6 月 27 日，中国外交部部长王毅在第二届世界和平论坛上发表演讲，首次提出和阐述了“中国特色大国外交”的理念。王毅表示，今天的中国已经站在世界聚光灯下，世界期待中国为维护世界和平、促进共同发展作出更大贡献；中国愿把握自身国情与世情的结合点，找准中方利益与各方利益的会合点，通过更为主动、积极的外交实践，回应国际社会的期待。[①] 当前和未来一个时期，中国国际角色的基本定位是“坚定不移做和平发展的实践者、共同发展的推动者、多边贸易体制的维护者、全球经济治理的参与者”。

由此，为了更加积极能动地为实现“两个一百年”目标和为中国梦营造良好外部环境，中国正筹划、充实和实施 2.0 版的和平发展战略，并推动其外交从新中国成立后到 20 世纪 70 年代的“生存外交”、改革开放以来到 21 世纪头一个 10 年的“发展外交”迈向着眼未来 10 年甚至更长时期的“大国外交”。[②] 这是理解新型大国关系理论和实践内涵的重要背景。

根据杨洁篪的阐述，新一届中央领导集体提出构建新型大国关系“既是充分汲取历史经验教训、准确把握时代潮流，将中国自身利益与世界各国利益紧密结合作出的战略抉择，也是实现‘两个一百年’奋斗目标的内在需要和坚持和平发展这一总体对外战略的必然要求”。所谓历史经验教训，即希望破解“国强必霸、强国必争、争而必战”的历史周期律，破除以冷战思维、零和博弈、阵营对抗等为特征的传统大国关

① 《王毅部长在第二届世界和平论坛午餐会上的演讲》，外交部网站，2013 年 6 月 27 日，http：//www. fmprc. gov. cn/mfa_chn/zyxw_602251/t1053901. shtml。

② 杨洁勉：《中国走向全球强国的外交理论准备》，《世界经济与政治》2013 年第 5 期。

系定式。所谓把握时代潮流，即因应各国相互依存达到前所未有的广度和深度的现实，突出利益交融、兴衰相伴、安危与共的大国关系新特征，推动以合作求和平、以合作促发展、以合作谋安全。①

在外交实践方面，积极运筹与主要大国关系成为2013年中国外交新变局的重要篇章。习近平将俄罗斯作为首次出访第一站，加强了中俄经贸、能源和战略安全合作，夯实了中俄全面战略协作伙伴关系基础。②2013年6月，习近平赴美国洛杉矶安纳伯格庄园同美国总统奥巴马举行会晤，双方同意共同努力构建中美新型大国关系，相互尊重、合作共赢，为两国关系未来发展指明了方向、规划了蓝图。中美还成功举行第五轮战略与经济对话，在落实两国元首共识、推进中美新型大国关系建设方面取得积极进展。李克强等其他党和国家领导人访问多个欧洲国家，还接待了法国总统奥朗德等欧洲国家领导人访华，不断开拓中欧互利务实合作的新领域。③

在笔者看来，当前和未来一个时期，新型大国关系的适用对象分为以下三个层面：一是中美关系；二是中国与俄罗斯和欧盟的关系；三是中国和发展中大国及地区大国的关系。在可预见的未来，受到政策优先目标、紧迫性、重要性和外交资源分配等因素的限制，新型大国关系的经营重点是构建不冲突不对抗、相互尊重、合作共赢的中美关系，在相当长时期内，中美关系在中国外交中仍具有全局性影响。④ 与此同时，

---

① 参见杨洁篪《在21世纪理事会北京会议上的演讲》，新华网，2013年11月2日，http://news.xinhuanet.com/world/2013-11/02/c_117978444.htm。

② 《习近平在莫斯科国际关系学院的演讲》，新华网，2013年3月24日，http://news.xinhuanet.com/world/2013-03/24/c_124495576.htm。习近平在演讲中强调，“要跟上时代前进步伐，就不能身体已进入21世纪，而脑袋还停留在过去，停留在殖民扩张的旧时代里，停留在冷战思维、零和博弈老框框内”，“面对国际形势的深刻变化和世界各国同舟共济的客观要求，各国应该共同推动建立以合作共赢为核心的新型国际关系”。

③ 宋涛：《继往开来，共创中美关系美好明天》，《国际问题研究》2012年第6期。

④ 达巍：《构建中美新型大国关系的路径选择》，《世界政治与经济》2013年第7期；周方银：《中美新型大国关系的动力、路径与前景》，《当代亚太》2013年第2期；袁鹏：《关于构建中美新型大国关系的战略思考》，《现代国际关系》2012年第5期。

还会积极推进中俄全面战略协作伙伴关系，提升中欧战略合作关系水平，兼及深化与发展中大国及地区大国的友好合作关系。一种理想状态是，各组大国关系能相辅相成、统筹兼顾。此外，另一种理想状态是，新型大国关系与新型周边关系、更加积极的多边外交等形成良性互动。[①] 总之，新型大国关系（体系）的构建是一项复杂的、长期的系统工程，这给中国总体外交的变革和运筹带来了极大挑战。

构建中美新型大国关系

从根本上说，构建新型大国关系是为了避免世界历史上多次出现的大国对抗、军事扩张、争夺势力范围、冲突争霸的传统关系范式，避免中国和平发展和实现中华民族伟大复兴的中国梦的历史进程因此被打断。

中国在短短30多年时间里，以年均10%的GDP增长率成为世界第二大经济体，国际货币基金组织（IMF）等国际权威机构预测，中国经济总量将在2016年超过美国，而那时正是美国总统奥巴马第二任期的最后一年。英国《经济学家》杂志智库则估计，中国问鼎世界头号经济大国的时间会来得稍微晚一些——2018年，而这个时间距离现在也不会超过5年。[②] 虽然中国自己不断强调未来发展面临诸多艰难挑战，但外界已经开始非常认真地讨论中国和美国陷入“修昔底德陷阱”的危险：一个实力快速增长的崛起国后来居上，挑战一个长期占据全球霸主地位的霸权国，在崛起国和霸权国实力日益接近时，要么是崛起国在“进攻是最好防守”的信念主

① 2013年10月24～25日，中共中央召开周边外交工作座谈会。习近平在讲话中强调，思考周边问题、开展周边外交要有立体、多元、跨越时空的视角；做好周边外交工作，要谋大势、讲战略、重运筹；要倡导包容的思想，强调亚太之大容得下大家共同发展，以更加开放的胸襟和更加积极的态度促进地区合作。参见习近平《让命运共同体意识在周边国家落地生根》，新华网，2013年10月25日，http：//news.xinhuanet.com/2013－10/25/c_117878944.htm。

② Mark Weisbrot，“2016：When China Overtakes the US，” *The Guardian*，April 27，2011.

导下主动挑衅，要么是霸权国为了打压崛起国而不惜先发制人。如此一来，两者之间的碰撞、摊牌乃至全面激烈的武装冲突似乎不可避免。[①]

然而，单单是实力的崛起并不能必然导致新兴强国和老牌强国之间发生激烈冲突，崛起国选择什么样的战略，它将如何使用自身日益增长的权力，霸权国会如何回应崛起国构成的复杂挑战，这些都是决定崛起国和霸权国最终命运的重要因素。在20世纪初，大英帝国面临的不仅是来自德国的挑战，美国和日本海上力量的快速增强对于英国也是一种重大威胁。德国舰队隔着北海与英伦三岛相望，且当时的德国皇帝威廉二世抛弃了俾斯麦的“韬光养晦”战略，甚至试图在非洲与英国一争高下。与之相对，美国和日本与英国签署协定，向英国舰队开放通往北美和远东地区的航道，努力缓和与老牌帝国之间的敌意。[②]

此外，人们也常常倾向于用冷战时期的美苏关系类比今日之中美关系，这种类比也是有严重缺陷的。美国和苏联当年分别领导着两大相互对立的阵营，它们各自拥有相对封闭的经济圈，美苏之间长达50年的“漫长和平”建立在双方大体对等的军事实力基础之上，是一种“以核武相互确保摧毁”的恐怖平衡之下的消极稳定。如今，中美之间有着高度相互依存的经济关系，而且中国也不具备与美国全面抗衡的军事实力，美国根本难以对中国实施全面遏制战略。美苏关系带给中美关系的最大历史启示或许是，冷战越是到后期越是演变为一场对抗双方比试“内功”的竞争，美国靠国内变革赢得冷战，苏联及其集团的最终瓦解，恰恰是其“内功”不济的表现和结果。[③]

---

① John J. Measheimer, “The Gathering Strom: China's Challenge to US Power in Asia,” *The Chinese Journal of International Politics*, Vol. 3, 2010, 381 - 396.

② James R. Holmes, “Beware the ‘Thucydides Trap’ Trap,” *The Diplomat*, June 13, 2013, http: //thediplomat. com/the - naval - diplomat/page/7/.

③ 参见王缉思为《战略的魔咒：冷战时期的美国大战略研究》（牛军编，上海人民出版社，2009）所撰序言。

显然，运用简单的历史类比并不能很好地理解中美关系的性质和走势，中美要想避免“修昔底德陷阱”，建立一种“前无古人、后启来者”的新型大国关系，没有什么现成的历史教科书可供遵循。要想解决这一世纪难题，中美两国唯有“逢山开路、遇水搭桥”。如何理解当前和未来一个时期中美关系的性质，继而以最大努力引导这一重要双边关系在未来5～10年甚至更长时期的发展走势，避免中美两国陷入激烈冲突和对抗，为中国的未来发展谋取和平、稳定、良好的外部环境，是中国方面提出构建中美新型大国关系的基本意图。[①]

近年，中美关系呈现出复杂性和两面性同步增强的态势，一方面两国相互依存程度不断上升，既有经济的相互依存，也有安全的相互依存；另一方面，中美实力日益接近和战略心态改变，两国各自发展前景存在的不确定性，地区和国际形势的新变化等因素导致中美关系中的竞争性因素增多，外界越发担心中美两国从战略竞争滑向战略对抗。[②] 中美现在已互为第二大贸易伙伴，双边贸易额在2012年已达5000多亿美元，较建交之初增长了近200倍，每天有超过12亿美元的商品和服务在两国之间流动。根据美国财政部2013年7月公布的统计数据，中国持有美债总额首次突破1.3万亿美元，创下历史之最。[③] 但是，相互依存并不必然带来分歧减弱、冲突消弭，中美仍在很多方面存在矛盾和竞争，这种情况在2008年金融危机发生后变得更加突出。[④]

2008年，中国成功举办北京奥运会，成就了与世界大国身份相互关联的“百年梦想”。同年，起源于美国次贷危机的全球金融危机恶化，

---

① 杨洁篪：《坚持相互尊重、互利共赢，努力推进中美合作伙伴关系建设》，《求是》2012年第6期。

② Robert Manning, “US and China Explore New Relationship,” *YaleGlobal Online*, June 11, 2013, http://yaleglobal.yale.edu/content/us-and-china-explore-new-relationship.

③ “China's US Treasury Holdings Hit Record $1.3 Trillion,” July 17, 2013, http://rt.com/business/china-federal-debt-record-207/.

④ 朱锋：《中美战略竞争和东亚安全秩序的未来》，《世界经济与政治》2013年第3期。

其后又引发欧洲债务危机，这是二战后首次发生在资本主义世界核心地带的一场重大经济危机，美国因此经受了硬实力和软实力的挫伤，巨额公共债务、高失业率以及黯淡的经济发展前景致使美国长期主权信用评级从 1941 年以来一直维持不变的最高级 AAA 被调降至 AA +。而在金融危机中依然保持较高经济增长率的中国则被认为是“风景这边独好”，中国很多分析人士开始热烈讨论美国霸权衰落的话题，也有人提出这是中国加速崛起，实现民族复兴、强国之梦的重要窗口期。美国人不仅察觉到中国国内不断增长的“必胜主义”情绪，也认为中国在对外政策方面转向“强硬”。[①]

除了实力对比变化外，意识形态和价值观方面的因素也是不可忽视的。在很多美国精英人士看来，中国之所以会取得如此大的经济成就，主要是因为中国采取了一种“经济自由 + 政治专制”的发展模式，而这种以“国家资本主义”为特征的中国模式正从“一种软实力挑战”演变为“新的意识形态威胁”。甚至还有人认为，中国政府正有意识地将软、硬实力相结合与西方世界抗衡，对外“出口”中国模式已成为中国崛起大战略的重要组成部分，意识形态和实际利益（特别是经济利益）之间的结合更加紧密，这是今日之中国远比当年之苏联更加令人担心的重要原因。[②]

此外，不少美国战略界人士对中国崛起前景并不持乐观态度。他们认为，难以持续的经济发展、不断扩大的贫富悬殊、日益严重的环境问题、急剧上升的资源能源制约，特别是越来越激化的社会矛盾和民族矛盾等，都表明中国是一个“脆弱的大国”。在这种情况下，中国未来发

① Michael Swaine, “Perceptions of an Assertive China,” *China Leadership Monitor*, No. 32, May 2010; Alastair Iain Johnston, “How New and Assertive is China's New Assertiveness?” *International Security*, Vol. 37, No. 4 (spring 2013).

② 赵明昊：《中国模式是美国的意识形态威胁吗》，《当代世界》2011 年第 7 期。

展的不确定性增大，在民族主义和民粹主义情绪的挑动之下，中国与外部世界发生激烈冲突的可能性也会大大上升，即便中国不与美国发生直接冲突，中国与日本等美国盟友之间的局部冲突也可能使美国陷入中美对抗的漩涡。[①]

中美关系的对抗性还体现在地区和全球层面。近年来，随着美国政府推进将军事、政治、外交资源向亚太地区转移的“再平衡”战略，中美之间的紧张感进一步增强。很多中国分析人士认为，美国重返亚太就是为了遏制中国，并且不惜利用中国和日本、菲律宾等周边国家之间的领土纷争“挑事”，纠集这些国家构建反华包围圈。而不少美国人则认为，中国在亚太地区越发强硬，其长期意图就是要把美国赶出亚太，要把西太平洋和南海变为中国的“内湖”，中国建设“海洋强国”将直接且严重挑战美国在亚太地区的主导地位和关键利益，“中国梦”不过是“军国梦”“帝国梦”。[②]

而在全球层面，美国被认为是通过建立跨太平洋、跨大西洋的经济政治联盟对中国实施新一轮孤立，中国被认为是要最终颠覆美国在二战后建立并主导的自由主义国际秩序，中国和美国在应对气候变化、网络安全、中东地区局势等重大国际问题方面缺乏共识。国际制度和规则的“赤字”越来越大，中美合作应对全球治理问题的意愿和能力都在下降，日趋复杂严峻的全球性挑战将对中美关系的稳定造成冲击。

显然，中美两国领导人都意识到双边关系消极发展甚至“脱轨”的风险，也都认为中美关系实际上已处于一种新的全球环境之中，中美构建新型大国关系的重要任务就是管理人类历史上前所未有的“竞争性共存”，为各自发展争取良好的外部环境，让国民能够最大限度地享受和

---

① Evan A. Feigenbaum and Robert A. Manning, “A Tale of Two Asias,” *Foreign Policy*, October 31, 2012, http://www.foreignpolicy.com/articles/2012/10/30/a_tale_of_two_asias.

② Joseph A. Bosco, “‘The China Dream’ a Nightmare?” *The Weekly Standard*, March 21, 2013.

平与繁荣。[①]

2012年2月，时任国家副主席的习近平访问美国，正式提出中美探索建立新型大国关系的倡议。半个月后，希拉里·克林顿国务卿对这一倡议做出回应，她在美国和平研究所纪念尼克松访华40周年的讲话中表示，两国应“共同树立典范，力争在合作和竞争之间达到一种稳定和彼此都能接受的平衡”，“在支持正在崛起的中国与增进美国利益之间并无本质矛盾。一个蒸蒸日上的中国对美国有利，一个蒸蒸日上的美国对中国有利。”

美国方面并没有从一开始正式同意接受“新型大国关系”的说法，主要是没能完全搞清楚中方提出这一说法的真实用意，担心中国借此给美国“设套”，让美国“吃亏”；此外，美国对于“新型大国关系”所暗含的中美平起平坐，也感到难以接受。后来或许认识到“新型大国关系”虽然模糊但具有“潜在作用”，可以为其所用，向其中填充美国需要解决的问题，并以此来促动中国与美国合作。2013年3月，时任美国总统国家安全事务助理的多尼隆在阐述奥巴马政府第二任期亚洲政策时，正式接过了“构建崛起大国与既有大国间的新型大国关系”的说法。2013年6月，习近平主席和奥巴马总统在美国加州举行不打领带的“庄园会晤”，习近平用三句话概括中美新型大国关系的内涵：一是不对抗、不冲突，二是相互尊重，三是合作共赢；奥巴马表示将“探讨构建在互利互尊基础上的国与国之间新的合作模式”，“要把比较宽泛的（共同）认识降到具体问题的层次上来”。

不同的话语在国际政治中具有不同的深刻政治含义，中美两国有关“新型大国关系”的理念分歧和表述差异表明，双方之间仍存在显著的“信任赤字”，构建新型大国关系之路将是复杂的、渐进的。这种差异实

---

① David Shambaugh, “Prospects for a ‘New Type of Major Power Relationship’”, *the China－US Focus*, March 7, 2013.

际上也反映了中美两国的政治文化和政策行为模式差异，即中国方面重整体、重概念，倾向于在建立信任后解决具体问题；美方重细节、重问题，倾向于通过解决具体问题建立信任。

从构建中美新型大国关系的路径和方式看，它需要双方从国内和国际、政府和社会、双边和多边、地区和全球等多个层面付出共同努力。首先，如果说“好的外交政策始于国内”，那么，中美构建新型大国关系无疑也将“始于国内”。中国和美国选择什么样的发展道路，是分道扬镳还是殊途同归，是两相对抗还是“共同进化”，这将从根本上决定中美关系的性质和走向。在很大程度上，中美建立新型大国关系的不确定性源自两国各自国内发展所存在的不确定性。[①] 其次，中美新型大国关系的国内发展支柱与国际环境支柱是相辅相成的，一个包容、公正、开放，以规则为基础的国际秩序将为中美关系的长期健康发展提供有力的保证。正如美国对外关系委员会主席哈斯所言，“华盛顿和北京接近的最初动力（反对苏联）不复存在，继之出现的动力（为相互经济利益合作）也太过狭隘以至于无法仅靠它维持两国之间的和谐。在解决重大地区和全球性挑战方面的密切合作应当成为两国关系发展动力组合中的一个关键部分”。[②] 此外，如果中美对彼此全球战略调整能够有及时而恰切的把握，进而相互利用各自的战略再平衡，则有望顺势而为、渐行渐近；反之，则有可能误判形势，进而殃及两国关系。

值得强调的是，中美构建新型大国关系，有两项更具紧迫性的问题需要着力解决。一是建立和健全危机预防、危机管理机制，“两军关系要服从于两国整体关系”，中美两军交流应更具实质性，需要尽快确立两军海上、空中行为准则，并对双方就某些问题划出的所谓“红线”形

---

① Robert B. Zoellick, “U. S., China and Thucydides,” *The National Interest*, June 25, 2013, http://nationalinterest.org/article/us-china-thucydides-8642.

② Richard N. Haass, “The Irony of American Strategy,” *Foreign Affairs*, May/June, 2013.

成默契，管好各自盟友和伙伴，尽量避免中美直接冲突这类意外情况发生。除了军事性危机之外，中美应注重与政治性突发事件相关的危机预防和管理，比如王立军和斯诺登事件。二是寻求中美共享价值，优化各自国内舆论氛围，对自由、民主、公平、正义等重要价值理念的认知虽有不同，但在两个国家，这些理念在不同程度、不同语境和不同侧重点上其实都受到重视、得以倡导，“中国梦”和“美国梦”应有其相近相通之处，中美应通过人文交流、公共外交等方式努力减少两国之间的“认知赤字”，引导国民理性看待中美关系的成就与问题、机遇与挑战。

中美能在亚太实现良性互动吗？

中国领导人和负责外交事务的高级官员多次明确表示，中美构建新型大国关系应面向全球，首先从亚太做起，实现良性互动，合作共赢。随着中国在亚太地区影响力的不断上升以及美国大力实施针对该地区的再平衡战略，亚太已经成为中美利益交会最集中、大国互动最频繁、竞争博弈最直接的地区，中美能否在亚太地区形成良性互动，成为影响新型大国关系能否成功构建的关键所在。

在有力制约和规范“中国崛起”等因素的考量下，奥巴马政府2009年上台后推进“亚太再平衡”战略。美国“亚太再平衡”战略旨在通过“重构”亚太地区的安全架构、经济体系和多边机制确保美国在该地区的绝对优势地位（Primacy），从而促进美国经济繁荣和国力复苏，为美国在21世纪继续占据全球主导地位夯实基础。[①] 这一战略的核心内容是，

---

① Hillary Clinton, “America's Pacific Century,” *Foreign Policy*, October 11, 2011, http://www.foreignpolicy.com/articles/2011/10/11/americas_pacific_century; US Department of Defense, Sustaining US Global Leadership: Priorities for 21st Century Defense, January 2012, http://www.defense.gov/news/defense_strategic_guidance.pdf; Speech at Shangri－La Security Dialogue by Leon E. Panetta, June 2, 2012, http://www.defense.gov/speeches/speech.aspx? speechid=1681.

着眼于“太平洋－印度洋”新两洋战略框架（原是“大西洋－太平洋”），推动亚太同盟体系由“毂辐模式”（Hub－and－Spoke System）转向“网状模式”（Networked Model），帮助提升盟国和伙伴的军事安全能力，扩展它们之间的联系，使之结成一个集体网络，能够迅速、有效地单独或联合展开行动，并大力推进兼顾防务、发展和民主的3D战略。[①]应当说，美国的亚太再平衡并不是完全针对中国的，更不必然是“遏制”（Containment）和“围堵”（Encirclement），它更多体现的是一种“防范”或曰“两面下注”（Hedging）的目标。

虽然美国亚太再平衡战略并不以围堵中国为根本出发点，但这一战略在过去几年的实施过程中却出现四大缺陷。第一，虽然美国的“政策意图”未必是围堵中国，但其“政策态势”显露出过多的“反华”“制华”取向，从而使该战略丧失了成功的根本要件——稳定、积极、合作的中美关系。第二，对自身承诺的“信誉度”是美国外交政策的一大考量，出于“安抚”亚太盟友和伙伴的考虑，美国过于高调地推销和渲染亚太再平衡战略，但往往口惠而实不至，这反而损害了美国的“信誉度”。第三，过于突出美国重返亚太的军事色彩，从而在相当程度上忽视或偏废了亚太再平衡中的经济发展等其他支柱。第四，偏离了美国在领土领海主权争端问题上长期坚持的“不采取立场”原则，国务卿希拉里·克林顿在南海问题等方面作出的表态，不仅向有关国家释放了错误信号，而且还大大增加了将美国自己卷入冲突的风险。[②]

毋庸置疑，美国近年持续推进亚太再平衡战略是导致中国周边战略环境趋紧的重要因素，但中国面临的更复杂、更长远挑战则是该地区各

① 孙茹：《美国亚太同盟体系的网络化及前景》，《国际问题研究》2012年第4期；赵明昊：《“重返”还是“重构”：试析当前美国亚太战略调整》，《当代世界》2010年第12期。

② Robert Ross, “The Problem with the Pivot: Obama's New Asia Policy is Unnecessary and Counter-productive,” *Foreign Affairs*, Vol. 91, No. 6, 2012.

主要国家所展开的“再平衡”战略。在近年美国“转向亚太”的触动和刺激下，该地区的国家安全威胁认知出现变化，并由此对其地区政策作出积极调整。日本安倍政府谋求修改战后宪法和获取“集体自卫权”，大幅度修订《防卫计划大纲》；印度正谋划和推进“2.0 版本的不结盟”战略，并日益从“向东看”（Look East）变为“向东进”（Go East）；韩国希望施展雄心勃勃的“中等国家外交”，力求在美日韩同盟外交和中美韩三国协调外交之间建立新的平衡；澳大利亚发布一系列有关亚洲政策和针对中日印等个别国家政策的白皮书，就如何处理澳美中三角关系持续展开国内辩论。随着地区主要国家接连推出自我版本的“再平衡”战略，中国实际上正在承受着美国“转向亚太”所带来的衍生性冲击。[①]

奥巴马政府在第二任期开始后对亚太再平衡战略进行了明确的调整。2013 年 3 月 11 日，多尼隆在美国亚洲协会发表演讲，表示未来一个时期奥巴马政府的亚太再平衡战略将建立在五大支柱之上：一是加强与日本、韩国、澳大利亚等盟国的关系；二是深化与印度、印尼等新兴伙伴之间的关系；三是与中国建立稳定、富有成效和建设性的关系；四是强化东亚峰会等地区机制，防范安全冲突；五是加大对“跨太平洋伙伴协定”（TPP）的投入，建立覆盖亚太的区域经济结构。[②] 这表明，美国决策层认为与中国走向战略对抗不符合美国国家利益，也将导致美国亚太再平衡战略难以成功。此外，由于埃及局势突变、叙利亚危机深化等原因，奥巴马政府在中东地区面临“阿拉伯之冬”的尴尬，盟友朋友化、政治伊斯兰化等现象成为美国亟须应对的外交难题，这也在一定程度上牵制了美国的“重返亚太”步伐。

---

① 赵明昊：《美国亚太再平衡战略视野下的美日同盟转型》，《当代世界》2012 年第 10 期。

② Thomas Donilon at Asia Society New York, National Security Advisor to President Obama Discusses US Policy in the Asia – Pacific Region in 2013, http://asiasociety.org/new – york/complete – transcript – thomas – donilon – asia – society – new – york.

与此同时，中国新一届领导层则以更加能动、更加务实的精神大力推动中美构建新型大国关系，并在朝鲜核危机、中美两军交流等诸多涉及亚太地区安全的重大问题上增进与美国的政策协调。2013 年 4 月，国务卿克里、参谋长联席会议主席邓普西等美国高层相继访华，与中方就朝鲜半岛问题进行深入磋商。习近平和奥巴马在 6 月举行的“庄园会晤”中就朝鲜半岛问题“达成了相当程度的共识”。中国外交部长王毅和美国国务卿克里 9 月 26 日在美会晤，据称双方同意密切两国的合作，让无核化成为朝鲜的唯一选择，还同意要打破朝鲜长期以来违背承诺的恶性循环。

如果说，共同应对朝鲜半岛问题还具有“危机管理”的性质，那么，中国在亚太事务上进行的其他合作努力则展现出“机遇管理”的精神。根据与阿富汗和东帝汶三方合作的经验，中美将在其他第三国拓展新的联合发展项目。双方同意共同努力支持“伊斯坦布尔进程”等地区性合作倡议，在 2014 年美国从阿富汗撤军后维护该地区的稳定。中美还将加强在亚太经合组织、东亚峰会、东盟地区论坛等地区性多边框架下的沟通与协调，加强在太平洋岛国地区的合作。[①] 值得注意的是，中美就 TPP、“区域全面经济伙伴关系协定”（RCEP）以及各自自贸区谈判也在进行持续交流，未来并不完全排除中方加入 TPP 谈判的可能。[②]

应该说，中美在亚太地区形成新的大国协调和达成某种程度的权力分享安排值得期待，但绝不应低估这一进程的曲折性、复杂性和艰巨性。从长远来看，中美在亚太地区的互动关系存在以下五种可能前景：一是

① 《第五轮中美战略与经济对话框架下战略对话具体成果清单》，2013 年 7 月 11 日，新华网，http：//news. xinhuanet. com/world/2013 - 07/13/c_116519095. htm。

② 李向阳：《跨太平洋伙伴关系协定：中国崛起过程中面临的重大挑战》，《国际经济评论》2012 年第 2 期；Ding Yifan，“Should China join the TPP negotiation?”，the China - US Focus，July 3，2013，http：//www. chinausfocus. com/finance - economy/should - china - join - the - tpp - negotiations/。

冲突性，美国全面遏制中国崛起，而中国也决定“将美国赶出亚洲”，双方走向全面冲突；二是对抗型共处，中美展开地缘政治竞争，甚至爆发局部冲突；三是竞合型共处，一些中等国家和地区集团（东盟）在地区事务中发挥重要作用，对中美既形成一定牵制，又能缓解两者的竞争形势；四是合作型共处，中美实现良好的政策协调，合理分享权力和责任，合作提供地区公共产品；五是权力和平转移，美国走向衰落，中国在亚太地区扮演首要大国角色。应该说，最可能出现同时也是相对理想的一种前景即是中美竞合型共处。①

最后，影响中美在亚太互动关系走向的原因主要包括以下三个层面：一是中美如何处理与朝核危机、台湾问题、东海和南海争端、阿富汗地区局势等相关的危机型议题；二是两国如何以全球性视野和长远利益考量，创造性地应对海上安全、能源安全、可持续发展等公共型议题；三是中美如何与其他地区主要国家合作，解决地区经济一体化、地区安全机制等架构型议题。这三个层面的因素是相互密切联系的，并将充分体现中美关系未来数十年“竞争性共存”的基本性质，也是对两国如何以“共同进化”（Co - evolution）的方式实现“不对抗、不冲突，相互尊重，合作共赢”局面的复杂而艰巨的考验。②

① 吴心伯：《奥巴马政府与亚太地区秩序》，《世界经济与政治》2013 年第 8 期。

② David M. Lampton, “A New Type of Major - Power Relationship: Seeking a Durable Foundation for US - ChinaTies,” *Asia Policy*, No. 16, 2013；王鸿刚：《“共同进化”对中美在亚太关系模式的再思考》，《现代国际关系》2013 年第 1 期。

中俄新型大国关系与“丝绸之路经济带”

范丽君*

党的十八大以来，党中央、国务院面对中国周边安全环境的现状，积极运筹外交全局，尤其重视周边邻国在我国外交大局和全局中的突出作用，积极拓展与周边邻国的睦邻友好合作关系。“丝绸之路经济带”合作构想是中国新一届国家领导人面对中国与中亚国家建立起来的良好、密切的合作关系和“西部大开发”战略深入落实的发展现状提出的新型合作形式，希望“丝绸之路经济带”构想能与“西部大开发”战略内外呼应，拓展中国在西北地区经济战略空间，同时在安边富民，稳定西北部安全环境方面发挥积极作用。由于中亚“五国”与俄罗斯的历史渊源关系，中国在落实“丝绸之路经济带”构想时，必须要顾及俄罗斯在该地区的利益层级和底线，妥善处理和落实中俄全面深入战略伙伴关系的实质内容，构建与正在崛起的俄罗斯的新型国家关系。

* 范丽君，供职于内蒙古社会科学院俄罗斯与蒙古国研究所。

2013年9月7日，习近平主席在哈萨克斯坦的巴扎尔巴耶夫大学作了题为“弘扬人民友谊　共创美好未来”的主题演讲。在演讲过程中，提到古丝绸之路在融通中国与中亚、欧洲各国关系的历史作用，为了弘扬古“丝绸精神”，促使欧亚各国经济联系更加密切，习近平提出“丝绸之路经济带”的创新合作模式构想。9月13日，在吉尔吉斯斯坦首都比什凯克举行的上合组织成员国第十三次元首理事会上，习近平主席再次提到“丝绸之路经济带”构想。这是中国新一届国家领导人在新形势下，面对中国周边安全环境变化而提出的新型外交战略构想，是继“上海合作组织”之后，中国与中亚国家合作的又一个战略性步骤，意味着中国与中亚国家的合作将从“上合”的安防迈向“经济带”的经合领域。

20世纪90年代初建立的中亚五个国家在历史上与其周边国家，尤其是中国和俄罗斯这两个大国，存在非常复杂的关系。“五国”是以俄罗斯为主导的“独联体”国家。中国要想通过“丝绸之路经济带”，重振古“丝绸之路”，必须考量俄罗斯在该地区的利益，从“立体、多元”的视角，战略性地构建与俄罗斯的新型大国关系。

“丝绸之路经济带”构想及其内涵与外延

“丝绸之路经济带”的概念早已提出。[①] 虽然叫法、名称不同，但内容都涉及中国与中亚国家的经济合作潜力和前景。这次习近平主席在国际公开场合提出这一构想，说明中国与中亚地区经济合作的时机已经到来。这与前不久李克强总理访问印度时提到的“中缅孟印经济走廊”遥

① 朱显平、邹向阳：《中国—中亚新丝绸之路经济带发展构想》，《东北亚论坛》2006年9月第3期。

相呼应，构成中国西南、西北两个战略性经济带，促进中国与西南、西北两个区域毗邻国家区域合作。“丝绸之路经济带”构想与“西部大开发”战略内外呼应，拓展了中国在西北地区经济的战略空间，对中国安边富民，改善中国西北部安全环境具有重要战略意义。

（一）“丝绸之路经济带”核心区及其范围

“丝绸之路经济带”构想是古“丝绸之路”内涵与外延的扩展。两千年前张骞两次出使西域，“凿空”中国与欧亚大陆的陆路交流通道，打开欧亚大陆的封闭与隔绝状态，并由此开启中国的古“丝绸之路”。虽然古“丝绸之路”在历史上虽然几经易路，但今中亚地区和中国的西北部一直都是其必经之地。所以，中亚和中国西北部应是“丝绸之路经济带”主要区域。本文为了更加突出“经济带”的战略意义，对中亚和中国西北做了一个简单的核心区划分。

1. 中亚的范围

关于中亚的范围众说纷纭，划定标准不一。按照中国地图出版社出版的《亚洲地图册》的解释，中亚指“中亚西亚地区，包括土库曼斯坦、乌兹别克斯坦、吉尔吉斯斯坦、塔吉克斯坦和哈萨克斯坦。”[①] 按照百度答案，中亚虽指亚洲中部内陆地区，但有广义和狭义之区别。广义的中亚是“东到蒙古国东境和内蒙古东部；南始伊朗和阿富汗北部，印度、巴基斯坦西北，包括新疆、甘肃河西走廊等中国西北地区；西起里海，包括土库曼斯坦、乌兹别克斯坦、吉尔吉斯斯坦、塔吉克斯坦和哈萨克斯坦五国；北达西伯利亚南部的米努辛斯克、克拉斯诺尔斯克一带”。该定义基本与联合国教科文组织的定义吻合。[②] 根据联合国教科文

① 《亚洲地图册》，中国地图出版社，2009，第2页。

② http：//baike. baidu. com/view/333775. htm

组织的定义，全部或部分属于中亚地区的国家共有 12 个，除“五国”外，还包括阿富汗、中国、印度、伊朗、蒙古国、巴基斯坦和俄罗斯。狭义上的中亚地区就是指“五国”，与中国地图出版社的划分标准一样。为便于说明，这里将狭义定义中“五国”作为“丝绸之路经济带”境外核心地区，广义概念中涉及的阿富汗、印度、伊朗、蒙古国、巴基斯坦和俄罗斯的部分地区为“丝绸之路经济带”一级辐射地区，由此延伸到欧洲腹地，以及通过欧洲、西亚跨过海峡进入非洲大陆。

2. 中国西北部省份界定

中国西北部地区具有发展“丝绸之路经济带”得天独厚的历史、政治、经济和文化优势。按照中国区域划分，西北部具体包括新疆维吾尔自治区、甘肃省、内蒙古自治区西部、宁夏回族自治区、陕西省和青海省六个省区，简称西北“三省三区”。上述地区均有古“丝绸之路”留下的印迹。古称“长安”的陕西省省会西安是古“丝绸之路”的始发地。盛唐时期的丝绸就是从西安经河西走廊、中亚、西亚走向欧亚大陆。此外，新疆、青海、甘肃，包括内蒙古西北部的众多少数民族与“五国”有着悠久的民族文化和宗教联系。“五国”的主体民族在中国境内都有族源留存。共同的民族文化基础和族源是中国拓展“丝绸之路经济带”的有利人文因素。“丝绸之路经济带”的构想延伸了“三省三区”的外在地缘空间。所以，我们将“三省三区”定为“丝绸之路经济带”在中国境内的核心区域。新疆是该核心区的经济引擎，合作前沿，起着拉动和舵手的作用。

按照习近平主席“以点带面，从线到片，逐步形成区域大合作”的构想，本文认为“丝绸之路经济带”核心地区包括“五国”和中国西北部“三省三区”两个部分。辐射区域向北可达俄罗斯乌拉尔山山脉以东的西西伯利亚地区，向南接壤阿富汗、伊朗、巴基斯坦和印度部分地区，西接里海沿岸阿塞拜疆等国家。也就是说，上合组织的 6 个成员国和 5

个观察员国基本都囊括在这里。以“核心区”为切入点，不断做强、做大，让“经济带”成为欧亚大陆上新的经济圈和中国经济的新增长极。

（二）“丝绸之路经济带”核心区的地缘、人文优势

“五国”和中国西北部“三省三区”的自然条件、经济条件和基础交通设施等硬件条件不容乐观，构成影响该地区经济发展的阻碍性因素，但这里丰富的矿产资源、能源资源、土地资源、人力资源以及由多民族、多元文化构成的多种宝贵的旅游资源是未来“经济带”发展的有利因素。只要将已经构建起来的政治关系、地缘毗邻和经济互补等优势结合起来，并转化为互利互惠的务实合作优势，“丝绸之路经济带”必将成为继亚太经济圈和欧洲经济圈以后欧亚大陆新的经济圈。

1.“地大物博”为“经济带”提供了广阔的发展空间和资源支持

“丝绸之路经济带”核心地区的覆盖区域可以用“地大物博，人口稀少”概括。该区域的总面积为769.51万平方公里，[①] 占整个亚洲面积（4400万平方公里）的17.49%。人口为1.76亿，[②] 占亚洲总人口（40.3亿）的4.35%。[③] 总人口密度为每平方公里2.2人，远低于世界平均值（43.8/平方公里）。核心区域是世界重要资源的聚集地。“五国”的矿产资源不仅种类多，而且储藏量大。哈萨克斯坦的钨矿储量居世界第一，铬矿和磷矿储量居世界第二，丰富的矿产资源使哈萨克斯坦被赋予“能源和原材料基地”的美誉。[④] 乌兹别克斯坦和吉尔吉斯斯坦的黄金储量举世闻名。土库曼斯坦的石油和天然气储量丰富，其中天然气储量位居

---

① 五国面积依据中国地图出版社出版《亚洲地图册》提供数据。中国西北“三省三区”面积依据SOSO网提供数据。由于内蒙古横跨中国东北和西北，笔者简单将其土地面积一半划归西北部分。

② 五国人口数据来源于中国外交部网站。“三省三区”人口数据来源于《中国统计年鉴（2012）》。由于内蒙古横跨中国东北和西北，笔者简单将其人口一半划归西北部分。

③ 亚洲总人口数据来源于《亚洲地图册》，中国地图出版社，2009，第7页。

④《亚洲地图册》，中国地图出版社，2009，第80页。

世界前列。塔吉克斯坦的铀矿和水资源丰沛。中国西北“三省三区”的许多资源储量也较为丰富，一直“是我国一些重要战略性资源的接替基地。”①“五国”和中国“三省三区”依托资源架构起来的产业结构和工业基础是“丝绸之路经济带”开展区域合作的重要领域和方向。

2. “五国”的地缘“枢纽”地位为“丝绸之路经济带”提供交通依托

冷战期间，“五国”隶属于前苏联，其交通“枢纽”地位被苏联把持。苏联解体以后，随着“五国”相继独立并成为这一地区的主导型经济实体，中亚地区在欧亚大陆桥的交通“枢纽”地位才凸现出来。为摆脱对俄罗斯铁路和输油管道的依赖，“五国”纷纷与周边国家签署协议，修建铁路、公路以及石油管道，以实现原料出口方式的多元化。中国、阿富汗、伊朗以及欧盟等国家和地区为缩短运程，降低交通运输成本，加入“五国”网络连通计划中。经过20年的建设，“五国”的交通网络和管道网络得到很大改善。经“五国”首都和重要城市通往周边国家的铁路、公路、管道、航空线路基本搭建起来。“五国”在地缘上的“枢纽”地位以及多元化出口方式的发展思路，为中国拓展“丝绸之路经济带”的深入发展提供了交通依托。

3. 中国与“五国”良好的双边关系为“丝绸之路经济带”区域合作奠定了良好的人文基础

1992年，“五国”相继独立，中国随之与其产生外交关系，并成为哈萨克斯坦、吉尔吉斯斯坦和塔吉克斯坦三国的共同邻国。经过20年的发展，中国与“五国”建立了良好的政治、经济和外交关系。2013年9月3日至13日，习近平对土库曼斯坦、哈萨克斯坦、乌兹别克斯坦和吉

① 朱显平、邹向阳：《中国—中亚新丝绸之路经济带发展构想》，《东北亚论坛》2006年9月第3期。

尔吉斯斯坦进行国事访问，访问期间分别与上述国家元首签署确定两国关系的联合声明。其中，与土库曼斯坦和吉尔吉斯斯坦首脑签署了《建立战略伙伴关系的联合声明》，与哈萨克斯坦和乌兹别克斯坦两个国家首脑签署了《关于进一步深化全面战略伙伴关系的联合声明》。[①] 2013 年 5 月 20 日，塔吉克斯坦总统访问中国时，双方首脑签署《中塔关于建立战略伙伴关系的联合宣言》。[②] 上述联合声明或宣言的签署标志着中国与“五国”关系迈上了新台阶，具有里程碑的标志性意义。中国与“五国”良好的政治关系为“丝绸之路经济带”构想的落实奠定了可靠的法律保障和人文基础。

建交之初中国与“五国”的贸易总额仅为 4.6 亿美元。2012 年中国同中亚国家贸易额高达 460 亿美元，20 年间增长了 100 倍。[③] 中国在“五国”的贸易量也在增加，其中哈萨克斯坦是中国最大的贸易伙伴国家，中国是吉尔吉斯斯坦第二大贸易伙伴国和进口来源国。同时也是土库曼斯坦第一大贸易伙伴国和天然气进口国家。2011 年，中土贸易额比 2010 年增加 249%。[④] 近几年来，中国与中亚“五国”快速的经济发展态势为“经济带”的发展创造了一个宽松的宏观经济环境。

4. “五国”和“三省三区”跨境民族是“丝绸之路经济带”未来发展的有利人文因素

“五国”所属区域在历史上与中国境内“三省三区”有着密切的政治、经济和文化联系。“中国自西汉以来，将玉门关和阳关以西广大地区称为西域，它包括今天中国的新疆地区和中亚地区两部分。”[⑤] 而起始

---

① 《人民日报》，新华网，2013 年 9 月 3 日、7 日、10 日、12 日。

② 央视一套新闻联播，2013 年 5 月 20 日。

③ 徐惠喜：《新丝绸之路经济带在舞动》，《经济时报》2013 年 9 月 3 日。

④ 中国与乌兹别克斯坦进出口贸易额数据来源于中国商务部网站《2011 年中国与乌兹别克斯坦双边贸易简析》，2012 年 5 月 4 日。其余数据来源于外交部官网。

⑤ 张新平：《地缘政治视野下的中亚民族关系》，民族出版社，2006，第 2 页。

于中国西安的古“丝绸之路”是经过今陕西、甘肃、新疆进入今中亚地区，之后再向南、向西、向北进入西亚、中东以及欧洲地区。自西汉张骞“凿空”西域以来，中国的历代王朝都与今天的中亚有过这样或那样的历史交往。漫长历史的交往形成“五国”与中国西北“三省三区”特殊的民族文化和宗教关系。其中跨境民族是当今中国与“五国”形成的一种天然关系。吉尔吉斯斯坦、塔吉克斯坦、乌兹别克斯坦和哈萨克斯坦四国的主体民族吉尔吉斯族、塔吉克族、乌兹别克族和哈萨克族与居住在我国新疆的哈萨克族、柯尔克孜族、塔吉克族以及蒙古族都有着千丝万缕的联系，他们同族同源，语言、文化、风俗习惯接近，便于交流。有一部分居住在哈萨克斯坦和吉尔吉斯斯坦的人被称为“东干人”的群体，他们是来自陕西和甘肃的回族后裔，在族源上有很强的认同感。大量跨境民族的存在，以及历史形成的“亲缘”关系，为“丝绸之路经济带”创造了良好的人文环境，是未来进行区域合作的优势因素。

5. “五国”之间的睦邻友好关系和多元化的发展战略为“丝绸之路经济带”的发展奠定了良好的外部环境基础

“五国”是20世纪90年代初，脱离苏联“大家庭”的新型国家。虽然是五个独立国家、经济体，但是在经受漫长历史洗礼后，这些国家的民众已经形成你中有我，我中有你的纽带关系。外交上，他们积极发展与中亚国家的关系，以邻国、周边国家为优先发展方向，建立睦邻友好的邻国关系，而且都希望有一个稳定的周边环境，促进经济发展，实现国泰民安。习近平提出的“丝绸之路经济带”合作构想符合“五国”以“邻国、周边国家为优先发展方向”的外交战略，在“五国”引起强烈反响。哈萨克斯坦、吉尔吉斯斯坦总统均表示积极支持习主席的倡议，推动本国参与“丝绸之路经济带”建设。“五国”之间的睦邻友好关系和多元化的发展战略为“丝绸之路经济带”的发展奠定了良好的外部环境基础。

“丝绸之路经济带”对中国周边安全环境的影响

自“五国”脱离苏联成为独立国家后，中亚地区因其“独特的地缘政治经济优势而引起世界的关注，成为‘冷战后’国际社会关注的焦点之一。”① 中亚地区成为大国角逐的“角斗场”。大国在中亚地区的博弈，对中国而言，就是一把双刃剑，机遇与挑战并存。“中亚的政治走向与经济发展对中国、俄罗斯、欧洲能够产生直接影响。”② 中国如何处理与“五国”的关系、如何应对其政治经济发生的变化，将直接影响到中国西北边疆的安全与稳定。

（一）中亚未来的地缘政治、经济地位

中亚在欧亚大陆的“枢纽”地位和丰富的地下资源决定了其在未来国际社会中日益突出的地缘政治地位和经济地位。“五国”作为该地区最年轻的国家和经济体，在未来的国际格局中必将成为“兵家的必争之地”，起到多极世界的“平衡木”作用。由地理地缘引发的地缘政治和经济权利争夺将在“五国”展开。

1. 中亚的政治地缘特点决定其未来仍然是世界大国角逐的焦点地区

冷战时期，“五国”所辖地域属于前苏联的五个加盟共和国，其地缘优势被苏联掌控。苏联解体后，在原来五个加盟共和国基础上建立起来的五个新兴的民族国家成了中亚的代名词。中亚地区作为欧亚大陆“连接点”“结合部”的枢纽作用分摊在这五个国家。“五国”不仅成为“大国势力东进西出、南下北上的必经要地，”③ 也是各种势力竞相拉拢

① 张新平：《地缘政治视野下的中亚民族关系》，民族出版社，2006，第1页。

② 孙壮志：《五国的地缘战略地位》，《东欧中亚研究》2000年第4期。

③ 张新平：《地缘政治视野下的中亚民族关系》，民族出版社，2006，第1页。

的对象。

地理地缘上，“五国”是加强欧亚大陆东西部交通运输、通信信息的枢纽之地。经过“五国”的交通线可以大大缩短太平洋到大西洋、印度洋的陆上距离。从地下的管道运输到地上的公路、铁路运输，乃至空中的航空运输以及电网通信，经过中亚地区都比其他路线便捷、节省成本。自东起中国黄海连云港经陇海铁路、兰新铁路出新疆阿拉山口进入哈萨克斯坦边境城市阿克斗卡的“新通道”成为新欧亚大陆桥的重要组成部分。由连云港经西安至新疆霍尔果斯出境，进入哈萨克斯坦的国家高速公路已经与穿越中亚的 E40 号公路相连。陆路通道的开通大大缩短了欧亚大陆距离。随着世界经济的区域化和一体化发展趋势，“五国”在欧亚大陆的战略枢纽地位还将上升。

政治地缘上，“五国”处在冷战以后几种势力的交会地，扮演着“平衡木”的支点作用。欧盟、俄罗斯、中国、印度和伊朗在欧亚大陆上连成一体。其中，俄罗斯、中国和印度是“金砖国家”，伊朗是西亚经济实力最强的国家，欧盟的经济实力虽不如以前，但与“五国”比较，还很强大。在未来，随着欧盟不断东扩，中国、俄罗斯、印度经济对世界局势发展起到举足轻重的作用，“五国”正好处在维系他们陆上联系的“中心”，可能会起到“支点”作用。

2. 富庶的地下资源提升“五国”地缘经济地位

“五国”是欧亚大陆资源的富集区。各国矿物种类多且储量大，其中许多都是具有战略意义的能源性产品。根据我国外交部提供的数据，哈萨克斯坦除了铀矿、铜矿、铅矿、锌矿、钨矿储量都很丰富外，原油和天然气的储量更为可观。原油探明储量为 48 亿 ~ 59 亿吨，远景储量为 120 亿 ~ 170 亿吨。天然气探明储量为 3.5 万亿立方米，远景储量 6 万亿 ~ 8 万亿立方米。吉尔吉斯斯坦自然资源主要有黄金、锑、钨、锡、汞、铀等稀有金属，其中锑矿产量居世界第三位。乌兹别克斯坦现已探明有近100种矿产品。其中，黄金储量排在世界第4位，石油已探明储量为5.84亿吨，凝析油已探明储量为1.9亿吨，天然气已探明储量为2.055万亿立方米，煤储量为20亿吨，铀储量排在世界第7位。塔吉克斯坦的锑矿储量仅次于中国和泰国，排在亚洲第3位。无烟煤储量为515万吨，仅次于越南，排名世界第二。此外，塔吉克斯坦的水利资源位居世界第8位，人均拥有量居世界第1位，占整个中亚的一半左右。土库曼斯坦的矿产资源主要有石油、天然气、芒硝、碘、有色及稀有金属等。[①] 据土官方公布资料，土石油和天然气的远景储量为68亿吨和26.2万亿立方米，石油和天然气工业储量分别为2.13亿吨和2.7万亿立方米，居世界前列。[②] 富庶的地下资源增加了其地理地缘优势的附加值。"五国"在未来必然成为经济发展迅速或拥有雄厚经济实力的国家和组织竞相进驻的地方。随着世界各国对能源和资源需求的增大，在能源主宰世界经济的国际大背景下，"五国"地下丰富的天然气和石油等资源进一步提升了该地区的经济利益。借助地缘政治利益和经济利益，新兴的"五国"必将成为世界大国和集团势力竞相争夺的对象，成为世界各种势力和大国角逐的"角斗场"。

3. 多元的文化格局成为多种宗教势力的滋生地和极端主义势力的聚集地

"五国"与周边国家地区形成的历史渊源，使其可能成为未来各种势力争相拉拢的对象。冷战结束后，伊朗、土耳其以及中东地区的阿拉伯国家都曾利用其与"五国"在语言、民族、宗教等方面的联系进行意识形态领域的渗透，导致"五国"伊斯兰主义势力抬头，导致"五国"接二连三发生"颜色革命"。"五国"周边形成的一些极端宗教主义、恐

---

① 《亚洲地图册》，中国地图出版社，2009，第79~86页。

② 外交部官方网站："土库曼斯坦"词条，下载时间：2013年10月22日。

怖主义和极端民族主义势力还会向“五国”渗透。所以，反恐、打击跨国犯罪是“五国”未来需要面对的问题，且任重道远。一旦“五国”受到“三股势力”的威慑，必将直接影响到中国的西北地区的安全。

（二）“丝绸之路经济带”未来发展框架及其在中国周边形成的格局

“丝绸之路经济带”是在中国与东亚、东南亚国家和地区经济合作基础上，结合中国与“五国”20年合作发展经验以及中国西北地区经济发展战略而提出的新型跨境合作模式。如何借助“上合组织”这一平台搭建区域性的合作框架和模式，首先需要弄清楚中国与“五国”已经构建起来的合作领域和合作模式，在此基础上预测“经济带”未来发展框架。

1. “丝绸之路经济带”未来发展框架

20世纪90年代初，中国与“五国”建立外交关系以来，中国与上述国家的双边关系均处于历史最好阶段。富有成效的战略伙伴关系拉近了中国与这些国家的距离，增强政治互信，同时体现在不同领域的深度和跨越式合作上。

2012年6月7日召开的北京峰会上，中国政府承诺向中亚提供100亿美元的贷款，主要用于中亚地区的铁路、公路、光缆、石油、天然气管道等基础设施建设。[①] 2013年9月的比什凯克峰会上，习主席再次提到“经济带”构想，并就此提出了在“交通物流、贸易投资、金融、能源和粮食安全”等五个领域合作建议。[②] 所以，“经济带”在未来一段时间仍然是以“五国”为主要合作对象，合作领域向地下能源、地面公

① 《丝绸之路经济带简介》：来自百度，互动百科，2013年9月27日下载。

② 《弘扬“上海精神”促进共同发展》，《人民日报》2013年9月14日，第2版。

路、铁路等交通基础设施和空中航线、电网的全方位、“立体式”联动延伸，集交通物流、贸易投资、金融、能源融合在一起的合作模式。就目前中国与“五国”合作现状，以及习主席提出的“经济带”构想，本文认为吉林大学朱显平教授的界定有一定参考价值。他认为丝绸之路经济发展带是“以新丝绸之路综合交通通道为开展空间，以沿线交通基础设施和中心城市为依托，以域内贸易和生产要素自由流动优化配置为动力，以区域经济一体化安排为手段，以实现快速增长和关联带动作用为目的的中国—中亚跨国带状经济合作区。”① 按照这一界定，中国应在“经济带”的核心区域内，首先，打通以新疆为引擎的西北“三省三区”与“五国”的能源、物流和电力通道，并保证其畅通；其次，发挥“三省三区”与“五国”主要城市、中心城市的产业和贸易“联姻”，在互利互惠、合作发展的原则下，取长补短实现优势互补的合作，形成规模可观、结构合理的城市体系群，实现中国西北地区和“五国”的经济增长。然后由核心区向四周辐射延伸，向东通过蒙古国和中国与东北亚地区连接，向西通过里海，与俄罗斯外高加索地区、阿塞拜疆和伊朗互动，南接西亚和南亚，北接俄罗斯欧洲部分东部和西伯利亚西部、南部地区，把东亚繁荣的经济圈和欧洲经济圈通过欧亚陆桥连接起来。

2. “五国”与毗邻地区合作及其与“丝绸之路经济带”的互动作用

“五国”最大的两个邻国是中国和俄罗斯，依次还有阿富汗、伊朗、阿塞拜疆。这些国家与“五国”的关系既有民族、宗教的，还有语言、文化的，既有历史形成的，也有现实促成的，可谓错综复杂。鉴于此，“五国”将周边邻国视为对外关系的首选发展方向。

“五国”与俄罗斯的关系纽带是“独联体”。尽管这是苏联解体的产

① 朱显平、邹向阳：《中国—中亚新丝绸之路经济带构想》，《东北亚论坛》2006 年 9 月第 3 期。

物，有名无实，但在这一旗号支配下，俄罗斯仍然会借助其在“独联体”大哥大地位和历史的“瓜葛”，积极加强与“五国”在政治、经济、军事方面的合作。目前，俄罗斯与哈萨克斯坦、乌兹别克斯坦和塔吉克斯坦的盟友关系以及与土库曼斯坦的睦邻友好关系基本奠定了俄罗斯在该地区的牢固地位。

“五国”与伊朗、阿富汗和阿塞拜疆三个国家的关系主要是以民族、语言、宗教为纽带。历史上，“五国”地域上曾经交替出现过众多王国和民族。这五个国家的主体民族的形成与周边地区的民族迁移密切相关。土库曼斯坦和乌兹别克斯坦的语言里有许多伊朗语成分，在民族成分上融合了突厥人、蒙古人成分，阿富汗和伊朗在语言上同属于伊朗语支。宗教信仰上全部接受了伊斯兰教，同属于伊斯兰世界，均是“伊斯兰会议组织”成员。这种民族、宗教认同感拉近了“五国”与这些国家的关系，其内部经济联系密切。乌兹别克斯坦和阿富汗，塔吉克斯坦和伊朗互为重要贸易伙伴国家。

此外，“五国”与蒙古国的关系非常密切。这种关系始于成吉思汗的大蒙古国时期。成吉思汗的子孙曾经在中亚地区建立过“金帐汗国”（又称钦察汗国，拔都建）、“白帐汗国”（西班建）和“帖木儿王朝”（帖木儿建），统治中亚 200 多年。虽然这些统治者逐渐被语言突厥化、宗教伊斯兰化，但蒙古人的血缘和面孔没有消失。苏联时期，作为苏联的加盟共和国，“五国”积淀了与蒙古国良好关系的基础。截至目前，在蒙古国西部、西北部仍留居有大约 1 万哈萨克人、吉尔吉斯人、塔吉克人等。新疆与蒙古国有三个陆路口岸，“五国”通过新疆进入蒙古国的陆路通道是连接中亚地区与东北亚地区的重要桥梁。如果蒙古国横贯东西的铁路、公路建成通车，将是欧亚大陆的又一条“陆桥通道”，可缩短东北亚与中亚的距离。

“五国”及其周边的俄罗斯、阿富汗、伊朗、巴基斯坦、印度和蒙古国都是与古“丝绸之路”有历史渊源的国家，其中多数处在“丝绸之路经济带”的沿线。虽然伊朗、土库曼斯坦、乌兹别克斯坦和阿富汗不与中国接壤，但都是与中国保持良好关系的国家，是“上合组织”成员国或观察员国。

历史文化的交融和“上合组织”的成立是中国与“五国”及其周边国家保持良好关系的重要因素。正如习近平主席在比什凯克峰会上所讲，“上合组织的6个成员国和5个观察员国也都位于古丝绸之路沿线。我们有责任把丝绸之路精神传承下去，发扬光大”。[①] 中国西北地区具备架构“丝绸之路经济带”的外在条件和地缘环境。“丝绸之路经济带”有望成为中国西北地区又一个经济圈。

（三）“丝绸之路经济带”对中国周边安全环境的影响

“五国”的出现使中亚的地缘战略经过近一个世纪的沉寂之后再次成为世界瞩目的焦点地区之一。各种势力云集中亚，导致中亚地区战火纷飞、“革命”不断，尤其是在“9·11”以后，中亚成为国家关系、民族关系、宗教关系交会地。中国在这样一个政治多元、民族复杂、宗教派别林立的地区打造一个经济发展带，在给沿线各国带来福祉，创造良好经济环境的同时，可能也会给中国西北边境地区带来许多不稳定的非传统安全因素。“丝绸之路经济带”主要是携手“丝绸之路”沿线国家，携手不同民族、不同信仰和不同文化背景的各族人民，在包容互鉴、合作共赢理念下，加强务实合作，共同打造互利共赢的利益共同体。但是，中亚地区的地区问题不容乐观。自苏联解体以后，中亚就成为民族分裂势力、宗教极端势力和国际恐怖主义等“三股势力”的滋生地。他们以

① 钱彤、李斌：《传承丝路精神 共创美好未来：记习近平主席出席上海合作组织成员国元首理事会第十三次会议》，载《人民日报》，2013年9月14日，第3版。

宗教极端面目出现，以“民族独立”为目的，制造舆论，蛊惑人心，大搞暴力恐怖活动，力图在混乱中推翻中亚国家的世俗政权，建立所谓“纯粹伊斯兰政权”。

“五国”自成立以来，都曾经历过“颜色革命”的考验和极端民族主义、极端恐怖主义和极端宗教主义的打击，虽然都在一场场虚惊后恢复到较为平静的局面。但阿富汗的政局不稳，百废待兴；巴基斯坦和印度北部地区的恐怖主义活动和极端宗教势力猖獗，这些都是直接影响到“五国”政治经济安定局面的因素。而中国又与“五国”是近邻，边界线长，跨境民族多。如果被境外各种“势力”利用，就会给西北边疆地区带来各种非传统安全威胁。20 世纪 90 年代、2009 年和 2013 年发生在中国新疆、西藏的一系列“打、砸、抢”事件以及北京天安门的“撞车”事件均与境外势力有关，是前车之鉴。

此外，由于中亚的地理地缘位置的特殊性，大国在中亚的利益争夺涉及政治、经济和军事安全等领域。美国、欧盟、俄罗斯、印度、土耳其、伊朗等国家都在向中亚施加影响，虽然目的不同，但无论哪一种势力进入中亚，都会直接影响“五国”的局势和中国西北边境地区的稳定与安全。所以，借助“丝绸之路经济带”构想，发展与“五国”睦邻友好关系的同时，还要看到大国在该地区的利益之争，以及由此产生的来自“五国”以及周边地区的各种传统与非传统安全因素影响。在繁荣“经济带”沿边国家经济的同时，须严加防范和打击“三股势力”向中国境内的蔓延和渗透。

构建中俄的新型大国关系，打造“丝绸之路经济带”安全环境

独立后的“五国”奉行开放性的外交方针、基本政策。在加强与周

边国家关系的同时，积极发展与其他国家的关系，以争得更多外援，发展本国经济。所以，世界上有影响力的国家都将触角伸向中亚地区，这些国家和组织在该区既有自己的利益需求，也有其共同的利益需求，如何求同存异，在维护该地区的和平与发展基础上做到互利互惠地发展，并维系好与这些国家的关系是中国领导人未来必须要考量的战略之一。

（一）中亚地区大国关系

独立以来，“五国”为提高自身国际地位和影响力，打破过去“封闭”的地缘并改善经济落后的局面，一方面积极参加地区合作，另一方面参加跨地区的经济政治合作组织，寻求与大国建立关系。借此，中亚成为大国和各种势力的云集之地，也使“五国”成为“三股势力”猖獗和“革命”不断的国家。而这些因素是构筑中俄新型大国关系的主要背景。

1. 俄美在中亚

美国进驻中亚与俄罗斯争夺的不仅仅是经济利益，还有政治和安全方面的利益。美国看中的是“五国”在欧亚大陆上的位置、地下资源以及所发挥的地缘政治作用，即“利用中亚可以确保美国在大陆上的存在和既得利益，从而加强美国在世界经济和政治生活中的主导地位”。[①] 言外之意，美国是想利用“五国”地缘和能源达到“遏制俄罗斯、伊朗，牵制中国”的目的。在美国眼中，俄罗斯、中国和伊朗是该地区与“五国”关系最为密切，与美国最不好相处的三个国家。冷战虽已结束20余年，但俄美两国在政治、经济以及意识形态等诸多领域的差别导致两国关系的不和谐已是世人皆知，在中亚亦是如此。

20世纪90年代初，俄罗斯由于自身困境，对中亚采取“放包袱”

① 兹·布热津斯基：《大棋局——美国的首要地位及其地缘战略》，中译本，上海人民出版社，1998，第171~174页。

态度，一度“退出”在中亚的影响。这给美国以及以美国为首的北约和欧盟提供了“进攻”机会。中亚一些国家的多元外交把美国排到了俄罗斯的前面。乌兹别克斯坦、塔吉克斯坦和土库曼斯坦相继加入“欧安组织”，表现出“亲美疏俄”的外交倾向。20世纪90年代中期后，面对欧盟和北约强劲的东扩势力，阿富汗局势的恶化以及“五国”的外交转向，1995年9月14日，俄罗斯政府出台《俄罗斯联邦对独联体国家战略方针》，标志着俄罗斯对中亚战略的形成。俄罗斯重新调整其在“中亚”的政策和战略，开始“重返”中亚。这一次俄罗斯对“五国”的态度积极、主动，一方面加强与“五国”的双边关系，推行政治互信以及经济、文化和能源等领域合作，另一方面借助中国倡导的“上合组织”，从打击“三股势力”入手加强与“五国”军事合作。经过5年经营，俄罗斯基本恢复其在“五国”的大哥大地位，使美国在“五国”的势力得到遏制和限制。

2000年以后，俄罗斯和美国在中亚的角逐可以表现为“俄攻美守”，其标志性事件是俄罗斯帮助“五国”阻止格鲁吉亚“颜色革命”在其国内的蔓延，有效稳定了“五国”的国内局面。经过“颜色革命”考验，“五国”与俄罗斯的政治信任日趋牢固，与俄罗斯的双边关系迅速发展。目前来看，“俄罗斯拥有了哈萨克斯坦和乌兹别克斯坦两个主要盟友，并在推行俄美平衡外交的吉尔吉斯斯坦和塔吉克斯坦保持了强有力的影响。”[①] 美国则因为对阿富汗的两次战争，即2003年的伊拉克战争和“颜色革命”，在中亚地区颜面扫地。2003年以后，虽然美国调整了对“五国”的战略，将能源与外交合二为一，以期达到能源安全和地缘政治相结合的目的，但经过10年的发展，与俄罗斯比较，可以看出，无论是从地缘政治层面，还是地缘经济层面，以及意识形态渗透层面，美国

① 柳丰华：《俄罗斯与中亚》，经济管理出版社，2010，第69页。

不具备明显优势。

现在的“五国”已经放弃“一边倒”的政策，而是奉行实用主义的全方位的外交。俄罗斯和美国都是其经营对外关系的国家，如何取舍还是要看俄美两国的“影响力”。俄罗斯与“五国”的优势不仅表现在地缘上，而且还表现在传统关系上。作为新兴大国，俄罗斯如何借助优势，进一步巩固与“五国”关系，实现其主导地位仍然任重道远，美国也是一样。

2. 中亚其他国家关系

“五国”独立以来，中亚地区一直没有消停，各种势力云集于此。除了俄美两国，其他国家、国际组织和地区组织也在争夺中亚地缘优势和资源优势的主导权。南部邻国伊朗希望借助与“五国”的地缘和宗教上的有利条件，扩大对这些国家的政治和文化影响，希望“五国”成为其对抗美国等西方国家的“盟友”，冲破制约的藩篱。西部的土耳其则希望借助语言和民族文化上的关系，将“五国”拉进“突厥语国家联盟”，将其推为“盟主”，扩大突厥语国家影响力。欧盟一些国家加强与“五国”关系，一方面是打通与亚洲的陆路通道，缩短与亚洲国家的距离，另一方面还是希望“五国”进入欧洲安全组织，扩大欧安组织势力。北约进驻“五国”与美国的意图相差无几，即利用中亚在欧亚大陆的“战略支点”确保其在大陆上的存在和既得利益。此外，日本、韩国、海湾国家，也从各自利益出发发展与“五国”关系。中亚地区关系错综复杂，“五国”成为平衡这些关系的“支点”，其中任何一个关系失衡都会导致中亚地区再次陷入战争的泥潭。

当然，仔细梳理这些大国和国际组织的关系后不难发现，这里的焦点还是俄美关系。在上述国家中，不是亲美派，就是亲俄派；不是与北约同盟的国家，就是与俄罗斯有密切关系的国家。美国在阿富汗的驻军说明美国、俄罗斯、中国和伊朗是与“五国”关系密切的四个“周边”国家。四国关系不言而喻，中国与俄罗斯是有着4000多公里漫长边界线的接壤国家。伊朗是中国在西亚的最大的贸易伙伴国家，也是与俄罗斯传统友好的国家。此外，俄罗斯、伊朗还是“上合组织”成员国和观察员国，也是“丝绸之路经济带”沿线国家。从地缘、经济、国家安全等全方位考虑，中国既要重视与伊朗的关系，也必须重视与俄罗斯的关系，其中，与俄罗斯的关系显得尤为重要。中美在东亚的制衡与博弈行为，决定了中国必须要处理好与俄罗斯的新型关系，提高中国的陆权影响力。

3. 中国－中亚“丝绸之路经济带”与俄罗斯－中亚“经济一体化”的利益竞争

中国和俄罗斯是同处欧亚大陆的世界大国，也是与中亚国家存在诸多经济利益的两个新型经济体。“丝绸之路经济带”建设是以中国和“五国”为主的区域经济合作，意在打造中国—中亚跨国带状经济合作区。俄罗斯—中亚“经济一体化”是以俄罗斯和“五国”为中心进行次区域经济合作发展，意在打造俄罗斯与独联体国家的“欧亚经济共同体”的合作模式。这样，“五国”成为中俄两个大国的重要合作伙伴，必然会出现利益重叠，构成中俄之间的竞争关系。

俄罗斯与“五国”的关系不言而喻。18世纪后半期，自俄国开始蚕食哈萨克大草原开始，“沙俄和苏联对中亚长达一个半世纪的统治，为苏联解体后俄罗斯在中亚的地缘政治存在奠定了深厚的历史、文化、经济和社会基础”,[①] 同样也为俄罗斯重返中亚、推动与“五国”的政治、军事、经济一体化提供了条件和空间。经过普京8年和梅德韦杰夫4年的苦心经略，俄罗斯一边加强与“五国”的双边和多边关系，一边推动与这些国家的政治、军事和经济一体化进程。目前看来，卓有成效，俄罗斯与“五国”构建起来的一体化模式，为俄罗斯主导的“欧亚经济共同体”奠定了基础。2011年7月，俄罗斯、白俄罗斯和哈萨克斯坦三国

① 柳丰华：《俄罗斯与中亚》，经济管理出版社，2010，第69页。

签署《俄白哈关税同盟》，同年11月，三国决定从2012年开始从关税同盟过渡到统一经济空间，其目标是在2015年建立欧亚经济联盟。[①] 现在看来，随着俄罗斯经济复苏与崛起，俄罗斯还将借助已有的优势，对"五国"投入更多的财力、物力加以战略经营，以确保俄罗斯在该地区的核心利益，即"首先要解决保证俄罗斯国家边界安全、为国内乌拉尔以南和以东地区的经济与社会发展创造有利条件的任务。"[②] 俄罗斯看中的不是"五国"的地下资源，而是其政治走向，它是俄罗斯国家稳定、经济发展的"战略屏障"和"前进基地"。

中国与"五国"的关系分为18世纪以前和苏联解体以后两个阶段。18世纪以前是以"丝绸之路"为纽带建立起来的商贸、文化、民族关系。苏联解体以后，"五国"突起，中国开始与"五国"建立政治、经济、外交、文化等全方位的联系。如前所述，目前中国与"五国"的双边关系达到历史最好阶段。政治互信增强，经济合作广泛深入，中华民族伟大复兴的"中国梦"与土库曼斯坦的"强盛富民"的时代目标、哈萨克斯坦的"2050发展战略"、乌兹别克斯坦的"独立与繁荣"发展规划以及吉尔吉斯斯坦的"国家稳定发展战略"目标一样，方向一致，道路相通。共同的治国理念成为中国与"五国"深入发展的基石。中国－中亚"丝绸之路经济带"是以上合组织为依托，以复兴古"丝绸之路"为纽带展开的一种多边经济合作模式构想，旨在互利合作，复兴各国经济。

从中俄与"五国"的合作历史、基础、实力以及关系等方面比较来看，各领域各有所长，机遇与挑战并存，利益竞争和政治博弈并存，需要中俄两国从国际、地区等多视角重铸中俄新型大国关系，打造"经济带"安全环境。

---

① 《俄白哈支持吉尔吉斯斯坦加入关税同盟》，新华网，2013年5月30日。

② 〔俄〕伊·伊万诺夫：《俄罗斯新外交：对外政策十年》，陈凤翔、于洪君、田永祥、钱乃成译，当代世界出版社，2002，第108页。

（二）构建中俄新型大国关系，打造“经济带”周边安全环境

与中美之间“崛起国”对“霸权国”的关系不同，中俄新型大国关系是两个新兴经济体之间的关系。进入21世纪以来，世界经济逐渐朝着“一超多强”格局发展，美国仍然是超级大国，中国、俄罗斯、印度和南非成为率先崛起的四个新兴经济体，之后巴西被列入该行列，“四国”发展成为五国，称为“金砖国家”。2013年10月22日，俄罗斯总理访问中国，李克强总理言简意赅道出了中俄新型大国关系的内涵：“中俄之间的合作是两个最大邻国之间的合作，是两个安理会常任理事国之间的合作，是两个主要新兴市场国家之间的合作，对两国、欧亚大陆乃至世界的意义都不言而喻。”① 中俄新型大国关系是两个处在经济崛起新型经济体之间的关系，不仅体现在两个邻国之间的合作，还体现在两个主要新兴市场国家之间在各领域更深层面的务实合作。

2013年9月，习近平主席提出的“丝绸之路经济带”构想与俄罗斯的“中亚经济一体化”在中亚地区必然会出现利益竞争。关于如何站在国家利益、地区安全和区域经济合作层面构建中俄新型大国关系，考验着两国领导层的智慧。从中国角度讲，一方面要在“五位一体”布局中大力推进中国西北边疆经济、安全建设，实现“富民强边”战略目标，为中俄合作打造稳定安全的内部环境；另一方面要在“合作发展”理念下，加强与俄罗斯和“五国”合作，形成与俄罗斯在“五国”关系方面的良性竞争，以改善中国西北安全环境。

1. 在“五位一体”布局中大力推进中国西北边疆安全建设

长期以来，在如何构建长期和平稳定的中国周边安全环境的研究过

① 张艺、郝亚琳：《李克强与俄罗斯总理梅德韦杰夫共同会见记者》。来源：新华网，2013年10月22日22：01：18。

程中，中国学界一直将关注点集中于中国周边国家和地区，热衷于研究如何防范和化解来自周边国家对中国的安全忧患和威胁。但是，自中国成为世界第二大经济体之后，中国本身的对外言行成为影响中国与周边国家关系的首要变数。要实现对整个中亚地区的“丝绸之路经济带”构想，就要首先建设好中国境内自己的“丝绸之路经济带”。属于中国境内“丝绸之路经济带”核心区的“三省三区”中的三个省区不仅是边疆少数民族地区，还同另外三个省区同属落实“西部大开发战略”的西部地区。为此，要全面落实中共十八大提出的“五位一体”布局，全面推进“西部大开发”战略向西部边疆省区延伸，配合“兴边富民”行动，彻底解决中国西北边疆地区建设和发展滞后问题，让“安边富民”变为“富民安边”，提升边疆上述民族地区跨界民族的国家归属感和民族归属感。

此外，大力提升中国对中亚国家的开发力度，发挥新疆在“经济带”构想中的引擎和枢纽地位。在与“五国”的经贸合作中，新疆占据特殊的区位优势。新疆与“五国”中的3个国家接壤，有公路、铁路、民用航空及石油和天然气管道与“五国”相连，对外交流和交往十分便利。目前，新疆已经成为中国向西开放的桥头堡和连接中国其他省区乃至整个东亚地区与中亚、西亚及欧洲地区非常重要的陆上通道。新疆作为“经济带”的引擎和前沿省区，需要加大其在交通、金融、能源、通信、农业、旅游等各大领域的政策支持和投资力度，提升其在“经济带”内引外联、互通互联的枢纽地位。

2. 以上合组织为平台，在“合作发展”理念下构建与俄罗斯的新型关系

中国政府若想将“丝绸之路经济带”的构想深入落实，并对中国西北安全环境产生积极影响，不仅要经营好与“五国”的关系，还要考虑俄罗斯和美国在中亚地区的利益。如果说，美国对“五国”的影响有鞭长莫及的一面，那么俄罗斯与“五国”的关系则是中国构建“丝绸之路经济带”不可回避的国家。

俄罗斯将战略重心转向亚太是其内政外交在最近10年的一个大的动作。随着美国“亚太再平衡战略”的实施，其步伐也随之不断加快。俄罗斯政府也已经看到，只有把西伯利亚和远东地区纳入亚太经济圈，才能缩小俄罗斯境内的“欧亚”差别，提升其在亚太的话语权和利益主导权，实现沟通和连接欧洲与东亚之间经济、金融、文化和文明空间的功能。在俄罗斯西伯利亚及远东发展战略中，中国“力量”无法忽视。用普京的话讲就是要借中国经济发展的“东风”发展俄罗斯，不断加强与中国的双边关系。2013年2月，普京批准的新版《俄罗斯对外政策构想》中再次把中国确定为俄罗斯对外政策最重要的方向之一。同年3月，新当选的习近平主席首访俄罗斯时，与俄罗斯总统共同签署了《中俄关于合作共赢、深化全面战略协作伙伴关系的联合声明》，体现了中俄战略协作伙伴关系的重要性和特殊性。在中俄关系上，双方领导都已经意识到，两国必须相濡以沫，在国际舞台上相互支持，共同解决地区和全球问题。

鉴于俄罗斯与“五国”的历史渊源，中国应适当调整在中亚的宏观经济政策，切实将中俄全面深入的战略协作伙伴关系落实到“丝绸之路经济带”合作构想中，让“五国”成为促进中俄全面战略伙伴关系的“加油站”。为此，笔者认为，中国应该以“上合组织”为平台，在“睦邻友好，守望相助”理念下①，以“合作共赢”为手段，在发展自身利益的同时，与俄罗斯共同探索、落实“丝绸之路经济带”构想，促进“经济带”良性发展，由此避免给俄罗斯留下“熊口夺食”印象。这也是中俄两国新型大国关系的体现。

① 李伟红：《加强中俄全面战略协作 实现共同发展振兴 造福两国人民》，人民网－人民日报，2013年10月23日。

首先，在上海合作组织框架下，加强与俄罗斯合作，担负起维护和加强中亚安全的重责。中俄与“五国”都有着漫长的边界线，都有共同的跨境民族，都位于“三股势力”的外围地区。与中俄“接壤”的东北亚和中亚地区面临诸多不稳定因素挑战，“朝鲜半岛问题”、中日“钓鱼岛”问题、俄日“北方四岛”问题、中亚“阿富汗问题”都切实关系到中俄两国安全。“城门失火，殃及池鱼”，中亚地区的和平、安全与稳定直接关系到中俄两个国家的外在局势，两国应携手联合，担当起共同打击恐怖主义、分裂主义和极端主义、毒品走私、非法贩运武器和其他跨国犯罪等威胁中俄安全的各种传统和非传统安全的责任，为中俄两国营造良好的外部环境。

其次，从全球视角看待区域合作，大力推进中国—中亚—俄罗斯交通运输通道现代化建设。务实合作是“上合组织”发展的物质基础和原动力。“丝绸之路经济带”是本着将古“丝绸之路”沿线国家和地区全部联系在一起的新合作构想。俄罗斯不仅位于古“丝绸之路”上，而且与“五国”有着密不可分的生产协作关系，尤其是在交通运输、基础设施建设领域已经积淀良好基础，并已经建立起比较完善的交通运输网络。“丝绸之路经济带”要互联互通，就要开辟交通和物流大通道。中国应与俄罗斯合作，一方面敦促上合组织成员尽快签署《国际道路运输便利化协定》，畅通“从波罗的海到太平洋、从中亚到印度洋和波斯湾的交通运输走廊”，另一方面还要与俄罗斯开展在交通运输和基础设施建设领域的合作，推进中国—中亚—俄罗斯交通运输通道的现代化建设，尤其是管道运输通道建设。中俄油气管道建设已有近10年的合作经验，让这方面成功的合作经验成为“经济带”构想落实的切入点，以此带动其他领域的多边合作。

再次，“五国”的众多传统产业与俄罗斯有很深的渊源，中国可以与俄罗斯合作，走传统产业和新型投资相结合、短线投资与长线投资相结合的合作道路。俄罗斯和“五国”都在走市场经济的道路，许多产业、工业都是私有制，中国政府应鼓励民营企业走出去参与俄罗斯与“五国”的项目合作。近年来，在中国政府优惠贷款和援助支持下，中国企业积极参与“五国”基础设施建设项目。“中国－吉尔吉斯斯坦－乌兹别克斯坦”公路、“塔吉克斯坦－乌兹别克斯坦”公路项目都有中国企业参与。随着“五国”交通枢纽地位的提升，现有的交通设施和电力以及网络设施建设和设备改造都是未来中国主导“经济带”的合作范围。

最后，让“命运共同体”和“利益共同体”意识在中俄两国落地生根。2013 年 3 月，习近平在莫斯科国际关系学院演讲时指出，“人类生活在同一个地球村里，生活在历史和现实交汇的同一个时空里，越来越成为你中有我、我中有你的命运共同体。”目前，中俄在众多重大国际问题，尤其是在朝鲜半岛、阿富汗以及叙利亚等一系列涉及中俄周边环境局势问题上的合作已经表现出“命运共同体”和“利益共同体”意识。2013 年 10 月 22 日，习近平会见到访的俄罗斯总理梅德韦杰夫时所讲的话再次说明中俄两国关系的重要性。中俄两国关系不仅对中俄两个国家本身产生影响，同时对世界具有独特战略价值，所以，“中俄要始终坚持睦邻友好、守望相助的理念，深刻认识和把握中俄关系对两国和整个世界的独特战略价值，持之以恒地相互支持，加强治国理政经验交流，实现共同发展振兴，造福两国人民。”

“丝绸之路经济带”是改善中国与“五国”传统关系，提升中俄战略协作伙伴关系的又一个契机。借助“经济带”建设可以加强与“五国”以及与俄罗斯从能源到人文的各领域全方位合作，与上述国家形成“命运共同体”和“利益共同体”互信机制，以此提高中国的能源安全系数，并由此平衡中国在东部海洋和西部陆地上的“海权”和“陆权”力量分配。作为发起国，中国须把“丝绸精神”和“上合精神”融合在“经济带”构想的建设中，作为金砖国家，中国应携手俄罗斯，与中亚这五个新兴经济体在“共同发展、共同繁荣”理念下成为欧亚大陆经济增长的驱动器，打造一个新的经济圈。

日本对华政策调整与地区格局的构建

吕耀东*

日本持续扩大钓鱼岛及南海问题事态，不断渲染“中国威胁论”，不仅严重恶化了中日关系，也严重损害了亚太地区的和平与安全。安倍政权的对华政策完全是从日本国家利益出发的，依托日美同盟，遏制中国的和平发展，力求掌握东亚国际事务的主导权，抢夺亚太区域合作的制高点。同时，日本力图引导亚太安全机制构建进程，借助“价值观外交”抗衡中国，谋求通过发展与中国周边国家的关系来抵消中国的国际影响力，构建基于日美同盟的亚太地区格局。随着中国综合国力的迅速发展，中日关系正进入敏感复杂的“调适期”。两国如何找到彼此准确适当的战略定位，关乎亚太地区的稳定和发展。

安倍上台执政后，走保守主义外交路线，注重日美同盟关系和战略性亚洲外交，不断恶化钓鱼岛问题，构建对华民主海洋联盟，以“价值

* 吕耀东，中国社会科学院日本研究所研究员。

观外交”遏制中国的和平发展。日本向来强调日美同盟是日本外交的基轴，日本政府已启动规定自卫队和美军合作方式的《日美防卫合作指针》的修订工作。安倍要求一并修改的日本《防卫计划大纲》要充分体现“与美国的新国防战略相配合，强化自卫队职能，提高防御能力”等内容，体现强化应对钓鱼岛问题的对策与措施，以此对付中国的正当维权活动。日本有悖于世界区域经济一体化的潮流，不断制造事端，恶化中日关系，既不利于东亚区域经济合作，也损害了亚太地区的和平与安全。从安倍上台以来的对华政策来看，其根本无意推进中日战略互惠关系。

钓鱼岛问题持续恶化中日关系

日本在实行钓鱼岛所谓“国有化”之后，频频在中国的钓鱼岛及东海海域制造事端。2013 年初，日本数架 F－15 战机在日本所谓的“防空识别区”几次无理拦截中方飞机正当维权，再次提升了中日对抗的烈度。日本秉持冷战思维，顽固坚持冷战时期单方面确定的所谓“防空识别区”，不断制造事端，安倍政权进一步在钓鱼岛及东海问题上挑起事端，混淆国际视听，损害中国的国际形象，遏制中国正当的海洋维权。

第一，安倍上台执政后着手增加防卫预算，进一步强化钓鱼岛“国有化”进程。日本政府和自民党 2013 年初决定，冻结民主党政府 2010 年制定的长期国防建设方针《防卫计划大纲》和明确规定至 2015 年度前自卫队人员及装备的《中期防卫整备计划》，着手制订新的防卫大纲和中期防卫计划，安倍政权提出的扩充自卫队的方案体现在 2013 年度预算案中。鉴于自民党在 2012 年 12 月的众议院选举竞选纲领中提出将扩充自卫队人员和装备，防卫省在申请 2013 年度预算时要求较上年度最初预算增加超过 1000 亿日元。防卫省力求将预算增加部分用于添置空中预警和控制系统（AWACS）及 E－2C 预警机及自卫队增员，以加强应对钓鱼岛附近海域的中国维权船只。安倍要求对钓鱼岛附近海域加强“警戒监视”，防卫省不断加强对钓鱼岛海域的监视态势，包括自卫队战斗机紧急升空，保持与海上保安厅开展更紧密的合作。安倍在上任后的首次国会施政演说中称，鉴于日中围绕钓鱼岛的对立以及朝鲜的核与导弹问题，“日本所处的形势愈发严峻”。他表示“将坚决保卫国民的生命、财产以及领土、领海、领空”。[①] 对此，日本 2013 年度预算案中的防卫预算比 2012 年度最初预算增加了 400 亿日元，达到 4.75 万亿日元，为近 11 年来首次出现的实质性增长。其中包括用于应对中国船只和飞机在钓鱼岛正当维权活动的费用。并将陆海空各自卫队的编制增加 287 人，增加的人员将重点部署在包括钓鱼岛海域附近的“西南地区”。防卫省的预算中还列入了包括用以警戒监视的空中预警与控制系统飞机和 E－2C 预警机所需的燃料及通信维护费用，总计 135 亿日元。此外还将斥资 25 亿日元首次购买用于离岛防卫的 4 辆水陆两用车。

为了应对中国执法部门在钓鱼岛附近的维权巡航，日本政府在 2013 年度预算案中批准了海上保安厅提出的充实装备及增员的相关要求。海上保安厅有关“坚守领土、领海的机制强化费”较 2012 年度增加了 37.6%，为 364 亿日元（约合人民币 25 亿元）。海上保安厅提出的 1764 亿日元的预算要求获得了全额批准，用来添置巡逻船等相关配置，对此建立起能与中国执法船只相抗衡的力量。海上保安厅此前从日本各地调集巡逻船赴钓鱼岛周边海域，此次则正式决定组建负责钓鱼岛警备的专属队伍。为了加强防卫力量，海上保安厅还大规模增员 119 人，自 1981 年以来首次增员超过百人。海上保安厅计划到 2015 年度建立起 12 艘巡逻船及 600 人规模的警备力量，并在 2013 年度预算中计入了为该警备力

① 日本共同社 2013 年 1 月 28 日电。

量配备千吨级巡逻船等 20 艘船只及 13 架飞机的费用。此外，为了保证那霸第 11 管区海上保安总部能够专注于钓鱼岛警备，海上保安厅还新成立由 30 名工作人员组成的“那霸海上保安部”，并将冲绳本岛沿岸的巡逻等工作移交给该部门负责。另外，日本政府海洋政策指针的新海洋基本计划将确保海洋安全作为重点项目，针对钓鱼岛问题，完善岛屿的信息收集和警戒体制、有计划地充实海上保安厅和自卫队的船只装备、强化海上自卫队和海上保安厅的合作。

第二，日本政府将钓鱼岛问题写入 2013 年版“外交蓝皮书”和“防卫白皮书”，渲染“中国威胁论”。日本《外交蓝皮书》是主要记录国际局势和日本外交活动的年度报告书。日本政府于 2013 年 4 月 5 日在内阁会议上通过了 2013 年版《外交蓝皮书》。在该《外交蓝皮书》中，日本政府不仅渲染自身所处的安全环境日趋严峻，还直接或间接地鼓吹“中国威胁”的论调。关于中国主张拥有主权的钓鱼岛问题，“外交蓝皮书”声称：“原本不存在需解决的领土主权问题”，强调日本的领土、领海和领空“正在面临着更多的威胁”。[①] 诬称中国的钓鱼岛正当维护主权权利是日本直接面临的安全问题。该蓝皮书专门涉及了日本 2012 年 9 月对钓鱼岛实施所谓“国有化”后，发生了中国公务船多次“入侵日本领海”、中国政府飞机“侵犯日本领空”和中国军舰用火控雷达“瞄准”日本舰船飞机等事件。该蓝皮书就这样将相关问题的责任全部推给中方，还表示，“将冷静且坚决地进行应对，并要求中方不要使事态升级”，却对于自身不断制造事端，强化钓鱼岛“国有化”政治过程的挑衅行为避而不谈。

随后，日本 2013 年度“防卫白皮书”于 2013 年 7 月 9 日正式在内阁会议上通过。其中不仅大篇幅增加针对中国海洋维权活动内容，还大

① 日本共同社 2013 年 4 月 5 日电。

肆渲染“中国威胁论”。白皮书还强调在依托日美安保体制的同时，日本将提升海上力量及独自防卫能力，这凸显了其海洋战略意图。其中第一部分关于各国的防卫政策共涉及 8 个国家，但有近 1/3 篇幅是描述中国的海洋发展战略动向，声称中国钓鱼岛及南海维权等活动，是包括“日本在内的地区和国际社会的担忧事项”，“伴随着可能招致不测事态的危险行动，极其令人遗憾”。白皮书还列出了日本政府所谓“国有化”钓鱼岛以来，中国公务船驶入钓鱼岛海域次数急剧增加的情况，“包括试图以力量改变现状在内的高压做法”。白皮书就钓鱼岛及南海问题大做文章、继续扩大事态，表明日本正逐步扩大其海权战略空间。名为突出“中国威胁”，实为妄图攫取、占有钓鱼岛、介入南海问题。中国国防部新闻发言人耿雁生 2013 年 7 月 11 日表示，日本 2013 年度“防卫白皮书”罔顾事实，变本加厉渲染“中国军事威胁”，对中国的国防和军队建设妄加评论，对中方维护国家主权的正当行为无端指责，蓄意挑拨中国与周边国家关系。日方这种搬弄是非、挑拨离间的做法，暴露了其抹黑中国和中国军队的险恶用心。①

第三，中国多次敦促日本应冷静对待钓鱼岛问题，避免继续恶化中日关系。2013 年初，中国驻日本使馆发言人杨宇参赞在举行例行记者会上，就中日关系及钓鱼岛等问题回答记者提问时表示，一段时间以来，日方在钓鱼岛问题上不断采取行动，出动自卫队飞机对中方飞机的正常巡航飞行进行干扰。日方这种突出军事色彩，制造紧张气氛的做法，同本地区各国通过对话和平解决争端的潮流格格不入。中方维护国家领土主权的立场坚定不移，同时一贯主张通过对话磋商解决领土争端。中方希望日方切实冷静对待，显示诚意，同中方相向而行，通过磋商找到妥善解决和管控问题的方法。关于中日关系，杨宇表示，中日互为重要近

---

① http://www.china-embassy.or.jp/chn/zrdt/t1059166.htm.

邻，邦交正常化40年来，各领域合作深度和广度达到前所未有的水平，有力促进了两国各自的发展。中国政府重视发展中日关系的方针没有变化。事实证明，两国间四个政治文件是中日关系的压舱石，应坚持遵守。要保持中日关系长期健康稳定发展，必须着眼大局，把握方向，及时妥善处理好两国间存在的敏感问题。中方在钓鱼岛问题上的立场是一贯和明确的，日方应正视历史和现实，以实际行动，同中方共同努力，通过对话磋商找到妥善管控和解决问题的有效办法。[①]

就安倍多次将中日对话迟迟无法举行归因于中方为对话“设置前提条件”的说法，中国外交部发言人华春莹于2013年7月10日表示，中方一贯主张并致力于通过对话解决问题，对话大门始终敞开。但日方不愿面对中日关系当前面临的严重问题，回避与中方进行认真的谈判协商。她说，日方应端正态度，正视问题，为排除两国关系健康发展的障碍做出实实在在的努力，而不要再用空洞的所谓对话口号掩饰分歧。[②] 关于安倍所谓“日中双方应共同努力克服困难”“希望开展坦诚对话”等冠冕堂皇的借口，中国驻日本使馆发言人杨宇参赞在2013年7月31日举行的例行记者会上表示，中方注意到日本领导人近期就两国关系做的有关表态。改善发展中日关系符合两国的根本利益，我们欢迎任何有助于妥善处理两国间有关问题、改善两国关系的建设性意见和积极态度。更为重要的是，日方应该将这些积极表态落实到实实在在的行动中。同时，我们也注意到日方仍有不少负面言行，加剧对立和对抗情绪，阻碍两国关系的改善发展，中方对此坚决反对。关于中日关系，杨宇强调，中方一贯重视中日关系，两国互为重要近邻，保持中日关系健康稳定发展，符合两国和两国人民的根本利益，也有利于地区的和平与稳定。[③] 杨宇

① http://www.china-embassy.or.jp/chn/sgxxs/t1009679.htm.

② http://www.china-embassy.or.jp/chn/zrdt/t1062613.htm.

③ http://www.fmprc.gov.cn/ce/cejp/chn/sgxxs/t1063235.htm.

充分表明了中日关系对于维护东亚乃至亚太地区“和平与稳定”的重要性，提醒日方不要就钓鱼岛问题继续恶化中日关系。

日美强化双边同盟对地区格局构建的作用

首先，日美两国多次确认两国同盟是亚太地区和平与稳定的支柱。日本将美国作为其外交的根本基轴。赴美巩固“外交基轴”是日本历届新任首相强化日美同盟关系的首选。因而，安倍赴美前的“价值观外交”铺垫、诉诸于《华盛顿邮报》的反华言论等，均是想得到美国政府的关注、认可和赞赏，希望得到强化美日同盟关系的回应，得到奥巴马总统亲口说出《日美安全条约》适用于钓鱼岛问题的承诺。对此美方也予以积极回应，美国负责东亚及太平洋事务的助理国务卿坎贝尔于2013年初在华盛顿的研讨会上，就中日在钓鱼岛问题上的对立表示，“目前的形势可能会导致偶发冲突，届时将给整个地区造成严重后果”，“希望中日在外交而非钓鱼岛海域上立即采取行动”。对于奥巴马政府的亚洲再平衡战略，坎贝尔表示“并无封锁中国的意图”，但他同时也指出“如果中国加强海上活动，与美军相持的机会势必会增加”。①

安倍于2013年2月22日访问美国，着手强化日美同盟关系。日美首脑就日本加入“跨太平洋战略经济伙伴关系协定”（TPP）、美军驻冲绳普天间基地的搬迁、应对钓鱼岛及朝鲜核试验等问题交换了意见。第一，安倍和奥巴马就驻冲绳美军使用的嘉手纳基地以南的5个设施和部分区域早日归还冲绳，以及加快普天间基地的搬迁等问题交换了意见。第二，为了应对东海紧张局势和朝鲜的核问题，美军表示将增加在日本配备早期警戒雷达。第三，安倍就修改和平宪法以及行使集体自卫权问

---

① 日本共同社2013年1月30日电。

题，向奥巴马作了“我们已经开始着手研究”的说明。第四，针对导致中日关系紧张的钓鱼岛问题，日美首脑交换了意见和看法，奥巴马要求日本政府和平解决这一问题，安倍则标榜“日本一直是冷静对处这一问题”。第五，就朝鲜核试验问题，日美两国首脑赞成在联合国安理会达成新的追加制裁协议，包括对朝鲜的金融制裁。第六，关于悬而未决的日本参加美国主导的 TPP 问题，会谈后发表的一份共同声明指出，日本参加 TPP 谈判必须以所有的商品作为谈判的对象，但是两国承认，日本在农副产品，美国在工业产品领域的开放问题上存在分歧，因此在参加谈判时，并不要求单方面撤销所有商品的关税。两国同意就这一问题进行协商。

本次日美首脑会谈涉及双边及亚太地区格局构建的相关问题。日方关注的重点是强化日美同盟关系，力求共同应对中国及钓鱼岛问题。安倍积极解读美国的亚洲再平衡战略，继续推进钓鱼岛“国有化”的政治进程，希望得到同盟国美国的全面支持。美方关注的重点则是美军驻普天间基地的搬迁和日本加入 TPP 问题。第二个总统任期的奥巴马关注的重点是恢复美国经济，力争通过推进“跨太平洋战略经济伙伴关系协定”，将经济发展显著的亚洲市场纳入其中，试图通过重视亚洲找到美国经济复苏的道路，实现美国的亚洲战略。奥巴马着重赞扬安倍的经济政策，是希望安倍尽快协调日本国内不同声音，使日本启动加入 TPP 谈判进程。在美国看来，同盟国日本的政治长期稳定及经济复苏，是日本将来签订 TPP 必不可少的前提。对于安倍在钓鱼岛及慰安妇等历史认识问题上的“鹰派”方针，奥巴马希望安倍谨慎应对日本与中国、韩国关系可能的进一步恶化。日美首脑会谈后，安倍在美国智库“美国战略与国际问题研究中心”发表的主题演讲高调宣告：“一个强大的日本回来了”。安倍在谈及钓鱼岛问题时措辞强硬，重申所谓“日本对钓鱼岛的主权”，并称“不会容忍日本领土主权受到挑战，国际社会不应该怀疑美国与日本之间强大的同盟关系”。安倍出访美国的真实意图是要让日美同盟成为对抗中国的利器。

尽管日美两国对于强化双边同盟关系的理解不同，战略诉求各异，甚至日本对美存在“亲而不从”的动机和想法。但是，安倍和奥巴马对于日美同盟关系是“维护亚太地区安全稳定基石”的共同理念丝毫没有改变。安倍在日美首脑会谈后表示，这次会谈标志着“日美同盟关系已经复活”。也就是说，由于2009年民主党执政的鸠山内阁时期受损的日美关系如今彻底修复，日美同盟关系得到全面强化。对此，安倍在随后的施政演说中表示：“通过前些天与奥巴马总统的会谈，紧密的日美同盟已完全恢复。确认了日美不仅在政治、经济、安全保障方面，而且在亚太地区以及进一步在国际社会共同课题上，都持有相同的战略意识、共享相同的目标。我们明确地向国内外展示了日美同盟的恢复，为了世界的和平与稳定，日美两国将继续携手合作。日美安保体制可以说是有威慑力的重要公共财产。为了强化此力量，我国将发挥更大的作用。”①

安倍为何如此刻意强化日美同盟关系呢？他认为，“在开放的海洋之下，世界最大的海洋国家美国与亚洲最大的海洋民主主义国家日本成为伙伴是理所当然的事情，并需要不断强化这种关系”。② 在日本看来，鉴于自身羽翼未丰的现实，依托日美同盟，“借船出海”仍是日本成为所谓“正常国家”的最佳战略选择。进入21世纪以来，日美同盟随着世界形势的变化有了新的发展趋势，即“由依赖美国体制向可以行使集体自卫权的双向义务体制”转换；日美安保体制深化“涵盖亚太，多维渗透，攻防兼备”功能；引入导弹防御系统，深化日美军事及海权合

① 平成25年2月28日第百八十三回国会における安倍内閣総理大臣施政方針演説，http：//www. kantei. go. jp/jp/96_abe/statement2/20130228siseuhousin. html。

② 平成25年2月28日第百八十三回国会における安倍内閣総理大臣施政方針演説，http：//www. kantei. go. jp/jp/96_abe/statement2/20130228siseuhousin. html。

作。从日本的对外战略角度来看，日美同盟是日本安全战略的支柱，因而要依托日美同盟“借船出海”，联合具有共同价值观的民主国家形成全球性海洋伙伴联盟，不断提高日本在联盟中的地位和作用，将日本的国家力量和国际影响逐步扩展，最终建立起一套确保日本国家安全、经济等利益的综合安全保障体系，使得日本能够在国际新秩序中成为政治军事大国。

其次，日本力求依托日美同盟而采取对华遏制政策。近年来，日本刻意使钓鱼岛问题成为深化日美同盟关系的重要议题。日本内阁会议于2013年4月5日审议通过了2013年版《外交蓝皮书》。对于亚太地区安全环境，蓝皮书分析道，“日本的周边局势日趋严峻”。关于钓鱼岛问题，蓝皮书指出“不存在需解决的领土主权问题”，并称中国在钓鱼岛及其周边海域的正当维权是对其“领土、领海和领空的威胁”。“确保美军的前方展开能力，力争提高日美安保体制的威慑力不可或缺”。[①] 安倍于2013年4月15日会见到访的美国国务卿克里时，就钓鱼岛问题明确表示“日本完全不会做出让步”。克里回应称：“美国迄今一直表明的基于《日美安保条约》的立场今后也不会有丝毫改变。”[②] 日本防卫相小野寺五典2013年4月29日在美国国防部与美国国防部长哈格尔举行了会谈。双方再次确认钓鱼岛是《日美安保条约》的适用对象。小野寺表示：“日本将坚决守护领土、领海和领空。”哈格尔回应称：“美方反对出于尝试改变现状的力量所做出的任何单方面行动。”日美双方还同意加快规定自卫队与美军合作方式的《日美防卫合作指针》的修订进程。[③] 2013年8月15日，安倍会见了到访的美国参议院外交委员会主席梅内德斯。梅内德斯是美国执政党民主党的重要议员，他是美国参议院7月底

① 日本共同社2013年4月5日电。

② 日本共同社2013年4月15日电。

③ 日本共同社华盛顿2013年4月29日电。

通过的针对中国的钓鱼岛和南海维权活动相关决议的提案者之一，对奥巴马政府的外交政策具有影响力。安倍和梅内德斯就应对所谓“在亚太地区军事力量日益增强的中国”进行密切沟通，一致认为亚太地区的安全环境正在发生变化，双方应进一步强化日美同盟。安倍在会谈中指出：“亚太地区的战略环境正在发生巨大转变，日美同盟愈发重要。”梅内德斯回应称：“在民主主义及人权问题上，日美两国拥有共同的价值观。日本是美国参与东亚地区事务的基轴。”[①] 2013 年 10 月 3 日，“日美安保磋商委员会（2 +2）”召开会议并发表了共同文件。[②] 双方就在 2014 年底前完成对规定自卫队与美军职责分工的《日美防卫合作指针》修订达成了协议。形成于 1978 年的《日美防卫合作指针》在 1997 年曾作过修改。共同文件就修改指针指出，日美同盟将继续对亚洲地区的稳定发挥不可或缺的作用。此次修改则旨在针对中国和朝鲜局势，推进扩大自卫队职能，并就钓鱼岛问题达成“反对凭借力量改变现状，重要的是法治”的所谓共识，还“敦促中国提高军事透明度”。[③] 日本与美国几度确认钓鱼岛“属于日美安保范围”的后果表明，日美刻意炒作“钓鱼岛问题”，渲染“中国威胁论”，已经严重损害了中美、中日关系的健康发展，并导致东亚安全局势进一步复杂化，加大了东亚各国涉及海洋权益、领土主权问题的解决难度。

日本在地区层面采取对华“战略性外交”

安倍一贯奉行实用主义和现实主义对华政策，并以“价值观外交”

---

① http：//china. kyodonews. jp/news/2013/08/57941. html.

② 日方由外相岸田文雄和防卫相小野寺五典出席会议，美方则由国务卿克里和国防部长哈格尔出席。这是双方 4 名阁僚首次齐聚日本召开“日美安保磋商委员会（2 +2）”会议。

③ http：//china. kyodonews. jp/news/2013/10/61005. html.

为手段，在中日双边关系及区域合作层面采取“零和博弈”，围堵遏制中国。2006 年首次上台执政时，安倍之所以选择首先访华，是因为当时小泉参拜靖国神社导致中日关系跌入冰点，特别是其“慰安妇问题”言论也招致国际社会一致谴责，对日本的国际形象影响很大。安倍所面临的是如何修补日本国际形象受损的问题。他当时访华的主要动机是为了日本的“国家利益”和“国际形象”，尽管确定了中日战略互惠关系，但本质上是为了落实其“战略性亚洲外交”的长远目标。安倍在 2012 年年底上台后秉持“战略性外交”的内容有很大变化，他宣称：日本“外交的基本方针，不是只关注与周边各国的双边关系，而是要像注视地球仪那样俯瞰整个世界，立足于自由、民主主义、基本人权、法制支配等基本价值观，开展战略性外交”。特别是“在高度增长的亚太地区，我国不仅在经济领域，还在安全保障、文化和人员交流等各种领域，作为先导者继续做出贡献”。[①] 在安倍个人看来，周边国家“岛争”与“历史问题”不一样，国际社会不会谴责日本，恶化中日关系对自身“国际形象”没有多少损害。因此，他以“价值观外交”为手段，无视中日关系大局，在中国周边国家采取“离间”策略，大搞“战略性外交”活动。比如在东北亚，派特使前往韩国会见新当选总统朴槿惠。在东南亚，率先让麻生副首相访问变革中的缅甸，宣布减免巨额欠债，离间中缅关系。同时，日本新政府还注意到东南亚经济圈日益增大的需求，力求推动日本经济发展的国际战略蓝图，重点加强与除了中国之外亚洲各国的关系，制约中国的和平崛起。从其再次上台后的言行中，可以看出安倍“战略性外交”的真实目的。

安倍发表对东盟外交的五项原则，突出“价值观外交”“战略性外

① 平成 25 年 1 月 28 日，第百八十三回国会における安倍内閣総理大臣施政方針演説，http：//www. kantei. go. jp/jp/96_abe/statement2/20130228syosin. html。

交”等对华的针对性内容。安倍于2013年1月16至18日首访越南、印尼、泰国。对此，安倍称：“今年恰逢日本与东盟友好合作40周年。我日前访问了越南、泰国、印度尼西亚三个国家，切身感受到他们对日本的期望之高。为了在2015年建立共同体，加强与作为经济增长中心继续发展的东盟各国之间的关系，对于地区的和平和繁荣而言是不可或缺的，也是日本的国家利益。以此次访问为开端，今后仍将广泛关注世界形势，开展战略性外交”。[①] 安倍在访问印度尼西亚时，发表了对东盟外交的五项原则。内容包括：第一，日本与东盟各国一起努力创造并扩大自由、民主主义和基本人权等普遍价值；第二，自由开放的海洋是公共财产，日本愿与东盟国家一起全力维护海洋权益和航行自由，欢迎美国重视亚洲的政策；第三，积极推进日本与东盟国家的经济贸易合作，建设各种网络，促进投资，拉动日本经济的复苏，与东盟共繁荣；第四，日本与东盟共同发展与守护亚洲多样的传统与文化；第五，促进日本与东盟各国年轻人的交流，增进相互理解。安倍希望这五项原则，能够得到东盟各国的积极回应。[②] 他强调：“战略性外交、重视普遍价值的外交，以及维护国家利益的‘主张型外交’是我的外交基本原则。我将重建受损的日本外交，明确日本在世界上坚定不移的立场”。[③] 当然，安倍对于中国在东海南海的正当维权活动耿耿于怀，时刻不忘割裂东亚的根本意图，他上台后的一系列外交动作均表现为重拾“自由繁荣之弧”策略，孤立包围中国的态势。

安倍上任后首次外访选择了东盟成员国。日本希望同与中国存在南海问题的菲律宾、越南等东盟国家加强合作关系，以形成对华对抗联盟

① 平成25年1月28日，第百八十三回国会における安倍内閣総理大臣施政方針演説，http://www.kantei.go.jp/jp/96_abe/statement2/20130128syosin.html。

② http://www.ribenxinwen.com/html/jiaodianxinwen/2013/0118/15595.html。

③ 平成25年2月28日第百八十三回国会における安倍内閣総理大臣施政方針演説，http://www.kantei.go.jp/jp/96_abe/statement2/20130228siseuhousin.html。

集团。安倍政府希望在强化日美同盟的大背景下形成对华包围圈，提升日本的外交实力。[①] 由于钓鱼岛问题及安倍政府阁僚参拜靖国神社，导致日本与中、韩关系持续恶化，日本为重振国内经济和稳定亚洲经济，力求加强同经济持续增长的东盟间的联系。东盟 10 国总人口约为 6.2 亿，大大超过约为 5 亿人口的欧盟。由于东盟不断壮大的中产阶级旺盛的消费需求，该地区今后也有望维持经济高速增长。日本政府判断东盟作为日企出口市场的重要性与日俱增，已经将强化同东南亚的关系纳入日本经济增长战略之中。2013 年 5 月 3 日，日本与东盟 10 个成员国财长和央行行长在印度新德里举行首次会议。这是不包括中、韩两国在内的新的合作框架，各方就 2013 年年内签署和扩充双边货币互换协议达成一致。日本与泰国、马来西亚、新加坡、印度尼西亚、菲律宾等 5 个主要成员国决定签署并扩充货币互换协议，即当本国货币出现暴跌的情况时可以互相借用所需外币以支撑汇率。同时还决定让建立在东盟国家开展业务的日企更容易获得当地货币的机制。具体细节将在日本和 5 个国家分别设立的工作组会议上制定。对于 5 个主要成员国之外的越南和缅甸，日本承诺在构筑金融制度和规制改革方面提供支持。与会的日本副首相兼财务相麻生太郎称："东盟是日本必须加以重视的地区"，表示今后将定期举行日本同东盟的相关会议。日本共同社分析认为，日本因同中、韩关系恶化转向重视东盟。日本和东盟 10 个成员国达成了金融合作协议，此举旨在分享该地区经济增长的成果，带动日本国内经济复苏。再加上同中、韩之间关系恶化，日本经济外交开始大转向，从优先维持同中、韩的合作关系变为重视东南亚。

日本与东盟的经济伙伴关系协定 2008 年起生效，但有关投资及服务自由化的结论则被搁置。为此，2013 年 8 月 20 日，日本与东盟经济部长

① 日本共同社 2013 年 1 月 10 日电。

会议在文莱举行，日本经济产业相茂木敏充对安倍政府的经济增长战略作了说明，并表示“日本企业也正在将目光转向东盟，加强关系很重要”。2012 年在该会议制订的计划中，写入了减小东盟内经济差距、推进日本向东盟的技术转移等目标。会议上，双方就加强以贸易投资额翻倍为核心的截至 2022 年的计划内容进行了确认。[①] 但是，若日本同中、韩关系进一步恶化，亚洲经济恐出现不稳定状况，这难免会影响到日本的经济增长战略。安倍政府力求加大经济外交力度，重塑包括东盟在内的整个亚洲的合作关系。

在地区安全格局构建方面，日本加强与美国及其盟友联合遏制中国的政策。日本、美国和澳大利亚三国防长于 2013 年 6 月 1 日在新加坡举行会谈，三方就钓鱼岛及南海问题一致表示“反对任何试图强行改变现状的单方面行为”。小野寺与美国国防部部长哈格尔、澳大利亚国防部长史密斯一致认为，朝鲜的核和导弹问题是对地区安全“重大的不稳定因素”。三方在会谈后发表了联合声明，主要内容为共享信息和通过联合训练加强警戒监视。联合声明主张根据国际法解决纷争和确保海上航行自由。为加强防务合作，声明还提出制订三国行动计划。2013 年 10 月 4 日，日本外相岸田文雄、美国国务卿克里和澳大利亚外交部长毕晓普在印度尼西亚巴厘岛举行战略对话并发表了联合声明。鉴于钓鱼岛问题上的动向，声明宣称，“反对任何有可能改变东海现状的强制性、单方面的行动”。声明还就中国与东盟部分成员国存在南海问题表示应保证“航行自由”、遵守国际规范。[②] 5 日，岸田文雄在印度尼西亚巴厘岛出席亚太经合组织（APEC）外长会议时，再次提及了所谓确保区域内航行自由的重要性，并表示为了实现亚太地区的经济发展，“人员与物

---

① http：//china. kyodonews. jp/news/2013/08/58258. html.

② http：//china. kyodonews. jp/news/2013/10/61093. html.

品的自由流动不可或缺，继续保证航行自由符合全体成员的利益”。他还表示日本将为创造和平稳定的环境做贡献，声称“确立法律的支配是经济发展的基础”。[①] 在2013年10月6～10日亚太经合组织（APEC）峰会及东盟相关峰会期间，安倍与俄罗斯、越南和印度尼西亚等国领导人举行了双边会谈，加强“战略性外交”力度。上述种种外交举措表现出安倍政府正在亚太地区加紧构筑针对中国的“包围圈”，欲加强同有着所谓民主主义等共同“价值观”的东盟各国及印度的合作以牵制中国。

结　语

安倍上台后就在亚太地区展开密集的外交攻势，试图构筑“对华包围圈”，其“离间”外交手段是全方位的多管齐下，四面出击。安倍迫不及待地将其保守主义外交理念付诸实践，派出各路人马围着中国搞“离间”公关，在东南亚与个别国家已形成所谓对华“共识”。近期来看，其遏制中国的战略意图不会缓解。日本一直很重视与东南亚国家的关系，这里面既涉及区域合作中的经济利益，也有牵制中国正当南海维权的因素。比如日本许诺给予菲律宾经济援助，提供海洋巡逻艇，进行海岸警备队人才培训，帮助菲律宾完善海上通信系统，强化日菲双方海洋安全合作，牵制中国的意图明显。日本的设想是在东南亚的中南半岛继续打造所谓“东西经济走廊”和“南部经济走廊”，加大拉拢湄公河流域5国的力度，试图遏制中国的“南北走廊”计划，并在中日贸易受损后加强与这些国家的经贸关系，一举两得。

安倍多次表示“将与拥有自由、民主、基本人权、法治等共同价值观的国家加强合作”，并重申将把日美同盟置于安保政策的核心。日美

---

① http：//china. kyodonews. jp/news/2013/10/61095. html.

还力图将个别第三国纳入“美日 +1”模式，通过日、美两国与韩国、菲律宾、越南、印度等三边方式配合美国亚太战略再平衡，扩大日本的地缘战略影响力。比如日美印三边就涉及如何确保印度洋、太平洋的海上通道安全、相关国家安全合作等议题进行磋商。日本还考虑与美国共同将“美日 +1”合作模式扩大到整个亚太地区，旨在主导地区事务的地区安全事务。另外，日本力求通过改善亚洲外交，就东亚区域经济一体化、地区安全和国际问题与亚洲国家进行多边战略对话，提升日本在亚洲事务中的发言权和主导权。同时，日本力图建立有共同价值观的“民主国家”联盟，增强在东亚地区的支配力。日本的亚洲外交战略的核心内容是以日美同盟作为建构亚太地区安全机制的基础，通过支持强化东盟地区论坛等合作安全机制，积极开展多边安全对话。日本力图在开展多边安全对话方面发挥主导作用，增大其在国际社会尤其是东亚地区的支配力和发言权。同时，日本也希望通过发展多边安全对话来淡化对美国的依赖程度。

总之，钓鱼岛及东海问题持续恶化表明，日本政府对华政策完全是从日本国家利益出发的，并非考虑地区的和平与稳定，完全符合日本整体的国家发展战略意图。特别是在东亚区域合作过程中，日本一方面最大限度地发挥日本作为经济大国的强项，与中国在经济领域抢夺制高点，掌握东亚区域合作主导权。另一方面，日本力图引导亚太安全机制构建进程，依托日美同盟，借助与其“同质性”的国家来抗衡中国。从长远来看，日本仍会以所谓共同价值理念作为东亚安全合作的基础，谋求通过发展与中国周边国家的关系来抵消中国和平发展的国际影响力。

朝鲜半岛南北关系与中美新型大国关系

朴键一*

2012年，朝鲜半岛南北双方，中国、美国、日本、俄罗斯等影响朝鲜半岛局势演变的主要行为体都先后实现了政权或政府更迭。2013年是冷战后朝鲜半岛局势周期性演变长、中、短、微四个周期的开启之年，朝鲜半岛局势演变进入新阶段，对未来朝鲜半岛局势演变意义非凡。客观公正地评价当前朝鲜半岛局势，最重要的是选择一个抽象的可概括大量事实、经得起检验的分析框架。基于对冷战后20多年朝鲜半岛问题的初步理论总结，以及对2013年朝鲜半岛局势演变过程的跟踪观察，本文拟评估2013年影响朝鲜半岛局势演变最重要的两对关系——朝鲜半岛南北关系与中美“新型大国关系”的互动过程。为此，本文首先根据以往的实证研究结果，说明朝韩关系和周边大国之间围绕朝鲜半岛的互动关系对朝鲜半岛局势的关键性影响。其次，揭示朝鲜半岛南北关系的基本特征，指出中美关系对冷战后朝鲜半岛南北关系演变的作用。然后，运用这些理性分析框架，解读2013年朝韩关系和中美“新型大国关系”的互

* 朴键一，中国社会科学院亚太与全球战略研究院研究员。

动作用。在结论部分，将展望未来1~2年朝鲜半岛南北关系与中美“新型大国关系”互动的可能情形。

朝韩关系与周边大国关系对朝鲜半岛局势的影响

朝鲜半岛局势的演变，实际上是所谓“朝鲜半岛问题”复杂变化的综合性表现。冷战后，各种具体的朝鲜半岛问题层出不穷、千变万化，但大致可归纳为相互关联的六大类问题。第一大类为“有关朝鲜半岛南北关系的问题”；第二大类为“有关朝鲜半岛南北各自内政和整体外交走向的问题”；第三大类为“有关中国、美国、日本、俄罗斯等周边大国与朝鲜半岛关系的问题”；第四大类为“有关中国、美国、日本、俄罗斯等周边大国之间围绕朝鲜半岛的关系问题”；第五大类为“有关联合国等政府间国际组织和非政府组织（NGO）与朝鲜半岛之间关系的问题”；第六大类为“有关各国新闻媒体与朝鲜半岛之间关系的问题”。

在这六大类问题中，第一大类“有关朝鲜半岛南北关系的问题”，包括韩国“保守”与“进步”两种势力同朝鲜的关系问题、海外朝鲜民族问题，是冷战后整个朝鲜半岛问题的核心所在，[①] 其他各大类问题基本上都随着这一大类问题的变化而展开。通过认识和把握第二大类“有关朝鲜半岛南北各自内政和整个外交走向的问题”，朝鲜半岛南北双方相互判断对方的内外环境变化和政策走向，制定、实施和调整关于对方的政策。

与此相比，在第三大类“有关中国、美国、日本、俄罗斯等周边大

① 对此观点，目前国内外学界有人持不同意见，认为美国与朝鲜的关系才是朝鲜半岛问题的最主要矛盾。

国与朝鲜半岛关系的问题”上，这些周边大国都立足于各自的大国立场和国际影响，从东北亚地区乃至全球视野看待朝鲜半岛问题，并根据朝鲜半岛南北关系，以及双方的内政和整个外交走向，处理同朝鲜半岛的关系。第四大类“有关中国、美国、日本、俄罗斯等周边大国之间围绕朝鲜半岛的关系问题”，是第三大类问题的延伸和归宿。由于朝鲜半岛在东北亚国际关系中的独特地缘政治地位，任何一个周边大国与朝鲜半岛关系的变化，都会引起其他周边大国与朝鲜半岛关系的连锁性变化，使得在这些周边大国之间形成一种既竞争又合作的复杂关系。这种关系变化的结果，又反过来通过第三大类问题在很大程度上影响朝鲜半岛南北关系的变化。

在第五大类“有关联合国等政府间国际组织和非政府组织（NGO）与朝鲜半岛之间关系的问题”中，联合国等政府间国际组织与朝鲜半岛之间的关系问题，很大程度上延续着第四大类“有关中国、美国、日本、俄罗斯等周边大国之间围绕朝鲜半岛的关系问题”。但在一定程度上，还反映着整个国际社会与朝鲜半岛之间的关系。而非政府组织与朝鲜半岛之间的关系问题，既说明非政府组织已成为影响冷战后朝鲜半岛局势的非国家行为体，也表明朝鲜半岛局势演变的复杂性。

第六大类“有关各国新闻媒体与朝鲜半岛之间关系的问题”，贯穿于上述所有其他五大类问题之中，因而也可以不将其单独分类。但与世界上其他国际问题不同，有关国家尤其是韩国新闻媒体对冷战后朝鲜半岛局势演变的作用，早已越出新闻媒体原有的职责范围，通过引导国际社会的公众舆论，成为影响朝鲜半岛局势演变的又一种非国家行为体。

冷战后的大量事实表明，在上述六大类朝鲜半岛问题中，第一大类“有关朝鲜半岛南北关系的问题”和第四大类“有关中国、美国、日本、俄罗斯等周边大国之间围绕朝鲜半岛的关系问题”，是影响冷战后朝鲜半岛局势演变的两大类主要问题。其中，前者是促使朝鲜半岛局势演变的主要推动力，后者则为朝鲜半岛局势演变的方向和幅度提供某种框架或边界条件。因此，对于认识和把握冷战后朝鲜半岛局势的演变来讲，弄清朝鲜半岛南北关系的变化，以及中国、美国、日本、俄罗斯等周边大国之间围绕朝鲜半岛的关系之变化，具有首要的意义。

朝鲜半岛南北关系的基本特征

在现代汉语中，所谓“关系”具有多种不同的释义，与“国际关系”相适应的主要有两种。一是“事物之间相互作用、相互影响的状态”，二是“人与人或人与事物之间某种性质的联系”。[①] 在哲学意义上，这两种含义归根结底都意味着既对立又统一的辩证关系，即矛盾关系。因此，有必要首先从对立统一辩证矛盾视角切入，来认识和把握朝鲜半岛南北关系的基本特征。

1948 年 8 月和 9 月，在美国直接操纵和苏联鼎力支持下，大韩民国（韩国）和朝鲜民主主义人民共和国（朝鲜）两个政府在朝鲜半岛北纬 38°线南北相继建立。公元 918 年高丽王朝成立后一千多年统一的朝鲜民族从此分裂，南北两个政权之间形成以对方为己方存在前提的既对立又统一的辩证矛盾关系。一方面，韩国和朝鲜两个政权分别代表相互对立的有产阶级和无产阶级的利益，并以此为基础展开不同意识形态之间你死我活的对抗。另一方面，无论韩国还是朝鲜，都不承认对方为主权独立国家，而坚决主张只有己方才是唯一代表本民族利益的合法政权，并把对方的辖地和民众视为己方的领土和国民。因此，从朝鲜半岛南北分裂起，就孕育了通过极端的战争手段解决统一问题的可能性。

① 中国社会科学院语言研究所词典编辑室编《现代汉语词典》（修订本），商务印书馆，1996，第 462 页。

然而，1950 年 6 月爆发的朝鲜战争，由于以美国为首的“联合国军”大举介入，不仅未能解决朝鲜半岛统一问题，而且最终完全固化了朝鲜半岛南北两个政权之间对立统一的矛盾关系。此后，以 1953 年 10 月韩国与美国结成军事同盟、美国开始在韩国长期驻军为始端，朝韩双方对峙于世界东西方两大阵营冷战对抗的最前沿，使朝鲜半岛南北关系被覆盖在东西方两大阵营关系之下。1972 年 7 月，随着中国与苏联、美国、日本等周边大国的关系发生重大变化，朝韩双方签署“7 · 4 共同声明”，确定了“自主、和平统一、民族大团结”的统一三原则。[①] 但是，由于当时处于世界东西方冷战正酣时期，朝鲜半岛南北两个政权之间矛盾关系的这种缓和只不过是昙花一现。

随着冷战趋于结束，朝鲜半岛南北之间对立统一的矛盾关系重新浮出水面，并且变得越来越突出。一方面，韩国和朝鲜都积极应对世界形势的重大新变化，于 1991 年 9 月同时加入了联合国，分别成为世界大多数国家承认的主权独立国家。另一方面，朝鲜半岛南北双方不仅没有因此将对方视为主权独立国家，而且于 1991 年 12 月签订“北南基本协议”,[②] 开启了冷战后持续至今 20 多年的双方关系新的历史进程。

以 1992 年 1 月朝韩双方签订《关于朝鲜半岛无核化的宣言》为始端，冷战后 20 多年，朝鲜半岛局势的演变一直主要以美国和朝鲜之间的朝鲜半岛核问题为焦点。在朝鲜半岛核问题持续发酵和作用下，朝鲜半岛南北关系在缓和与紧张两个方向上来回震荡。但无论怎样，朝鲜半岛南北之间对立统一的矛盾关系不仅没有消失，而且变得越来越突出，并显示出如下几个基本特征。

---

① “7 · 4 共同声明”签署于 1972 年 7 月 4 日，全称《北南共同声明》。详见《朝鲜北方和南方联合声明》，《人民日报》1972 年 7 月 5 日。

② “北南基本协议”签署于 1991 年 12 月 13 日，全称《关于北南和解和互不侵犯及合作交流的协议》。详见《人民日报》1991 年 12 月 14 日。

其一，朝鲜半岛南北关系首先是双方都认定的同一民族内部关系，其次才是国际社会公认的两个国家之间关系。虽然朝韩都加入了联合国，但至今双方依旧把对方称作无独立主权的反政府组织“北韩”和“南朝鲜”，因而都以各种理由放弃或违反向对方所作的各种庄严承诺，使双方之间时有不遵守国际关系基本准则的事情发生。然而，由于朝韩都承认和接受《联合国宪章》，双方关系至少在名义上带有国家之间关系的性质。朝鲜半岛南北关系的这一基本特征形成和固化于双方分裂以来的长期历史过程，因而包括朝鲜半岛南北在内，任何势力都难以轻易改变这一特征。无论是朝韩还是其他国家，如果首先以国家之间关系看待和处理朝鲜半岛南北关系，就会带来朝韩民族永久分裂的危险，或再次引发朝韩之间的民族内战，使朝韩民族在大规模现代核战争中彻底毁灭，永无复兴之日。

所谓“朝鲜半岛南北之间的同一民族内部关系”，说到底是代表不同阶级利益及其意识形态的两个政权之间的矛盾关系。比较而言，与处在社会主义公有制下的朝鲜不同，在资本主义私有制统治的韩国，阶级、阶级矛盾和阶级斗争依然存在，并在很大程度上反映朝鲜半岛南北之间对立统一的辩证关系。实际上，在朝鲜半岛南北关系问题上，主张冷战对抗、走向自由民主统一的“保守”势力与呼吁和解合作、走向自主和平统一的“进步”势力，分别代表着韩国有产阶级和无产阶级的利益和意识形态。因此，为了全面正确地认识和把握朝鲜半岛南北之间的同一民族内部关系，必须运用阶级和阶级斗争观点和方法，进一步剖析韩国的社会状况。

其二，与朝韩关系首先是同一民族内部关系直接密切相关，朝鲜半岛南北之间关系的各种表现最终都归结到民族和国家统一问题，如何对待外部势力对统一进程的影响和作用是其核心所在。朝鲜半岛南北自分裂起，虽然阶级利益和意识形态相互对立，但都将双方关系视为同一民族内部关系，把早日实现民族和国家统一作为至高无上的历史责任，并为此进行了不懈的努力。双方之间的一个决定性分歧和对立在于，基于历史上多次深刻的经验和教训，朝鲜始终坚决反对外部势力干涉统一进程，而韩国不断积极借用外部势力推进统一。但无论如何，朝韩双方通过进行朝鲜战争和介入越南战争，[①] 得到了一个共同的结论，即“无论外部势力介入与否，战争不是理想的统一手段”。

然而，冷战末期西德依托强大经济实力和灵活外交手段，瓦解和吞并东德实现民族和国家统一的过程，给冷战后的朝鲜半岛南北关系带来了新的长期变数。因东欧社会主义阵营崩溃、苏联解体而陷入极端经济困境的朝鲜，始终高度警惕韩国在美国和日本等大国的积极支持下，挑起和利用“国军俘虏”[②]“纳北者”[③]“脱北者”[④] 等所谓“人权问题”，试图瓦解朝鲜社会，颠覆朝鲜政权。而以“汉江奇迹”从经济上崛起的韩国历届政府，虽然都因经济实力不济而难以照搬西德的经验，但的确在美国和日本等大国的支持下，不同程度地把那些“人权问题”作为向朝鲜施压的砝码。

其三，与冷战时期不同，朝韩关系已成为促使冷战后朝鲜半岛局势演变的主要推动力，周边大国之间围绕朝鲜半岛的关系则为其演变方向和幅度提供了框架和边界条件。冷战期间，朝韩之间对立统一的矛盾关系服从于东西方两大阵营之间的关系，因而朝鲜半岛局势演绎了所谓的“大国决定论”。但随着冷战结束，东西方两大阵营对抗消失，朝韩之间对立统一的矛盾关系无所约束地自由释放。冷战后20多年，朝韩关系无

---

① 越南战争期间，朝韩双方都派出成建制的军队介入了战争，将双方之间的对抗扩大到了越南战场。

② “国军俘虏”，指朝鲜战争期间被俘和投诚到朝鲜的韩国军人。

③ “纳北者”即“被纳捕到北韩者”，为韩国指称朝鲜停战后各时期被强行带往朝鲜的韩国平民，但朝鲜拒绝这种说法，主张这些人是自愿弃暗投明者。

④ “脱北者”即“脱离北韩者”，为韩国和日本对朝鲜非法越境者的称谓，美欧国家称之为“朝鲜难民”，但这些称谓都有意或无意地掩盖了产生朝鲜公民非法越境现象的根本原因。

论趋向缓和还是紧张，都呈现出其变动幅度越来越大的趋势，这表明朝韩关系已成为促使冷战后朝鲜半岛局势演变的主要推动力。

然而，冷战后中国、美国、日本、俄罗斯等周边大国之间相继建立的“伙伴关系”，对朝韩关系的变动产生某种约束作用，使缓和与紧张两种趋势局限于某种框架之内，或受制于某种边界条件。但无论冷战期间还是其前后，从朝鲜半岛局势的整个历史演变过程来看，对于局势产生直接影响和作用的因素，与其说是朝鲜半岛南北中的某一方或周边大国中的某一国，不如说是朝鲜半岛南北和中国、美国、日本、俄罗斯等周边关系中的某些双边关系及其互动。

中美关系对朝鲜半岛南北关系的影响

如前所述，对于冷战后的朝鲜半岛局势来讲，朝韩关系是其演变的主要推动力，周边大国之间关系则为朝韩关系的演变方向和幅度提供了框架和边界条件。但是，由于冷战后周边大国与朝鲜半岛之间关系发生了不对称变化，所以它们对朝鲜半岛的影响不尽一致。加上这些周边大国之间的实力对比也在发生深刻的变化，因而它们之间各种双边关系组合对朝韩关系的影响力大小也不相同。

随着冷战趋于结束，1990 年 9 月底苏联同韩国建立外交关系，率先打破了历来中国和苏联只承认朝鲜，美国和日本只承认韩国的周边大国与朝鲜半岛之间关系的旧对称结构。1991 年 9 月朝鲜和韩国双双加入联合国，同年底苏联解体、冷战结束后，翌年 8 月中国与韩国也建立外交关系，进一步打破了周边大国与朝鲜半岛之间旧的对称关系结构。与此同时，日本试图与朝鲜实现关系正常化，但在美国以所谓“朝鲜核疑惑”为由牵制下，日本与朝鲜关系正常化进程胎死腹中。美国和朝鲜从 1988 年起进行外交接触，商讨实现双方关系正常化，但在 1992 年 1 月朝韩双方发表《关于朝鲜半岛无核化的宣言》之后，朝鲜半岛核问题便成为美国时至今日仍拒绝与朝鲜建立外交关系的主要理由。

这样，继承苏联的俄罗斯和中国都与朝鲜和韩国建有外交关系，美国和日本只与韩国保持外交关系，这就使得冷战后20多年在周边大国与朝鲜半岛之间形成了不对称关系。同时，由于俄罗斯独立后立即采取"亲韩疏朝"政策，日本在美日军事同盟下被美国掌控，冷战后初期各周边大国对朝鲜半岛的影响力就已拉开距离。俄罗斯不仅被朝鲜疏远，而且很快失去了韩国借以处理对朝鲜关系的利用价值。与俄罗斯不同，中国在谨慎灵活地发展同韩国关系的同时，继续保持同朝鲜的"传统友好合作关系"，持续地增强了对朝鲜半岛的影响力。美国作为冷战后唯一世界超级大国，强化与韩国的军事同盟，抬高与朝鲜实现关系正常化的价码，从正反两个方面增大了对朝鲜半岛的影响力。日本受制于美国，加上国内左翼进步势力日渐式微，因而对朝鲜半岛的影响力每况愈下。

随着21世纪的到来，朝鲜半岛南北关系再次由紧张对抗转向和解合作。在2000年6月朝鲜半岛南北双方举行历史性的首次首脑会晤前后，周边各大国纷纷调整了对朝鲜半岛的政策。中国与朝鲜展开高层交往，将对韩国的"合作伙伴关系"推向了全面合作阶段。俄罗斯改变"亲韩疏朝"政策，转向了对朝鲜半岛南北双方的"等距离"外交。日本决定同朝鲜实现关系正常化，于2002年9月实现了双方首脑首次会晤。在这种形势下，美国不得不考虑从根本上改善同朝鲜的关系。这一过程充分体现了朝韩关系对冷战后朝鲜半岛局势演变所发挥的主要推动作用。

与此同时，周边大国之间及其与朝鲜半岛之间发生的经济实力对比变化开始显现。1992年，中国（含香港和澳门地区）国内生产总值（GDP）超过独立后的俄罗斯，在周边大国中排在美国和日本之后，并达到了韩国的1.8倍。经过十多年努力，俄罗斯国内生产总值止跌回升，于2006年赶超韩国，恢复到苏联解体前的1990年水平，名副其实地返回了周边大国之列。2009 年，中国（含香港和澳门地区）国内生产总值又超过日本，居美国之后的世界第二位，且达到了韩国的 6.3 倍。到 2012 年，中国国内生产总值达到了美国的 54.7%，日本的 1.5 倍，韩国的 7.7 倍。

中国要在经济实力上真正赶超日本还需相当长时日，[①] 从 2009 年起国内生产总值每年都超过日本还只具有相对意义，但这对朝鲜半岛和周边大国的象征意义和心理影响不可低估。不仅如此，朝鲜半岛南北双方在经济上对中国的依赖程度越来越大，韩国与中国的贸易规模已经超过与美国及日本，甚至与美日两国之和，朝鲜同中国的贸易量则占到其整个贸易量的 80% 以上。而且，中国的发展道路和意识形态与美国迥异，日本不过是美国的附庸。因而在中美、中日、中俄、美日、美俄、日俄这六对周边大国的双边关系中，中美关系客观上已经替代冷战时期的美苏关系，逐渐地成为影响朝鲜半岛局势演变的周边大国之间最主要的双边关系。

更为重要的是，随着冷战结束，中国通过坚持改革开放更加迅猛地崛起，致使美国逐渐将中国视为在东亚挑战其霸主地位的最有力竞争对手。1993 年 3 月朝鲜半岛核危机爆发后，美国于 1994 年 10 月同朝鲜达成核框架协议，并组建没有中国参加的朝鲜半岛能源组织（KEDO）落实该协议。然而，2002 年 10 月朝鲜半岛核危机再度爆发后，美国转而千方百计推进组建包括中国在内的多边框架，试图通过朝鲜半岛核问题不断提高中国对外政策的透明度，既借助中国之手迫使朝鲜放弃核开发计划，也离间中国与朝鲜半岛的关系，达到对中国和朝鲜半岛进行“双重规制”的目的。这表明，进入 21 世纪后，无论中国怎样“韬光养

① 2009 年以来，中国每年的国内生产总值都超过日本。2012 年，日本的国内生产总值不足中国的 70%。但若比较冷战后 1992 年至今两国国内生产总值之和，则中国不及日本的 60%。

晦”，美国主观上已将中美关系作为处理朝鲜半岛问题的最主要大国双边关系。

如前所述，冷战后周边大国之间围绕朝鲜半岛的关系呈现竞争与合作的矛盾态势。冷战结束后，面对近半个世纪以来的美苏两极体系消失，曾经被东西方两大阵营对抗所掩盖的各种问题接踵而至，世界走向美国独霸的单极体系还是大国共同治理的多极体系两种趋势并存的不确定局面，以1992 年美国和俄罗斯建立“成熟伙伴关系”为始端，世界各大国之间纷纷建立起了各种形式的“伙伴关系”，以稳定世界形势和地区局势。

冷战后第一个 10 年，在朝鲜半岛周边大国之间，继美国和俄罗斯之后，美国与日本在 1992 年建立“全球伙伴关系”并继续保持和加强双方军事同盟关系。中国与俄罗斯从 1996 年开始发展“平等、信任的面向 21 世纪的战略协作伙伴关系”，同美国从 1997 年起构建“建设性战略伙伴关系”，同日本从 1998 年起发展“致力于和平与发展的友好合作伙伴关系”。日本和俄罗斯则于 1998 年建立“长期建设性伙伴关系”。

从中国的立场和视角看，冷战后 20 多年的实践表明，包括朝鲜半岛周边在内的各大国之间所谓的“伙伴关系”，既不是同盟关系，也不是敌对关系，而是在冷战后新的世界形势和地区局势下应运而生的新型国际关系。“伙伴关系”的实质是“不结盟、不对抗；不针对第三国；通过和平对话处理和解决彼此间的争端，力求避免诉诸武力”。朝鲜半岛周边大国尤其是中美两国通过这种“伙伴关系”，彼此进行竞争与合作，对冷战后 20 多年朝鲜半岛局势的演变发挥了重要作用。

冷战后朝鲜半岛局势演变的连锁性特征表明,[①] 中美关系对朝鲜半

① 关于冷战后朝鲜半岛局势演变的连锁性特征，参见朴键一《当前朝鲜半岛安全危机的根源和前景》，载于张洁、杨丹志主编《中国周边安全形势评估》（2011），香港社会科学出版社有限公司，2011 年 3 月，第 30 ~ 46 页；朴键一：《朝鲜半岛局势的转折性变化及其影响因素》，张洁、钟飞腾主编《中国周边安全形势评估》（2012），社会科学文献出版社，2012 年 1 月，第 58 ~ 75 页。

岛局势演变的作用，主要是借助于这两个大国分别与朝鲜和韩国拥有的特殊关系，通过影响朝鲜半岛南北关系演变的方向和幅度来实现的。在朝鲜半岛局势演变的任一完整周期内，朝韩关系的演变无论是趋向紧张还是趋向缓和，都不可避免地带动各周边大国与朝鲜半岛关系、周边大国之间围绕朝鲜半岛的关系发生连锁性变化。

一般地，当朝韩关系趋向缓和时，日本和美国同韩国的关系显得有些疏远，同朝鲜的关系变得和缓起来，而中国和俄罗斯都加强同朝鲜半岛南北双方的关系。当朝韩之间缓和进程发展至双方成规模地和解合作，及至出现走向自主和平统一的重大局面时，周边大国尤其是中美两国作出不同的反应。中国更加积极地支持朝鲜半岛南北和解合作、走向自主和平统一，而美国与朝鲜之间凸显出核、导弹等重大国际安全问题，从而迫使朝鲜半岛南北关系疏远，重新回到常态。与此相反，当朝韩关系趋向紧张时，日本和美国同韩国的关系显得更为紧密，同朝鲜的关系变得进一步恶化，而中国和俄罗斯同朝鲜的关系显得趋于密切，同韩国的关系显得不很自然。当朝韩之间紧张关系演变至剑拔弩张，及至出现大规模军事冲突危险时，周边大国尤其是中美两国之间迅速展开密集的磋商，并合作采取降温措施，抑制朝韩关系进一步恶化，迫使朝鲜半岛南北关系缓和，再次回到常态。

这就是说，冷战后朝鲜半岛南北关系与中美关系之间的互动机制表现为，当朝鲜半岛南北关系持续走向缓和时，中美关系逐渐呈现为竞争态势。当朝鲜半岛南北关系不断紧张时，中美关系逐渐表现出合作态势。无论中美之间围绕朝鲜半岛展开竞争还是合作，结果都使朝鲜半岛南北关系返回到不冷不热的常态。之所以如此，是因为朝鲜半岛南北关系与中美关系之间存在着如下一些更深层次的结构性原因。

中美两国在朝鲜半岛南北关系不断走向和解合作、自主和平统一情况下的不同反应，表明中美两国对朝鲜半岛的长远战略诉求有别，甚至相互对立。中国无论从利益上还是道义上，都乐见朝鲜半岛南北持续和解合作，最终实现自主和平统一。从中国努力推进全面建成小康社会、实现社会主义现代化和中华民族伟大复兴的国家发展战略目标看，朝韩双方持续和解合作不仅有利于朝鲜半岛保持和平稳定，而且有利于中国不断加强同朝鲜半岛南北的关系，符合中国希冀周边国际环境长期和平稳定、实现与周边共同发展的战略诉求。

同时，朝韩双方的持续和解合作，其结果必然是走向自主和平统一；朝韩双方只有面向自主和平统一，才能保证持续其和解合作。因此，中国支持朝鲜半岛南北持续和解合作，就意味着支持朝韩双方通过自主的和平方式实现民族和国家统一。第二次世界大战结束后至今 60 多年中，中国同朝鲜半岛的处境类似，也面临着完成民族和国家自主和平统一、实现中华民族伟大复兴的历史任务。实现民族和国家的自主和平统一，是任何外部势力都无法阻挡的历史大趋势。在当今国际环境下，任何“非自主”或“非和平”的统一方式，不仅难以促成实现期待已久的民族和国家统一夙愿，反而会把整个民族推向毁灭的深渊。

然而，从美国的立场看，朝鲜半岛南北之间持续和解合作、最终走向自主和平统一，却是其很不情愿看到的。受韩美同盟关系和国际道义的约束，美国不能不对朝韩和解合作表示欢迎。但是，朝韩双方保持持续和解合作，进而走向自主和平统一，必然会给美国带来非常重大的挑战。朝韩之间的和解合作，不仅意味着双方在同一民族内部和国际舞台上开展政治和经济合作，而且必然伴随着化解与美国具有千丝万缕联系的双方之间历史恩怨。尤其是，在 1945 年 8 月至 1953 年 7 月朝韩民族走向分裂、朝鲜战争策划、战争使朝韩民族最终分裂的几个过程中，美国扮演了极为重要的角色。美国的这种角色一旦通过朝鲜半岛南北和解合作过程大白于天下，不仅朝鲜，而且韩国社会的反美情绪必然会再次高涨，使美国陷入难以推脱应当承担的历史责任之尴尬被动境地。

进一步地，朝鲜半岛南北走向自主和平统一的关键，是朝韩民族用自己的力量主导民族和国家的统一进程。只有朝韩民族自主，才能保证和平统一，和平统一的前提是朝韩民族自主。因此，朝鲜半岛南北排除外部势力干扰的自主和平统一过程，必然会使以帮助韩国抵御朝鲜侵略为名，在韩国驻有大批现代化常备军队的美国感到极为难堪。更重要的是，一旦朝鲜半岛南北实现自主和平统一，驻韩美军便会失去历来标榜的驻扎在韩国的理由。届时，美国要么不得不撤走驻韩美军，要么以牵制周边大国争夺朝鲜半岛为由，硬着头皮继续驻军统一后的朝鲜半岛。然而，从现在的情形看，实现后者的难度非常大，需要美国对朝鲜半岛和其他周边大国付出极为高昂的代价。

另外，中美两国在朝鲜半岛南北关系不断走向紧张对峙，以致出现朝鲜半岛重燃战火危机局面时的共同合作，表明中美两国对维护朝鲜半岛长期和平稳定具有一致的利益诉求。但是，在这种一致诉求的背后，中美这两个大国之间的出发点却不尽相同。如果朝鲜半岛重燃战火，那么很有可能上演与1950年6月朝鲜战争爆发时非常相似的一幕：韩国和美国指责朝鲜挑起战争，驻韩美军在“联合国军”旗号下，或在美韩军事同盟框架下一开始就介入战争，并按照美韩早已制定好并不断演练完善的战争方案，试图一举摧毁朝鲜，实现朝鲜半岛武力统一。朝鲜同样指责韩美挑起战争，并倾其所有人力和物力，也力图通过战争实现朝鲜半岛统一。

无论战争双方是否动用核武器，由于朝鲜具有1950年6月爆发的朝鲜战争初期独自与美韩军队作战、夺取韩国首都首尔和其他绝大部分疆域的经验，停战后在“全民武装化”和“全国要塞化”国防战略下进行了数十年以防御为主的备战，加上韩国国内还有积极支持朝鲜的民间武装力量，因而战争不会出现美韩占绝对优势的一边倒现象，战争持续时间也不会像美韩方面估计的那么短。因此，主要逃往中国的战争难民也不会像有些人认为的那样只来自朝鲜，人口数量为朝鲜 2 倍的韩国战争难民会更多。而且，由于朝鲜的战略后方部署在靠近中国的北部山区，很难保证战火不会再次燃烧到中国境内。因此，在国家安全受到战争威胁的严峻时刻，就像当年中国被迫出兵朝鲜那样，谁也无法保证朝鲜半岛重燃战火时中国能够置身局外，何况 1961 年 7 月签订的《中朝友好合作互助条约》至今有效。

显然，如果朝鲜半岛重燃战火，美国卷入战争自不待言，中国也难以保证不被卷入。一旦如此，中美两国就会再次在朝鲜半岛兵戎相见，互相做出极大的牺牲。对于中国来讲，实现社会主义现代化的进程就此受阻，实现中华民族伟大复兴的“中国梦”就只会变成一场梦而已。而对美国来说，则是重现在“错误的时间”和“错误的地点”与“错误的敌人”进行“错误的战争”之历史，加速自己的衰败，让出世界霸主地位。

朝韩关系与中美“新型大国关系”的互动过程

纵观 2013 年朝鲜半岛局势的演变，可以清晰地看到以上概括的冷战后“朝鲜半岛南北关系基本特征”和“中美关系对朝鲜半岛南北关系的影响”之一般演绎过程。同时，由于此前 2012 年朝鲜半岛局势重要演变的惯性作用，加上 2013 年是朝鲜半岛南北双方和中美两国都更迭最高领导人或出台新政府之后的第一年，他们对处理朝鲜半岛问题各有一些新思路和新方式，因而这一年朝韩关系与中美关系之间的相互作用，还显示出值得继续密切跟踪观察的一些新亮点。

2012 年是冷战后 20 多年朝鲜半岛局势演变的极为重要时点。这一年，朝鲜半岛南北双方与包括中国和美国在内的所有周边大国，都先后更迭了最高领导人或出台了新政府，使冷战后朝鲜半岛局势演变的长、中、短、小四个周期拐点都汇聚在这一年，从而完成了冷战后朝鲜半岛局势演变的第一个20年长周期。研究表明，在这四个周期拐点都汇聚的年度及其前后，朝鲜半岛局势无论趋向缓和还是趋向紧张，都会出现非常大的波动。因而，这种波动从进入同一拐点年度之前1～2年就可能开始出现，而且同一拐点年度过后1～2年内仍可能表现出这种大波动的惯性作用。

实际上，从早于2012年两年的2010年起，以韩国海军巡逻舰爆炸沉没、韩国和朝鲜海岸炮兵相互炮击，使朝韩之间出现1953年7月停战以来最严峻安全事态为标志，走向2012年的朝鲜半岛局势开始出现大波动。尽管在中美两国的共同干预下，2011年朝鲜半岛局势有所缓和，但同年12月朝鲜最高领导人金正日突然去世，促使韩国和各周边大国重新评估朝鲜国内形势和朝韩关系的走向。2012年伊始，金正日不足30岁的儿子金正恩接任朝鲜最高领导人，以更大的力度继续改善民生，以完成金正日建设“社会主义强盛国家”的未竟事业。2012年4月，朝鲜利用多级运载火箭发射应用卫星失败，但依然不顾联合国安理会的警告，于2012年12月再次利用多级运载火箭成功发射应用卫星。进入2013年以后，主要经过中美两国之间的紧张协调，联合国安理会一致通过了对朝鲜的新制裁决议。

对于金正日突然去世和年轻的金正恩接任，任期仅剩一年的韩国李明博保守政府断定，朝鲜已发生期待已久的重大“突发性事态”。因而，尽管2012年朝鲜首次发射卫星归于失败，但李明博政府视发射卫星本身即为朝鲜已到穷途末路之举，于是再次确认周边大国不尽认可的“北韩崩溃论”，试图通过各种方式对朝鲜以压促变，以吞并朝鲜实现统一。但几乎在朝鲜重新发射卫星取得成功的同时，韩国举行下一任总统大选。结果，冷战时期发动军事政变上台并独裁统治近20年（1961～1979年）的前总统朴正熙之女、执政党候选人、标榜要对朝鲜采取“韩半岛信任进程”政策的朴槿惠当选韩国总统。

2013年初，朴槿惠专门派遣特使团访华，向中方解释了“不设前提条件”与朝鲜对话的“韩半岛信任进程”政策。随着2013年2月正式接任总统职位，朴槿惠开始启用与其父关系密切的保守人士组建总统府核心班子，并同样以保守人士为主对政府进行了大改组。后来的事实表明，朴槿惠政府对朝鲜政策核心班子基本上承接了李明博政府的“北韩崩溃论”政策基调；朴槿惠特使团对中方所作的对朝鲜政策说明，充其量也不过是朴槿惠个人的构想，因而难免在其保守政策班子影响下，改变原来的调子。

这样，2013年的朝鲜半岛局势，便以中美两国协调下的联合国安理会对朝鲜发射卫星实施新制裁、朝韩双方都以“子承父业”方式更替最高领导人、韩国朴槿惠政府延续前任政府的“北韩崩溃论”为主要“初始条件”，开始发生新一轮演变。因此，这一年的朝鲜半岛局势一开始就充满了令人窒息的紧张气氛。

联合国安理会通过对朝鲜的新制裁决议后，朝鲜立即进行第三次地下核试验予以应对。结果，联合国安理会迅速做出又一个新决议，进一步扩大和加强了对朝鲜的制裁。但是，朝鲜仍不为所动，随即确立了“经济建设与核武力建设并举”的国家发展战略路线，使朝鲜半岛局势的演变出现了新局面。

接下来，本应是针对这一新局面，落实联合国安理会最新决议的国际性政策进程。但是，韩国、美国、日本等国家又另起炉灶，各自额外启动了对朝鲜更加严厉的制裁措施。特别是在“北韩崩溃论”驱使下，美国和韩国以进行年度例行军事演习为名，动用部署在关岛甚至美国本土的新型战略轰炸机，在朝鲜半岛的陆地、海域和空中连续进行两次为期40天，包括核打击演练在内的大规模战争演习，对朝鲜施加了冷战后非常罕见的强大军事压力。

但是，作为接任不久，有必要择机向国内外宣示政策意志的最高领导人，金正恩毫不示弱，下令全军各部队采取高度备战态势，授权前线部队对美韩方面任何先行挑衅行为进行无情的毁灭性回击，并趁势一举统一朝鲜半岛。这样，2013 年 3 ~ 4 月，朝鲜半岛核危机急剧恶化为战争危机。此时，正值中国举行新一届“两会”、选举产生国家新领导人之际。针对朝鲜半岛出现的千钧一发危机局面，刚刚当选国家主席的习近平代表新产生的中国政府，对到处惹是生非，在中国家门口玩火的危险行为予以了严正警告。这一警告虽然没有指名道姓，但足以使相关行为者自觉地对号入座。

美韩针对朝鲜的联合战争演习告一段落后，笼罩在朝鲜半岛上空的战争阴云渐渐散去，朝韩关系恢复到了不冷不热的常态。然而，中国政府的严正警告仍言犹在耳，成为国际上热议的话题。这就使中美两国高层接触，就双边关系、全球问题、朝鲜半岛局势等地区问题进行深度交换意见的必要性凸现出来。在此背景下，中美两国首脑举行会晤，就双方建立“新型大国关系”，合作处理解决朝鲜半岛核问题等达成重要共识，为此后的朝鲜半岛局势演变方向和幅度，提供了新的框架和边界条件。

应当说，中美两国建立的“新型大国关系”，与 1997 年起双方发展“建设性战略伙伴关系”的曲折过程有关联。当时，中国的迅猛崛起尚处于起步阶段，中国还在为加入世界贸易组织（WTO）同美国讨价还价。但在进入 21 世纪布什当选总统后，美国开始警觉中国的迅速发展，不仅不再谈论中美两国之间的“建设性战略伙伴关系”，反而将中国视为“战略竞争对手”，着手全面牵制中国的发展。然而，2008 年中国通过举办北京奥运会，向世界充分展示了自身迅速发展不可遏制的势头。与此不无关系，2008 ~2012 年首任奥巴马政府期间，美国虽然没有像布什政府时期那样，刻意强调中国为“战略竞争对手”，但高调宣示“重返亚太”和“战略再平衡”之举，显然表明它对中国发展的走向感到难以放心，担心中国会步历史之后尘，走强势崛起的新兴大国与既有霸权守成大国对抗的老路。

因此，中美两国建立的“新型大国关系”之“新”，主要在于双方相互承诺不走历史上新兴大国与守成大国相互对抗的老路，以互相尊重对方的主权、安全和发展利益为前提，平等地展开竞争与合作，共同努力开辟大国关系协调发展以造福全人类的新路子。显然，“新型大国关系”与“不结盟、不对抗；不针对第三国；通过和平对话处理和解决彼此间的争端，力求避免诉诸武力”的“伙伴关系”有异曲同工之处，但两者出台的历史背景不可同日而语。而且，前者由新兴大国中国首倡，后者由冷战后唯一全球霸权国家美国率先付诸实践。

从朝鲜半岛南北等第三方立场和视角看，中美两国建立“新型大国关系”，可能更多地表现出中国的强势和美国的守势。因此，在中美两国宣布发展“新型大国关系”之后，当中国趁热打铁启动外交斡旋，敦促朝鲜半岛南北进行接触对话、促进和解合作时，朝韩双方都根据自己的实际情况，在恢复开城工业园区和金刚山旅游区合作、安排离散家属会面等问题上，不同程度地予以了正面回应。

然而，除了朝鲜和俄罗斯之外，中国关于尽快恢复朝鲜半岛核问题六方会谈的提议，却以“看不到朝鲜有弃核诚意”为由，被美国和韩国回绝。美韩方面提出，只有朝鲜用实际行动表明弃核诚意，才能考虑恢复六方会谈。这说明，对于重新启动六方会谈，全面、公正、合理地解决朝鲜半岛核问题来说，中美“新型大国关系”还不够成熟有效。但令人感到奇怪的是，对于举行六方会谈的态度来说，过去是美韩方面非常积极，朝鲜方面三心二意；而现在完全相反，朝鲜方面积极，美韩方面拖沓。

另外，朝韩双方首先启动了旨在恢复开城工业园区合作的工作会谈，但会谈过程完全不是“不设前提条件进行对话”。朝方意识到，韩方在每一个议题上都设置苛刻的条件，这表明韩方对话不是为了和解合作，而是以经济合作为诱饵，不断对朝方施加政治压力。因此，在这一会谈几经波折，艰难地取得前期结果之后，朝方立即宣布，不再同韩方举行有关双方离散家属会面、恢复金刚山旅游区合作的会谈。这一结局，使刚刚有所缓和的朝韩关系再次转向紧张对抗。

在此之际，韩国国内政治形势开始出现新变数。韩国各在野党在批评政府过于贪心，将来之不易的南北对话机会丧失殆尽的同时，正式提出了政府情报部门介入总统选举问题。经国会授权，检察机关调查发现了一个惊人的内幕。2012 年总统选举期间，韩国国家情报院一些人严重违反有关法律规定，利用电脑和手机互联网，散发了大量污蔑在野党总统候选人与朝鲜私通的信息，以助推执政党候选人朴槿惠胜选。各在野党进而主张，国家情报院某些人的行为背后必有政府指使；政府复活朴正熙时期为延续独裁统治而惯用的“公安政治”手法，严重损毁了国民用鲜血和生命换来的民主主义。

显然，韩国各在野党的矛头转向了已经颇受“武断”诟病的朴槿惠总统。在此情况下，处于被动困境的韩国国家情报院爆出猛料，向法院起诉了占有国会议席的在野党“统一进步党”涉嫌犯有“谋反罪”。起诉称，2013 年春季朝鲜半岛战争危机爆发后，该党决定做好拿起武器的准备，一旦战争复发，便立即炸毁韩国重要的军需设施和仓库，配合朝鲜军队与美韩军队作战。截至 2013 年年末，受理法院已对此案进行 20 次法庭辩论，诉辩双方唇枪舌剑，法庭最终审判尚待时日。

国家情报院介入总统大选和“统一进步党”“谋反”两起事件本是韩国内部事情，但由于都涉及朝鲜，便给乍暖还寒的朝鲜半岛南北关系雪上加霜。朝鲜方面指责韩国保守政府为摆脱困境无中生有地诋毁朝鲜，并以尖刻的言辞指名道姓地谴责朴槿惠政府煽动民族内部仇恨，警告朴槿惠政府注意自己的言行。

目睹来之不易的朝韩关系缓和局面再次趋于紧张对抗，朝鲜半岛核问题继续发酵，中国开始进行2013年推进重启六方会谈的第二轮努力。9~11月，六方会谈中方首席代表多次穿梭于华盛顿和平壤之间，促使朝鲜、韩国、美国、日本、俄罗斯等国参加六方会谈的首席代表也纷纷来往会面。但是，与朝鲜和俄罗斯的态度仍然积极相反，美国、韩国、日本的态度依然如故，还是以“看不到朝鲜弃核诚意”为由消极回应。但值得深度思索的是，既然美韩方面时常把“不允许北韩拥核”像口头禅一样挂在嘴边，何以如此长时间放心地给朝鲜时间继续推进核开发计划？

对此，可以有多种解释。其一，美国实际上并不把朝鲜发展核计划看得那么严重，因而只专注于处理中东和伊朗核问题，不愿把更多精力花费在处理朝鲜半岛核问题上。其二，美国看到真正希望朝鲜半岛无核化的是中国，因而放纵朝鲜，让中国收拾朝鲜。其三，冷战后20多年，尤其是21世纪以来朝鲜半岛核问题的演变过程表明，美国不仅无意使朝鲜半岛无核化，而且为了遏制中国迅速发展，有意让朝鲜推进核开发计划，搅乱东北亚安全局势，离间东北亚国家与中国的关系，等等。

这些解释各有一定的事实依据，逻辑推理也有合理性，但无论如何，还需要进一步考虑到美国在东北亚地区的重要支点国家、朝鲜半岛核问题的另一攸关方韩国。无可否认的事实是，无论朝鲜是否有弃核诚意，美韩方面的确是在等待，但美韩方面等待的不是朝鲜表明带有对等条件的弃核诚意。因为究竟朝鲜有无弃核诚意，说到底还要由美韩方面来判断和认可。美韩方面等待的实际上是朝鲜主动表示仅带有少许可接受条件的弃核诚意。

美韩方面之所以能够冒朝鲜不断发展核计划的越来越大风险进行等待，似有两方面原因。其一是，李明博政府以来韩国主张的“北韩崩溃论”以新形式继续发挥作用。李明博政府上台时就认为，由于坚持拥核、拒绝改革开放、国家经济和人民生活每况愈下，朝鲜政权不久就会垮台。后来李明博政府进一步认为，由于金正日身体状况恶化，朝鲜肯定会发生“突发性事态”，导致政权垮台。2013 年 2 月朴槿惠政府上台时，恰为金正日突然去世、年轻的金正恩刚刚接任，李明博政府的“北韩崩溃论”大行其道之际。只是经过近一年时间，朝鲜国家经济和人民生活好转的消息时有所闻，因而朴槿惠政府的“北韩崩溃论”更侧重于政治方面，认为由于金正恩过于年轻，政治根基不牢，缺乏治国理念和经验，频繁撤换军方高层，加上在“经济建设与核武力建设并举”路线下经济发展难以为继，朝鲜政权不会长期持续下去。因此，只要不断加大制裁力度，朝鲜就会主动上门，乖乖地缴械投降。其二是，美韩方面通过中美两国达成建立“新型大国关系”共识的过程看到，中国对推动实现朝鲜半岛无核化的意志是坚定的。同时，中国以各种方式公开向国际社会表明对朝鲜发展核计划的态度，提高了中朝关系的透明度。因此，美韩方面感到，即便是因等待而给朝鲜提供时间，中国也不会容忍朝鲜像过去那样，无所顾忌地发展核开发计划。

因此，2013 年 12 月朝鲜以“反党反革命宗派”罪清除和处决位高权重的张成泽之后，韩国国家情报院刻意公开表示，张成泽事件源出朝鲜部门之间的经济利益之争，而非权力斗争。韩国政府的这种掩耳盗铃、自欺欺人做法的用意，恐怕是为了向新闻媒体和公众继续散布“北韩崩溃论”，牵制中国重启六方会谈的第三轮努力。

朝韩关系与中美“新型大国关系”互动前景

上述 2013 年朝韩关系与中美“新型大国关系”互动过程，与前述“朝鲜半岛南北关系的基本特征”“中美关系对朝鲜半岛关系的影响”比较，表现出一些有意义的特点。基于这些特点，可以进一步对未来1～2年朝鲜半岛局势演变的基本方向进行大致预估。

首先，在2013年，朝鲜继2月进行第三次地下核试验之后，3月确立了“经济建设与核武力建设并举”的国家发展战略路线。但是，作为冷战后朝鲜半岛局势演变主要推动力的朝韩关系基本特征没有变化，因而朝鲜半岛局势演变机制的主要方面也没有发生变化。那种以朝鲜进行第三次地下核试验、确立“经济建设与核武力建设并举”的国家发展战略路线为由，认为“朝鲜半岛局势已发生根本变化”的观点，既不完全符合事实，也缺乏足够的逻辑说服力。因此，在未来1～2年，甚至在朝鲜半岛走向统一的整个过程中，朝韩双方将继续发挥推动朝鲜半岛局势演变的主要作用；中美两国围绕朝鲜半岛的“新型大国关系”和其他有关朝鲜半岛问题的各种关系，也将随着朝韩关系的变化而发生变化。

冷战后，朝鲜半岛南北关系变得内容繁多，结构复杂。作为同一民族内部关系的朝鲜半岛南北关系，不仅表现在朝韩双方政府、政党、军队、地方政府、非政府组织之间，而且表现在旅居海外的民族内部，还表现在韩国国内“保守”和“进步”两大势力之间。其中，朝韩双方政府之间关系是最主要的，它决定着其他关系在不同背景下的地位和作用，并在一定程度上受其他关系的影响。2013年，在朝鲜半岛南北政府之间关系整体上趋于紧张的背景下，双方政党、军队和地方政府之间关系继续全面中断，非政府组织之间关系直到年底才有零星恢复。除中国之外，旅居海外的民族基本上分立于朝韩双方。韩国内部“保守”和“进步”两大势力，则在朝韩政府之间关系和朝鲜因素影响下，相互对立越来越严重，很有可能成为影响未来1～2年朝韩双方关系的重要变数。

从2013年夏秋开始，随着情报部门介入总统大选事件的全貌越来越清晰，韩国“进步”势力以捍卫民主主义为宗旨，要求追究政府的责任、重新进行总统选举，甚至要求朴槿惠辞职、谴责朴槿惠复活其父朴正熙反民主独裁统治方式、加剧朝韩之间紧张关系的呼声越来越高。这不仅赢得了包括宗教界在内的越来越多韩国民众的支持，而且给朝鲜方面提供了谴责朴槿惠加剧民族分裂、逼迫韩国名副其实地实行“韩半岛信任进程”政策的机会。令朴槿惠政府更加苦不堪言的恐怕是，如果这种势头持续下去，执政党就会在2014年6月举行的全国地方选举中惨败无疑。由于韩国实行政党政治和地方自治制度，地方选举败北就意味着执政党失去包括首都在内的全国各地方的政策支持，也意味着朴槿惠政府还没过半个任期就提前变成跛脚鸭。

因此，就像韩国历届政府执政一年后所做的那样，朴槿惠必须考虑是否届时撤换民怨较大的国家情报院和国防部等政府强力部门的长官，并根据事态变化，考虑是否更替与前总统朴正熙关系密切的总统秘书室长等核心政策班子成员。如果这些人被撤换，那么就会给仍在试探朴槿惠政府政策走向的朝鲜以相当积极的信号，使朝韩关系有可能迎来柳暗花明的新局面。反之，如果这些人仍各司其位，那么不仅会使朝韩关系紧张局面持续一段时间，而且会使地方选举结果成为判断未来朝韩关系走向的下一个风向标。2013年11月底，在韩国政府提议下，朝鲜方面同意举行有关开城工业园区“三通”问题的会谈。这也可以理解为朴槿惠政府试图打破朝韩关系僵局的尝试，但无论如何，其效果恐怕难以驱散朴槿惠政府对地方选举前景的担忧。

其次，中美两国决定建立“新型大国关系”，为朝鲜半岛南北关系的演变方向和幅度提供了更具制约力的新框架和边界条件。进入21世纪以来，中国更加迅猛发展，美国对中国发展的疑虑有增无减，中美关系脱离“建设性战略伙伴关系”的发展轨道，向“战略竞争对手”方向漂移。中美关系演变的这种不确定性和不稳定性，客观上给朝鲜半岛南北关系的演变方向和幅度提供了很大的自由空间，致使朝鲜半岛局势周期性演变的波动幅度越来越大。而中美两国建立“新型大国关系”，意味着朝鲜半岛周边战略环境趋向确定和稳定，中美两国通过共同合作规制朝韩关系发展方向和幅度的作用在增大。如果说“朝鲜半岛局势已发生根本变化”的观点还有些事实依据和逻辑说服力的话，恐怕也就是因为这一点。

但是，中美两国建立“新型大国关系”，绝不仅仅是为了合作应对包括核问题在内的朝鲜半岛局势的演变，而且这种合作也绝不是没有原则，而是以相互尊重对方主权、安全和发展利益为前提。因此，中美两国建立“新型大国关系”的平台不仅在于朝鲜半岛，还在于整个中国周边，甚至在于中国的利益不断延伸扩展的世界各地区和全球事务上。这就意味着，朝鲜半岛局势的演变只是中美两国合作应对的众多国际和地区问题的一个方面，同时也是相互竞争的一个领域。无论包括核问题在内的朝鲜半岛局势如何复杂演变，中国仍可望在坚决维护朝鲜半岛稳定的大原则下，努力推动实现朝鲜半岛无核化，而不大可能牺牲作为重要周边的朝鲜半岛的局势稳定，去推动前景不确定的朝鲜半岛无核化。

因此，在未来 1 ~ 2 年内，中国有可能在已经取得初步成效的基础上，继续推进全面、公正、合理地处理和解决包括核问题在内的朝鲜半岛问题。为此，中国大有可能从朝鲜半岛问题的实际情况出发，总结落实 2005 年 9 月朝鲜半岛核问题六方会谈达成的《9・19 共同声明》的经验教训，提出和完善解决朝鲜半岛核问题的新建议和方案，包括将朝鲜半岛停战机制转化为永久和平机制。同时，针对美韩方面仍坚持的“北韩崩溃论”，中国有望继续重点做美国的工作，劝告不可过于相信韩国对朝鲜前景的不切实际幻想，对朝鲜国内形势作出实事求是的独立判断。

再次，针对美韩方面试图推卸自己的责任，把制止朝鲜继续推进核开发计划的义务转嫁到中国的做法，中国恐怕难以逆来顺受。经过冷战后持续 20 多年的朝鲜半岛核问题演变过程，中国越来越多的有识人士认为，美国不仅无意全面、公正、合理地解决朝鲜半岛核问题，而且有意刺激和助长朝鲜进行核开发；美国表面上打压朝鲜，暗地里却与朝鲜保持沟通；美国口头上吹捧中国是负责任的大国，内心里却要离间朝鲜和其他周边国家同中国的关系。一旦中国与朝鲜之间的关系全面恶化破裂，美国便大有可能改变对朝鲜的敌视政策，将朝鲜拉入自己的怀抱，最终实现“重返亚太”的战略目标。中国政府不可能不重视这种看法，高度警惕美国的真实用意。

最后，由于中美两国的“新型大国关系”将对朝韩关系演变的走向发挥更大的规制作用，在未来 1~2 年内，2012 年朝鲜半岛局势演变的惯性作用将会明显减弱，但是，由于中国与俄罗斯之间的“战略协作伙伴关系”也会发挥更大的作用，冷战后朝鲜半岛局势演变的周期性和连锁性特征还会继续存在。在这种情况下，从 2014 年 6 月韩国举行地方选举到一年后的 2015 年 8 月，将是朴槿惠政府能够调整对朝鲜“韩半岛信任进程”政策的唯一和最佳时间段，因为这之后朴槿惠政府将进入执政的后半期，因而即便有心也没有时间在朝鲜半岛南北关系上有所作为。

总之，在未来 1~2 年内，朝鲜半岛局势的演变不仅要看中美两国的“新型大国关系”如何发挥作用，更要看韩国朴槿惠政府如何作为。但是，从 2013 年 2 月开始执政以来朴槿惠政府的所作所为看，朴槿惠政府是否愿意在朝鲜半岛南北关系上有所作为，仍需要一段时间观察，至少要到 2014 年 6 月韩国举行地方选举前后才可知晓。

中国 - 东盟新型关系的构建与南海问题

张　洁*

在中国 - 东盟的战略伙伴关系进入第二个十年之际，中国提出了“东南亚新政”，建立中国 - 东盟命运共同体，发展睦邻友好关系已经成为双方关系的首要目标。但是，南海问题作为中国 - 东盟最重要的安全议题在短期内仍然无法解决，中国与少数东南亚国家之间摩擦不断，使各方的政治信任度面临挑战。从长远来看，构建新型国际关系，发展中国 - 东盟关系有利于从总体上稳定东南亚地区局势，同时为中国与南海相关争议国提供对话平台并建设信任机制。中国应在坚持双边对话解决南沙争端的同时，利用多边机制开展非传统安全海上合作。

2013 年是中国 - 东盟建立战略伙伴关系 10 周年，这一年，中国 - 东盟关系出现明显缓和，这很大程度上有赖于中国的东南亚新政。中国领导人习近平主席和李克强总理先后出访东南亚，外交部长王毅则

* 张洁，中国社会科学院亚太与全球战略研究院，副研究员。

一年内四度访问了东南亚国家，他们提出了一系列新概念与新举措，如中国与东南亚国家建立命运共同体，提议与东盟国家商谈缔结睦邻友好合作条约，成立亚洲基础设施投资银行，加强互联互通建设，等等。中国的东南亚新政具有突出的特点：一是安全与政治议题的重要性上升，深化战略互信，拓展睦邻友好成为首要目标，而聚焦经济发展，扩大互利共赢则成为实现目标的关键性手段。二是在外交姿态上表现出相当的灵活性和柔软性，以睦邻友好条约的形式为东南亚国家提供安全保障，将不干涉内政与积极作为相结合，介入缅北地区的谈判，将维护国家主权与塑造稳定的周边安全环境相结合等。中国外交的新动向引起了东南亚及域外国家的普遍重视，并将会对未来5~10年中国与东南亚关系产生深远影响。

南海问题是目前中国与东盟关系中最重要的安全议题。2013年，南海局势相对平缓，相关争端国之间没有出现激烈的海上摩擦。但是，南海问题的法理化斗争加剧，整体局势处于不断发酵之中。同年1月，菲律宾以中国主张并行使在南海九段线内的主权和主权权利与管辖权为由，向联合国国际海洋法法庭提起仲裁。同年5月，中国与菲律宾围绕仁爱礁展开对峙。当然，南海问题也出现了一些缓和的迹象，同年9月，中国与东盟启动了有关《南海各方行为准则》的磋商，而作为南海问题的主要争端国，越南与中国就海上问题开展了合作对话。但是，在中长期时段，南沙争端仍然是影响中国－东盟关系最主要的不稳定因素，并存在激化的可能性。

南海问题与中国－东盟关系存在显著的互动性，二者关系实质上涉及中国如何维护国家核心利益与如何构建睦邻友好周边环境的战略平衡。南海问题的激化会直接阻碍中国－东盟关系的发展，而中国－东盟关系的变化也会缓和或激化南海局势。因此，中国要重视东盟在南海问题上的作用，将多边化与双边化相结合，探寻解决南海问题的途径。这是因为，南海问题日益成为包含领土领海归属及其附属海域划界、相关海洋权益分配、航行自由与安全等多层次的、战略性议题。一方面，中国应该坚持通过双边政治谈判解决南沙岛礁的领土领海争端；另一方面，对于航行自由与安全、海洋资源保护与利用、海上救援等功能性问题，则可以在中国－东盟对话平台上展开，形成多层次、全方位的海上合作格局，这不仅有利于维护中国的周边安全与和平，也能为最终南沙争端的解决创造良好的地区环境。

中国的“东南亚新政”：构建新型关系的外交实践

2013 年，周边地区在中国整体外交中的首要地位得到了充分肯定，中国的周边战略日益清晰。在保持外交大政方针延续性和稳定性的基础上，中国领导人积极运筹外交全局，突出周边地区在中国发展大局和外交大局中的重要作用，开展了一系列重大外交活动，先后访问了南亚、中亚和东南亚国家。10 月，周边外交工作座谈会在北京召开，这是继江泽民时代召开周边会议后的又一次顶层对话，确定了今后 5～10 年周边外交工作的战略目标、基本方针、总体布局，明确解决周边外交面临的重大问题的工作思路和实施方案。[①]

习近平在会议上指出，我国周边外交的战略目标，就是服从和服务于实现“两个一百年”奋斗目标、实现中华民族伟大复兴，全面发展同周边国家的关系，巩固睦邻友好，深化互利合作，维护和用好我国发展的重要战略机遇期，维护国家主权、安全、发展利益，努力使周边同我国政治关系更加友好、经济纽带更加牢固、安全合作更加深化、人文联

① 习近平：《让命运共同体意识在周边国家落地生根》，2013 年 10 月 25 日，参见中国外交部网站，http：//www. fmprc. gov. cn/mfa_chn/zyxw_602251/t1093113. shtml，访问日期 2013 年 12 月 3 日。

系更加紧密。[①] 我国周边外交的基本方针，就是坚持与邻为善、以邻为伴，坚持睦邻、安邻、富邻，突出体现亲、诚、惠、容的理念。

上述战略目标与基本原则在中国周边外交中得到了很好的践行，尤其是在东南亚地区。东南亚是中国周边外交发展的优先方向，中国－东南亚关系一度是中国周边外交中的成功范例。从20世纪90年代初对话开始到2003年发展成为战略伙伴，直至今日，中国与东盟的关系得到了长足发展。双方政治互信不断深入，在许多重大国际和地区事务上相互支持，保持了睦邻友好、和谐共处关系。双方务实合作进展迅速，从2002年到2012年，双边贸易额年均增长了23.6%，目前已达到4000亿美元；相互投资累计超过1000亿美元，增长了3.4倍。中国成为东盟最大贸易伙伴，东盟是中国第三大贸易伙伴，中国和东盟建成了世界上最大的发展中国家自由贸易区。双方人文交往日益密切，民生与社会领域合作不断深化，2012年中国赴东盟国家游客达969万人次。[②] 正如中国外交部长王毅所总结的，在过去十年，中国－东盟关系创下了多个“第一”：中国第一个与东盟结成战略伙伴、第一个加入《东南亚友好合作条约》、第一个与东盟启动自贸区谈判。[③] 但是，从2009年前后开始，中国与东盟关系受到了南海问题的困扰，中国东南部周边成为最不稳定的地带之一。在与中国保持密切经济合作的同时，东南亚各国在安全上迅速倒向美国以制衡中国的崛起，如何对待东南亚国家的“骑墙外交”，成为中国外交中颇具争论性的议题。

直到2013年，在开展密集高层访问的同时，中国提出了包括建设中

① 习近平：《让命运共同体意识在周边国家落地生根》，2013年10月25日，参见中国外交部网站。

② 《李克强在第16次中国－东盟（10+1）领导人会议上的讲话》，2013年10月10日，参见中国外交部网站。

③ 《王毅外长和东盟驻华使节共同参观中国－东盟中心》，2013年6月25日，参见中国外交部网站。

国－东盟命运共同体在内的一系列具有开创性的新政策，并在李克强总理提出的“2＋7倡议”中得到了集中表述，这是中国新一届政府对未来中国－东盟关系发展的政策宣言，也是今后10年中国－东盟宽领域、深层次、高水平、全方位合作框架的设想。[①]

首先是两点政治共识：第一点共识是推进合作的根本在深化战略互信，拓展睦邻友好。第二点共识是深化合作的关键是聚焦经济发展，扩大互利共赢。其次，在此基础上，李克强指出中国－东盟应该重点推动七个领域的合作，第一，积极探讨签署中国－东盟国家睦邻友好条约。第二，启动中国－东盟自贸区升级版进程。第三，加快互联互通基础设施建设。第四，加强本地区金融合作和风险防范。第五，稳步推进海上合作。第六，加强安全领域交流与合作。第七，密切人文、科技、环保交流等合作。

“2＋7倡议”的合作框架清晰地定位了中国与东盟未来的关系，即以增进政治与安全的战略互信为目标，以包括建设升级版自贸区、推进泛亚铁路项目建设、成立“亚洲基础设施投资银行”以及加强金融合作为主要手段和途径，体现了中国全面推进与东盟的政治、安全、经济和社会文化合作的战略规划。

磋商签署中国－东盟国家睦邻友好条约是东南亚新政的一个亮点，如果条约签署，将为中国－东盟战略合作提供法律和制度保障，成为引领双方关系发展的一面旗帜。[②] 但是这一提议也面临诸多挑战，例如，东盟国家考量如何处理睦邻友好条约与《东南亚友好合作条约》的关系，与中国签署条约会对东盟与其他域外大国关系产生何种影响等。[③] 倡议成立“亚洲基础设施投资银行”是东南亚新政的另一个亮点，这是

① 《李克强在第八届东亚峰会上的讲话》，2013年10月11日，参见中国外交部网站。

② 《李克强在第16次中国－东盟（10＋1）领导人会议上的讲话》，2013年10月10日，参见中国外交部网站。

③ 主要观点来自笔者与新加坡驻华使馆人员的会谈，2013年11月1日。

为了与加强互联互通建设相配套，考虑到本地区有些国家改善基础设施条件需要解决融资问题，是在继续发挥好中国－东盟投资合作基金作用、提供专项贷款等基础上提出的，并且已经引起了东南亚国家的兴趣。但是，这一银行与亚洲已有的一些国际性银行如何分工合作，重点投资国家是哪些，都仍然需要进一步阐述说明和落实。

2013 年将会成为中国－东盟关系的一个重要转折点，中国的东南亚新政具有战略性和全局性，正如习近平主席在 2013 年 10 月 3 日访问印尼时提出，要建设中国－东盟命运共同体，这一共同体和东盟共同体、东亚共同体息息相关，发挥各自优势，实现多元共生、包容共进。在 10 月 24 日至 25 日的周边外交工作座谈会中，习近平主席再次强调，要把“中国梦”同周边各国人民过上美好生活的愿望、同地区发展前景对接起来，让命运共同体意识在周边国家落地生根。[①] 而东南亚新政的影响力与成效性，则有赖于后期对具体倡议的推进与落实。

中国－东盟关系的提升，是构建新型大国关系的重要组成部分。大国崛起的外交战略是多层次性的，中共十八大报告中就明确指出，“我们将改善和发展同发达国家关系，拓宽合作领域，妥善处理分歧，推动建立长期稳定健康发展的新型大国关系。我们将坚持与邻为善、以邻为伴，巩固睦邻友好，深化互利合作，努力使自身发展更好惠及周边国家。我们将加强同广大发展中国家的团结合作，共同维护发展中国家正当权益，支持扩大发展中国家在国际事务中的代表性和发言权，永远做发展中国家的可靠朋友和真诚伙伴。我们将积极参与多边事务，支持联合国、二十国集团、上海合作组织、金砖国家发挥积极作用，推动国际秩序和国际体系朝着公正合理的方向发展。”中国与美国、日本、俄罗斯、印度

① 习近平：《让命运共同体意识在周边国家落地生根》，2013 年 10 月 25 日，参见中国外交部网站。

等大国关系的许多重要内涵，直接体现在对周边地区的影响中。中国领导人和负责外交事务的高级官员多次明确表示，中美构建新型大国关系应面向全球，首先从亚太做起，实现良性互动，合作共赢。随着中国在亚太地区影响力的不断上升，以及美国大力实施针对该地区的再平衡战略，亚太已经成为中美利益交汇最集中、大国互动最频繁的地区。

东亚一体化进程显示，东盟主导是当前和今后相当长一段时期内东亚合作进程的一大特色。东盟作为该地区最重要的组织，对该地区的政治、经济、安全等合作领域发挥着重要作用。而作为崛起中的大国，探索与中小国家的集体对话，营造稳定的周边环境，获得更多的外交支持，是中国构建新型国家关系的重要组成部分，也是中国实现“两个一百年”目标的战略支撑。

中国的东南亚新政已经引起了域外国家的高度重视，事实上，近几年来，出于地缘政治的考量，主要大国都纷纷加强了对东南亚地区的关注和投入。为配合美国在东南亚地区加强军事存在，日本依靠在东南亚地区的多年经营，发挥着自身在经济领域的优势，也积极推动对东南亚国家的经济合作与援助，与中国形成相当强的竞争局势。例如，面对中国积极推动在泰国的高铁项目，日本公司已经在泰国签下近 4 亿美元的城市铁路订单，在越南、菲律宾、印度尼西亚等国的铁路建设与运营中所占的市场份额也越来越大。①

南海问题的新动向与发展趋势

2013 年的南海形势整体趋于平缓，但短期之内仍然无法得到根本解决。本年度的主要特征是：首先，相关争端国家之间没有发生激烈的海上摩擦或

① 范磊：《中日在东南亚高铁外交背后的博弈》，《联合早报》（新加坡），2013 年 11 月 13 日。

冲突。其次，南海问题的法理斗争突出，菲律宾就南海断续线等议题提起了国际仲裁，中国与东盟启动了关于《南海各方行为准则》的磋商。最后，在合作领域出现一些缓和迹象，但是进展缓慢。一方面，中越两国努力加大北部湾湾口外海域工作组的谈判力度，稳步推进湾口外海域划界谈判并积极推进该海域的共同开发，但是由于双方立场的差异性较大，谈判工作收获甚微。另一方面，中国－东盟海上合作基金的第一批17个项目已经落实，用于支持海洋经济、海上互联互通、海上环保和科研、海上搜救等合作。

菲律宾提起国际仲裁加剧了南海问题的法理化斗争和国际化趋势。2013年1月22日，菲律宾外长宣布根据《联合国海洋法公约》（以下简称《公约》）提起仲裁，菲律宾仲裁请求主要有三个要点：一是要求仲裁法庭澄清，中国的“断续线”主张有违《公约》精神。二是要求仲裁法庭明确宣布中国的美济礁、西门礁、南薰礁和渚碧礁只是“水下暗礁”，不能享有领海；永暑礁、华阳礁、赤瓜礁以及黄岩岛属“岩礁”，不具有200海里专属经济区权利。三是要求仲裁法庭判定，中国正在“侵害”菲律宾依据《公约》而主张的专属经济区及大陆架权益，并请求法庭采取“临时措施”，迫使中国终止这类行为。该仲裁案直指中国在南中国海的法理基础——“断续线”主张和南海岛礁的国际法理效力。[①] 虽然中国声明领土主权问题不是《联合国海洋法公约》的解释和适用问题，不接受菲律宾所提仲裁，将菲方照会及所附通知退回，但是，2013年7月，相关仲裁法庭已经成立并启动了仲裁程序。根据各方估计，最快到2014年底，法庭将会做出判决。[②] 一旦判决结果对中国不利，

① 《菲律宾提出南中国海仲裁案的冲击》，《联合早报》（新加坡）2013年7月19日。

② Greg Torode, “Philippines South China Sea legal case against China gathers pace “, Sep.27, 2013, *Reuters*, http://www.reuters.com/article/2013/09/27/us-china-philippines-idUSBRE98Q0BX20130927. Andrew Browne, “Philippines Takes China's Sea Claims to Court: A Washington Lawyer Helps Manila Challenge Beijing's Sea Claims”, Oct. 14, 2013, *The Wall Street Journal*, http://online.wsj.com/news/articles/SB10001424052702304330904579135220056016750.

将成为菲律宾大肆攻击和断然拒绝中国主张、固化其诉求的“权威法律裁决”，从而增加解决南海问题的难度和复杂性。不仅如此，还可能引发其他争议国群起效仿“先例”，酿成在南海问题上对中国进行“法律围堵”的局面。[①] 因此，未来，中国以历史权利为法理基础，根据断续线提出本国对南海岛屿的主权和相关海域海洋权利的主张，将与周边国家乃至国际社会主张以国际法，尤其是《联合国海洋法公约》为依据，试图利用有关专属经济区和大陆架的规则，作为判定南海岛礁归属和划分争议海域的基础形成最根本的分歧和激烈的法理斗争，对此中国必须在法理研究和外交政策方面尽早考虑应对之举。

2013 年 9 月，中国与东盟召开了落实《南海各方行为宣言》的第六次高官会和第九次联合工作组会议，并且就制定避免在南海发生冲突，具有法律约束力的《南海各方行为准则》展开了首次磋商。会议决定授权联合工作组就“准则”进行具体磋商，并同意采取步骤成立名人专家小组。这种磋商营造了一个良性氛围，体现了中国和东盟领导人有希望达成“准则”的政治意愿。但是，由于各方立场不同，对于“准则”具体内容的磋商将是一个漫长的过程。对此，中国外交部长王毅在 2013 年 8 月就已经提出了如何推进“准则”进程的四点看法，一要有合理预期，二要协商一致，三要排除干扰，四要循序渐进，[②] 强调在全面落实好《南海各方行为宣言》的过程中，采取循序渐进的方式稳步推进“准则”的商谈。

越南和菲律宾是南海问题中立场最强硬、制造摩擦最多的两个国家。但是在 2013 年，这两个国家在南海问题和对华关系方面采取了截然相反的态度，较之于菲律宾借助国际社会施压中国，越南的态度较为友好和

① 参见余民才《菲律宾提起南海争端强制仲裁程序与中国的应对》，《现代国际关系》2013 年第 5 期。

② 《王毅谈“南海行为准则”进程》，2013 年 8 月 30 日，中国外交部网站。

克制，2013 年 6 月，越南国家主席张晋创访问中国，中越发表了联合声明，双方同意本着先易后难、循序渐进的原则，加大北部湾湾口外海域工作组谈判力度，稳步推进湾口外海域划界谈判并积极推进该海域的共同开发，年内在北部湾湾口外海域启动共同考察，尽早确定合作区域和领域，落实北部湾湾口外海域工作组谈判任务。双方欢迎两国有关企业签署的中越北部湾协议区联合勘探协议修改协议，同意扩大协议区面积，延长协议期限，共同推动北部湾内跨界油气构造联合勘探尽快取得积极进展。双方同意加大中越海上低敏感领域合作专家工作组谈判密度，年内实施中越海上联合搜救、北部湾海洋和岛屿环境管理合作研究、红河三角洲与长江三角洲海域全新世沉积演化对比研究等 3 个海上低敏感领域合作项目中的 1 ~ 2 个项目，继续推进在海洋环保、海洋科研、海上搜救、防灾减灾、海上互联互通等领域合作。① 10 月，中国总理李克强访问越南，双方发表了《新时期深化中越全面战略合作的联合声明》，宣布在政府边界谈判代表团框架下成立中越海上共同开发磋商、基础设施合作工作组、金融合作工作组，三头并进，开展两国在海上、陆上、金融三方面的合作。中越的海上合作具有重要的标志性意义，在领土领海归属短期内无法解决的情况下，双方试图从低敏感度的合作项目出发，推进双方的海上合作进程，但是从目前来看，由于双方的立场差异性很大，磋商将会十分困难而旷日长久。

中国 - 东盟关系与南海问题的互动性

虽然中国一再强调，中国与东盟关系是全方位的，不能被个别问题

① 《中越联合声明》，2013 年 6 月 21 日，新华网，http://news.xinhuanet.com/2013-06/21/c_116238537.htm。

所定义，不能让个别问题影响双方友好合作大局。南海问题不是中国与东盟之间的问题，而仅是中国同少数东南亚国家的问题。[①] 但是，自20世纪90年代中国与东盟建立对话关系以来，南海问题一直是中国与东盟关系中最重要的安全议题，这种重要性在近年来得到了极大的提升。东盟对南海问题的关注具有内在必然性。首先，南海问题涉及六国七方，其中五个国家都是东盟成员国，[②] 南海问题直接关系到本地区的安全与稳定。其次，东盟希望协调成员国在南海问题上的立场，消除彼此间的猜疑，促进东盟内部的凝聚力，为解决成员国之间领土纷争树立典范。最后，东南亚相关争议国在南海问题上对东盟有内在需求。他们清醒地认识到，面对中国这样的强大对手，自身力量无法与中国抗衡，需要东盟充当“代理人”，以共同的力量与中国谈判。[③]

东盟是南海问题的主要参与者，这个印象可以从过去20年中国外交部发言人关于南海问题的答记者问中获得证实。1991～2001年，外交部发言人答记者问时提及的国家与地区中，菲律宾、东盟、马来西亚居前三位，而且菲律宾和东盟的次数远远超过马来西亚和其他国家与地区。2002～2011年，越南、菲律宾、美国和东盟居前四位，其中，美国和越南出现的次数大幅度上升。因此，就自身比较而言，东盟在前后两个十年间被提及的次数并没有减少，这说明东盟始终是南海问题中不可被忽视的力量。但是，与其他国家与地区相比，东盟在2001～2011年的排名中出现下降，并与前三位被提及的次数存在较大差距。这一结论与现状是基本吻合的，即在新一轮的南沙争端中，双边互动和域外干预的特性

---

① 《王毅强调南海问题应由直接当事方谈判解决》，2013年7月2日，中国外交部网站。

② 这5个成员国中，老成员国有菲律宾、马来西亚、文莱和印度尼西亚，越南在1995年才加入东盟。因此，在20世纪90年代初，越南和中国一样，被东盟视为处理南海问题时面对的两个主要对手。

③ Lee Lai To, “ASEAN and the South China Sea Conflicts”, *The Pacific Review*, Vol. 8, Issue 3, 1995, p. 532.

突出，而东盟的话语权则面临着挑战。[①]

东盟在南海问题上的积极作用应该给予肯定，在过去的20多年中，中国－东盟对话为南海争端的直接相关国提供了沟通平台，推动了各国间信任机制的构建，尤其是2002年《南海各方行为宣言》的签订，对于稳定南海局势曾经起到了积极作用。2009年前后，东盟对华政策出现了较大的波动，南海问题迅速升温，成为美国与东盟共同遏制中国崛起的重要"抓手"。但是，经过一个时期后，东盟的政策出现了明显的回调，在2013年，中国－东盟关系的发展与南海形势呈正相关性，即中国与东盟整体关系发展良好的同时，南海局势也出现了缓和。

南海问题已经成为影响中国对外关系和国际环境的重大问题，对于南海问题，中国外交需要处理坚持走和平发展道路与坚定维护国家核心利益之间的平衡关系，维持二者的平衡是一个战略层面的原则。正如习近平所强调的，中国坚定不移走和平发展道路，但决不能放弃我们的正当利益，绝不能牺牲国家核心利益。任何国家不要指望我们会吞下损害我国主权、安全、发展利益的苦果。在外交实践中不回避矛盾和问题，妥善处理同有关国家的分歧和摩擦，同时推动各领域交流合作，通过合作扩大共同利益的汇合点，努力维护同周边国家关系及地区和平稳定大局。[②] 因此，当周边国家挑衅中国的核心利益时，中国必须对其作出适度强硬的反应，清楚地表明施加压力的目的，更好地达到使其停止损害中国核心利益的效果。但是，中国同时要避免大规模冲突的爆发，不从根本上损害本地区国家对中国崛起的可接受度。[③]

中国应该采取双边与多边相结合的方式，分层次地解决南海问题。双边路径可能适合解决部分特定海域的划界和权益归属争端，但却远不

① 张洁、朱滨：《中国－东盟关系中的南海因素》，《当代世界》2013年第8期。

② 杨洁篪：《新形势下中国外交理论和实践创新》，《求是》2013年第16期，第9页。

③ 参见周方银《周边外交的战略谋划》，《瞭望》新闻周刊，2013年5月22日。

足以解决整个南海海域的划界和海洋权益归属问题。因为南沙海域的情况复杂，许多海域是两个或两个以上国家都提出了权利主张。因此，多边路径是最根本的和最重要的路径，只有诉诸多边路径才能真正而全面地解决南海问题。[①] 但考虑到现实的复杂性，可以将多边路径和双边路径结合起来，通过多种路径解决南海问题。而且，中国运用双边与多边谈判并行的做法已有先例。20 世纪 90 年代初，中国与中亚国家解决领土划界就采取了“五国双方”的形式。[②] 因此，应该改变传统的双边主义，积极利用东盟框架以及小多边框架，区别对待各方的利益需求，以政治对话为主，寻求解决南海问题的路径，为中国的崛起提供稳定的周边安全环境。[③]

首先，要创造性地理解和定位中国－东盟关系。中国－东盟关系是一种由中国和东盟及其成员国构成的双边与多边关系的“混合体”，形成了以中国－东盟关系框架内部的大多边为制度中心、小多边和双边为内部支撑，以区域多边、区域间多边和全球多边等为外部促进，内外互动的多边层次互动格局。[④] 如果能够区别利用大多边、小多边和双边的功能，在大多边框架内推动地区机制构建和加强互信，例如，推动中国与东盟睦邻友好条约的签署，塑造稳定的地区安全环境和创造对话平台，在小多边和双边框架内与直接当事国通过谈判解决南沙争端，那么就会出现一种全新的局面。

其次，细化周边战略，利用好东盟这个多边框架。第一，理解东盟的整体需求，支持东盟的一体化进程并使其在地区事务中发挥更大作用，

---

① 罗国强：《多边路径在解决南海争端中的作用及其构建——兼评〈南海各方行为宣言〉》，《法学论坛》2010 年第 7 期。

② 祁怀高、石源华：《中国的周边安全挑战与大周边外交战略》，《世界经济与政治》2013 年第 6 期，第 35 页。

③ 张蕴岭：《把握周边环境新变化的大局》，《国际经济评论》2012 年第 1 期；郑永年：《中国外交的外部战略选择》，《联合早报》（新加坡）2012 年 2 月 28 日。

④ 郑先武：《中国－东盟安全合作的综合化》，《现代国际关系》2012 年第 3 期，第 47 ~53 页。

使东盟能更好地说服成员国减少制造麻烦，维护南海地区的稳定。第二，细分东盟成员国的立场差异性和需求多样性，通过重点发展与一些国家的双边关系，推动东盟在南海问题上发挥积极作用。东盟在南海问题上的立场是分裂的：南海相关国之间的主张具有重叠性。非相关国的外交政策具有差异性，老挝和柬埔寨支持中国，马来西亚和印尼对美国的介入有所保留，新加坡和泰国的立场相对中立，只有越南和菲律宾积极欢迎美国发挥作用。[①] 第三，建立战略支撑点，在东盟国家中，印尼值得特别关注，作为东南亚地区面积最大、人口最多的国家，目前印尼正在谋求重掌东盟领导地位，热衷推动东盟一体化进程。2011 年以来，东盟南海政策的回调与印尼是东盟的轮值国主席不无关系。不仅如此，有报道称，为了敦促中国与东盟签署《〈南海各方行为宣言〉指针》，印尼对菲律宾做了大量的说服工作。因此，加强与印尼的双边关系已经成为中国周边外交的重点之一。2013 年 10 月，习近平主席访问了印尼，宣布将中国和印尼关系提升为全面战略伙伴关系，推进在政治、防务和安全、经济与发展合作，海上、航天和科技，以及社会、文化合作等。第四，中国应在功能性问题领域密切与东盟的合作，更好地使用中国 - 东盟海上合作基金，发展好海洋合作伙伴关系，通过提供更多的公共产品，拓展对话渠道，为南海问题的最终解决营造一个稳定和信任的外交环境。

---

① See the discussion in Sheldon W. Simon, "Conflict and Diplomacy in the South China sea", *Asian Survey*, Vol. 52, No. 6, 2012, pp. 995 - 1018; Sam Bateman, "Managing the South China Sea: Sovereignty Is Not the Issue," Rajaratnam School of International Studies (RSIS), RSIS Commentaries, No. 136/2011, September 29, 2011; and Subathra R. Periyaswamy, "The South China Sea Dilemma: Options for the Main Actors," in ibid., No. 137/2011, September 29, 2011.

BCIM 次区域合作发展现状与前景

陈利君*

孟中印缅四国山水相连，资源禀赋各异，文化多样，经济互补性强，合作交流的历史源远流长。自1999年孟中印缅（BCIM）地区经济合作论坛创立以来，先后在四国轮流举办了11次会议，发表了若干倡议、声明等，不仅对四国及相关其他国家产生了较大影响，而且有力地促进了BCIM次区域合作，实现了互利共赢、共同发展。特别是在合作机制、交通、经贸、旅游等领域的合作取得了明显进展。目前，BCIM地区经济合作论坛已成为中国与南亚国家加强联系、推进次区域合作的重要合作机制。但也应看到，BCIM次区域合作还处于发展中，面临着许多问题，尤其是与世界经济全球化的新形势和孟中印缅的巨大合作潜力相比，还存在较大差距。今后，四国还要不断加强协调，充分发挥各自的优势，相互取长补短，共同推进本区域开展更加务实的合作。

* 陈利君，云南省社会科学院南亚研究所所长、研究员。

云南虽然地处中国西南边陲，但地缘优势突出，自古以来就是中国面向东南亚、南亚开放的门户。随着世界经济全球化的加速推进以及孟中印缅四国开放的加速，四国都有加强合作的愿望，而1999年四国学者发起的孟中印缅（BCIM）地区经济合作论坛正好适应了其需求。近年来，随着孟中印缅四国经济的发展和对外开放步伐的加快，四国间的交往与合作愈加频繁。2013年5月李克强总理访问印度，双方共同倡议建设孟中印缅经济走廊，10月印度总理曼莫汉·辛格访问中国，双方发表的《中印战略合作伙伴关系未来发展愿景的联合声明》指出，双方将同孟、缅保持沟通协商，并于12月召开孟中印缅联合工作组首次会议，研究孟中印缅经济走廊建设的具体规划。这不仅使四国学者长期推动的BCIM次区域合作上升为国家战略，而且也有望使建设孟中印缅经济走廊成为四国合作的新亮点。今后四国如能紧紧抓住机遇，不断深化次区域合作，必将对四国的开放、合作与发展产生深远影响。

BCIM次区域合作的缘起、发展与现状

尽管BCIM四国加强合作的原因很多，但可归纳为三大原因，即历史、现实和国际因素。20世纪90年代特别是21世纪以来四国合作不断深化，各方面都取得了较大成绩。

（一）BCIM次区域合作的缘起

1. 历史因素

BCIM四国合作与交流有悠久的历史。2000多年来，孟中印缅地区的联系十分紧密。根据国内外大多数学者的意见，中国西南与印度的通道最晚到公元前4世纪末就已开通。这条从四川成都起步，经云

南过缅甸抵印度的“蜀身毒道”又被称为“西南丝绸之路”。它比“北方丝绸之路”开通的时间还早。除蜀身毒道外，还有“安南通天竺道”“南海道”“永昌道”等与今天的印度、缅甸和孟加拉国相连。到了近代，尽管印缅先后沦为英国的殖民地，但英国人为了掠夺其资源，在印缅修建了大量交通线，使云南与缅甸、印度、孟加拉国的通道仍然保持畅通。抗日战争期间，滇缅公路、史迪威公路、驼峰航线、中印输油管道相继开通，为世界反法西斯战争的胜利作出了巨大贡献。在长期的交往中，双方互通有无，促进了彼此文化交流和经济发展。尽管第二次世界大战后孟中印缅四国由于种种原因合作并不多，但四国之间的交流与合作也一直都没有中断过。这为相互毗邻的孟中印缅开展次区域合作奠定了基础。

2. 现实原因

第二次世界大战后，发展已成为世界潮流。尽管孟中印缅四国在此期间经济都获得了发展，但与发达国家及亚洲“四小龙”相比差距越来越大。在和平、发展、合作成为时代潮流的大背景下，孟中印缅四国都先后推行了改革开放的政策，以加快经济发展和摆脱贫困，这为四国之间的经济合作提供了前提条件。特别是中国从20世纪70年代末、印度从20世纪90年代初进行全面改革和开放后，主动改善发展环境，广泛吸引外资，加强与世界经济的联系，促进了经济快速崛起，并在世界产生了重要影响。但由于开始的开放彼此都是为了吸引外国资金、技术、人才和管理经验，其目光都投向了发达国家或比自己发展水平高的发展中国家，而对周边不发达国家的合作是有所忽视的。随着自身开放进程的加快和经济实力的增强，周边地区成了扩大开放、促进发展的重要环节。由此，作为彼此相邻的国家产生了加强合作的愿望。中国为了扩大发展空间，逐步推行了全方位开放的政策，自然要加强包括孟印缅在内的周边国家合作。而孟印缅也希望搭乘中国经济的快车加快发展。印度、孟加拉国在20世纪90年代推行了“向东看”的政策，加强了与东盟和中国的经济合作。缅甸在1988年实行军政府执政后需要摆脱国际孤立状态，也希望与周边国家加强合作，以“成为一个现代、发展与和平的国家”[①]。1997年7月23日缅甸加入东盟。同年，缅甸与孟加拉国、印度等成立了孟印缅斯泰经济合作组织（BIMSTEC），又称为环孟加拉湾多领域经济技术合作组织。四国共同的以开放促发展的政策都需要扩大与周边国家的经贸合作，这为相互毗邻的孟中印缅四国开展次区域合作提供了内在动力。

3. 国际环境

冷战结束后，世界经济全球化和区域经济一体化加快推进，世界范围内的各种区域合作组织迅速兴起和不断发展，各国之间的相互联系、相互依存更加紧密。北美自由贸易区、欧洲联盟、亚太经合组织、东南亚区域合作联盟等区域、次区域合作机制不断发展，并在地区合作中扮演着越来越重要的角色。这使得越来越多的国家和地区都参与了国际性或区域性合作组织，也为各地区的区域、次区域合作带来了机遇。在这一大背景下，孟中印缅四国都参与和推进了多个区域合作组织，如南亚区域合作联盟（简称“南盟”，SAARC）[②]、环印度洋地区合作联盟（简称“环印联盟”，IOR－ARC）[③]、环孟加拉湾经济合作

---

① 《缅甸主席：加入东盟有助缅成为发展与和平的国家》，http：//news. china. com/zh_cn/international/1000/20050809/12555051. html。

② 1985年12月，南亚7国领导人在孟加拉国首都达卡举行第一届首脑会议，会议发表了《达卡宣言》，制定了《南亚区域合作联盟宪章》，并宣布南亚区域合作联盟正式成立。2005年11月阿富汗加入南盟，成为南盟第八个成员。中国、日本、韩国、美国、欧盟、伊朗、毛里求斯、澳大利亚和缅甸是南盟观察员。

③ 1993年南非外交部长博塔访问印度时首次提出了建立环印度洋区域合作设想。1994年毛里求斯外交部长卡斯纳里访问印度时再次提出“印度洋经济圈”设想，倡导建立印度洋周边国家经贸合作组织，得到环印度洋各个国家的积极响应。1997年3月环印度洋14个国家在毛里求斯首都路易港召开部长级会议，通过《联盟章程》和《行动计划》，宣告环印度洋区域合作联盟正式成立。

组织（BIMSTE）[①]、恒河－湄公河合作[②]、东盟自由贸易区、中国－东盟自由贸易区、中老缅泰“黄金四角”等，并就加快建立自由贸易区，促进地区经济合作与发展进行了广泛交流和探讨。尽管印度、孟加拉国参与了南亚区域合作联盟，但该组织与世界其他合作组织（如欧盟）相比，其进展相对缓慢，即使是与周边的“东盟”相比也存在较大的差距。在此情况下，需要开展新的合作，以促进发展。这为孟中印缅四国推进地区经济合作创造了良好外部环境。

4. 孟中印缅次区域合作的兴起

尽管孟中印缅四国都有推进合作的愿望，但还需要一定的条件与时机。从20世纪80年代参与两头在外的国际大循环，到90年代初沿边开放，云南在全国改革开放的背景下，一直在探索对外开放之路。云南学术界也积极配合，云南省社会科学院90年代初在昆明举办了西南亚洲大陆桥国际学术会议，开展了云南与孟加拉湾周边国家发展协作系统研究，并连续多次参加在印度举办的学术会议。1997年还成立了南亚研究中心，之后又成立了印度研究中心。云南学术界的频频出访与热情接待印度等国学者，既推进了学术交流，又与印度、孟加拉国的高层研究机构建立了良好关系。而印度1998年5月11日～13日先后在拉贾斯坦邦的博格伦地区进行了5次核试验后，激怒了国际社会并受到国际制裁。这

① 由孟加拉国、印度、斯里兰卡、缅甸、泰国、尼泊尔、不丹组成。又称为孟印缅斯泰经济合作组织或东南亚、南亚7国经济合作组织，它成立于1997年6月，最初只有孟加拉国、印度、斯里兰卡、缅甸和泰国5个国家参加。2004年2月不丹和尼泊尔先后成为该组织的新成员国，使之扩大成为7国经济合作组织。2004年该合作组织改名为“孟加拉湾多层次经济技术合作组织”。该组织宗旨是本着平等互利的原则，促进东南亚与南亚各成员国之间的经济发展和交往。其合作领域包括贸易、投资、技术、交通、通信、能源、旅游和渔业等。该组织从2004年开始谈判自由贸易协定。

② 该次区域合作机制是2000年11月在老挝首都万象发起，2011年7月28日在越南河内举行了恒河－湄公河合作第二次部长会议，通过了《恒河－湄公河合作河内行动计划》，以进一步推动恒河、湄公河流域国家间的友好合作。合作的重点领域为交通运输、旅游、文化、教育等。成员包括印度、缅甸、泰国、越南、老挝、柬埔寨等。

对正在大力推行经济改革、需要大量引进外国资金、技术和设备的印度来说，亟须打破封锁，继续扩大开放，以促进经济发展。云南学者紧紧抓住机遇，在1998年11月印度新德里召开的“中印地区发展国际研讨会”上，提出了关于推动中印缅孟次区域经济合作的构想，得到了印方的积极回应。1999年以“人与自然——迈向21世纪”为主题的世界园艺博览会在昆明举办，这不仅是中国举办的首届专业类世博会，而且吸引了包括印度等在内的许多国家到昆明参加这一盛会。在此情况下，云南于1999年8月举行了首届“中印缅孟地区经济合作国际研讨会”，来自四国的134人共聚一堂商讨经济合作。四国代表团团长在会上签署了《昆明倡议》，宣告了四国次区域经济合作的启动。

（二）BCIM合作论坛发展情况

尽管孟中印缅地区的合作一直存在，但长期以来都没有相应的合作机制来推动，这使得BCIM论坛成为了推进BCIM次区域合作的重要平台。正因为如此，自1999年举办第一次会议后，该论坛得到了四国学者以及相关部门的高度重视。2000年12月第二次会议在印度首都新德里举行，会议就交通、旅游、陆上贸易、信息交流等方面的问题进行了深入探讨。2002年2月第三次会议在孟加拉国首都达卡举行，各方代表及孟加拉国各界人士约200人出席开幕式，会议发表了《达卡声明》，提出由“二轨”向“一轨”推进。四方还决定将中印缅孟“研讨会”按英文字母顺序正式更名为“孟中印缅地区经济合作与发展论坛”。2003年3月第四次会议在缅甸首都仰光举行，会议发表了进一步推进合作的《仰光声明》。2004年12月第五次会议在中国昆明举行，会议签署了《昆明合作声明》等框架性文件，确立了论坛的宗旨、原则、发展方向及合作机制。本次会议不仅继续推动四国在交通、贸易、旅游、文化等重点领域开展务实合作，而且探讨了在科技、教育、环境保护、人力资源开发、友好城市缔结、非传统安全问题（如毒品走私、非法移民）等其他领域的有效合作。由此，形成了每年轮流在四国召开的多边会议。截至2013年，孟中印缅地区经济合作论坛已先后在四国召开了11次会议，在多个领域达成了共识，有力地推进了地区经济合作。例如在推进陆路通道建设方面，孟中印缅地区经济合作论坛已举行了汽车拉力赛。2012年2月8日至18日，来自孟中印缅四国的12名代表组成的考察团对沿线进行了路考，车队从中国昆明出发，途经中国瑞丽、缅甸曼德勒、印度英帕尔、孟加拉国达卡等地，最终抵达印度加尔各答。2012年2月15日，孟加拉国交通部部长奥拜杜尔·卡德在达卡会见孟中印缅四国汽车拉力赛联合道路考察组时说，汽车拉力赛是孟中印缅合作的重要项目，将推动四国互联互通，促进相互间的文化和人员交往。孟交通部及他本人将继续支持和推动汽车拉力赛的举办，为实现区域互联互通，造福人民做出积极努力①。2013年2月22日至3月5日成功进行了首届孟中印缅汽车拉力赛，车队从印度加尔各答出发经孟加拉国杰索尔、达卡、锡莱特，印度锡尔杰尔、因帕尔，缅甸卡勒、曼德勒，中国瑞丽、腾冲、大理，最后到达中国昆明，历时12天，总行程约2800公里。这表明孟中印缅打通陆上交通通道是完全可行的。

目前，孟中印缅合作机制日益完善。一是论坛层次提高。孟中印缅地区经济合作论坛首先由云南和印度学术界提出，完全是一个“二轨”会议。会议名称从最初的“国际研讨会”发展为“孟中印缅地区经济合作论坛”，现正向“孟中印缅合作论坛”发展。参加会议的人员从最初的只有学者参加，发展为由官员、学者、企业界共同参加的“政府主导、多轨并行”的“一轨半”会议，四国官员、学者、企业在这一平台

① 《孟加拉国交通部部长会见孟中印缅四国汽车集结赛联合道路考察组》，http://news.163.com/12/0215/17/7QAPAR1B00014AEE.html。

上相互交流、对话，共同推动次区域合作。二是有合作机制保障。BCIM论坛不仅已形成每年召开的会议机制，而且举办国家都由外交部等部门高官出席会议。例如，2012 年在印度举办的第 10 次会议，印度外交部外交秘书兰詹·马塔伊、西孟加拉邦邦长纳拉亚南等出席会议。2013 年在孟加拉国举办的第 11 次会议，孟加拉国外交部、商务部、交通部、信息部等部长也参加会议。同时，2004 年在昆明还建立了孟中印缅（BCIM）地区经济合作论坛办公机构，作为联系四国的常设机构，主要负责论坛日常事务联络、建立资料数据库、执行论坛会议委托事务等，这为 BCIM 论坛框架内的活动提供了组织、技术和信息保障，使合作机制更加稳定和富有成效。2013 年中印总理实现互访并提出建设孟中印缅经济走廊后，于 12 月 18 日 ~19 日在昆明举行了由四国政府部门主导的第一次联合工作组会议。三是有其他平台配套。云南省作为中国参与 BCIM 论坛与次区域合作的主体，积极发挥区位优势，努力推动其他合作机制与平台的建设，相继促成了中国 - 南亚商务论坛、昆明与加尔各答国际学术会议、中国 - 南亚博览会、中国云南 - 缅甸合作论坛在云南的召开，使中国云南省与印度西孟加拉邦、昆明与加尔各答、中国云南与缅北等合作机制与平台相继建立，从而使本地区的合作机制日益完善、合作内容与形式更加丰富。目前，孟中印缅地区经济合作论坛已成为本地区最重要的次区域合作机制之一，对促进次区域合作与发展发挥了重要作用。

（三）BCIM 次区域合作成效

1. 经贸合作规模不断扩大

在孟中印缅地区经济合作论坛等机制的推动下，四国经贸合作领域不断拓宽，合作规模不断扩大，文化交流持续加强，成果日益丰硕。以贸易合作为例，近年来，孟中印缅四国间的贸易规模大幅提升。1999 年中国与印度、孟加拉国、缅甸三国的贸易额为 32.11 亿美元，2003 年突破100.4亿美元，2012年达818.91亿美元，较1999年增长了近25倍（见表1）。同期，云南与印、孟、缅三国的贸易规模也不断扩大，1999年云南与印、孟、缅的贸易额分别为2761万美元、195万美元、29952万美元，2012年尽管受世界金融危机的影响，云南与印、孟的贸易额下降，但仍达46092万美元、7084万美元，而与缅甸的贸易额则突破20亿美元，达22.20亿美元。目前，印度、缅甸、孟加拉国已成为云南重要的贸易伙伴。

表1　2000～2012年中国与孟印缅的贸易额

单位：亿美元，%

年　份	印　度	缅　甸	孟加拉国	合　计	比上年增长
2000	29.14	6.21	9.18	44.53	38.68
2001	35.96	6.32	9.72	52.00	16.78
2002	49.46	8.62	10.99	69.07	32.85
2003	75.95	10.77	13.68	100.40	45.36
2004	136.04	11.45	19.63	167.12	66.45
2005	187.00	12.09	24.81	223.90	33.98
2006	248.59	14.60	31.89	295.08	31.79
2007	386.29	20.78	34.40	441.47	49.61
2008	518.44	26.25	46.80	591.49	33.98
2009	433.83	29.00	45.80	508.63	-14.01
2010	617.61	44.42	70.60	732.63	44.04
2011	739.08	65.00	82.61	886.69	21.03
2012	664.70	69.70	84.51	818.91	-7.64

资料来源：根据商务部、国研网、《印度时报》等资料整理。

2. 互联互通水平大大提高

1999年中国与南亚国家还没有一条固定的航线，随着合作的不断加强，四国间的交通连接也取得了新的进展。2000年12月4日，云南省首开昆明至新德里商务包机，结束了中印之间长期以来不通航的历史。随后，在昆明至仰光航线的基础上，又陆续开辟了昆明—曼德勒、云南芒市—曼德勒、昆明—达卡、昆明—加尔各答、昆明—加德满都、昆明—科伦坡、昆明—马累航线。另外，北京—新德里、成都—班加罗尔、上海—新德里、广州—新德里、广州—仰光、广州—达卡等航线也陆续开通。与此同时，云南“连接周边、通江达海”的公路网也初步形成，正在推进“四出境”的公路、铁路建设。其中昆明至中缅边境口岸瑞丽、腾冲的高速或高等级公路已建成通车，中国腾冲至缅甸密支那、盈江至密支那的公路也建成通车。印缅、孟缅、印孟也加快了交通连接的步伐。

3. 合作领域不断拓宽、合作形式日益多样化

最初孟中印缅地区合作论坛关注的是交通、贸易、旅游与合作机制四大问题，随着论坛讨论的深入，合作领域不断拓宽、合作内容日益丰富、合作形式也日益多样化。在合作领域方面，除原来的四个外，扩大到投资、服务贸易、金融、电信、软件、农业、医药、科学、教育、文化、环保以及非传统安全等领域。合作形式，除贸易等外，四国间的投资和工程承包项目也明显增长。截至2012年年底，中国在印度累计签订工程承包合同额601.31亿美元，完成营业额335.18亿美元。经商务部批准或备案的中国对印度非金融类直接投资金额为7.25亿美元。印来华设立非金融类投资项目800个，实际投资4.86亿美元。中国在孟加拉国累计签署承包工程合同额88.84亿美元，累计完成营业额87.64亿美元。中国对孟非金融类直接投资存量为1.21亿美元，而孟对华实际投资为4048万美元。中国企业对缅甸直接投资存量为23.7亿美元，缅企业对华累计直接投资1亿美元[①]。中国的中兴通讯、华为等企业以及云南的云天化、云铜集团等大批企业已与孟印缅开展了许多合作，一批对区域经济发展起着重大和先导作用的大项目也开始进入了实质性启动阶段，如中缅油气管道建设，由此四国合作迈上了新的台阶。这表明这一地区

① 《中缅（甸）经贸合作简况》，http：//yzs. mofcom. gov. cn/article/t/201302/20130200027469. shtml。

的合作已超出经济合作的范围而扩大到其他领域。

4. 地方政府之间的合作不断加强

进入21世纪以来，除国家层面的合作不断增多外，地方政府之间的合作也得到了广泛开展。以云南为例，云南省多位领导多次出访孟印缅三国，从90年代开始通过GMS合作机制与缅甸开展了多方面的合作，2001年到2013年云南德宏瑞丽市举行了“13届中国·缅甸边境经济贸易交易会”（简称中缅边交会）。2013年8月在昆明举行了“首届中国云南-缅甸合作论坛”。云南与缅甸的跨境经济合作区也正在推进。昆明与仰光和曼德勒、云南保山与缅甸密支那市、德宏瑞丽市与缅甸木姐地区已缔结友好城市关系。云南与印度西孟加拉邦开展了多方面的合作，2002年至2013年双方已轮流召开了9次“中国云南省与印度西孟加拉邦经济合作论坛”（又称“K2K”合作论坛），成为中国与印度之间建立的唯一一个省邦合作机制。2013年印度总理来中国访问后，双方又宣布“德里-北京、加尔各答-昆明、班加罗尔-成都”缔结为友好城市。而云南昆明与孟加拉国吉大港早在2005年中国与孟加拉国建交30周年、孟加拉国总理卡·齐亚访华时就缔结为友好城市关系。

5. 人员交流日益密切

在孟中印缅四国政府及BCIM论坛的推动下，四国的交通连接不断改善，这大大促进了四国人员的流动。高级官员的互访日益频繁，商务、学术、文化、教育等合作交流不断增多，民间机构交流也不断加强。以印度来华旅游人数为例，1995年印度来华旅游人数为4.5万人次，2000年上升为12.09万人次，2012年达61.02万人次。云南的高校也吸引了孟印缅的许多学生到云南学习，云南大学在孟加拉国南北大学建立了孔子学院、在缅甸曼德勒福庆学校建立了孔子课堂。双方的学者也频繁互访交流。随着各界人员往来的增多，推动了一批合作项目的实施，航线也不断增加，公路、铁路、水运交通逐步实现对接。

四国推进 BCIM 次区域合作的动因

（一）四国对推进 BCIM 次区域合作的态度

10 多年来，之所以孟中印缅地区经济合作得到不断推进，其中一个重要原因是四国都有加强合作的愿望。过去，南亚大国印度对 BCIM 次区域合作不是太积极，一方面是担心其东北部问题，另一方面是担心中国实力强、贸易逆差增加、影响力扩大，因而其东向政策主要面向东南亚开放，但随着其实力的增强以及东向范围的扩大，其态度已发生较大转变。目前，无论从官方还是从民间得到的信息看，孟中印缅四国都有加强次区域合作的愿望。从历次 BCIM 论坛看，四国学者及官员都支持孟中印缅经济合作，这有利于四国推动次区域合作。

中国政府及相关部门多次表示，中国高度重视与孟加拉国、印度和缅甸的关系，会积极推进合作。

从孟加拉国看，其对推进次区域合作及建设孟中印缅经济走廊一直比较积极。2005 年 4 月温家宝总理访问孟加拉国，双方发表的《联合公报》指出，“加强交通领域合作，双方同意开通中国北京经停昆明与孟加拉国达卡间的空中直航，致力于最终建立中国昆明至孟加拉国吉大港间的陆路联系”。2010 年 3 月孟加拉国总理谢赫·哈西娜访问中国，双方发表的《联合声明》指出，“双方同意加强两国交通联系，继续探讨建设连接中国和孟加拉国公路的可能性”，“双方同意继续加强在区域合作中的沟通与协调，同意继续积极参与和推进孟中印缅地区经济合作进程”。2010 年 9 月哈西娜在会见云南省长秦光荣时说，“孟加拉期待建立穿越缅甸到中国的公路与铁路直接连接”，在公路、铁路建设方面与中国加强合作。2013 年 6 月 26 日，孟加拉国交通部部长赛义德·阿布·侯赛对到访的中国交通运输部副部长冯正霖表示，孟方愿与中方一道，积极协调其他两国，尽早启动中孟公路建设。2013 年 7 月 1 日孟加拉国外长莫尼在文莱斯里巴加湾会见中国外交部部长王毅时表示，孟方将积极支持和参与孟中印缅经济走廊建设。2013 年 7 月 1 日孟加拉国外交秘书穆罕默德・沙希杜尔・哈克在昆明会见云南省省长李纪恒时说，孟滇双方经济互补性强，合作潜力巨大，贸易水平有巨大的提升空间，我们期待着能与云南共同开辟更多合作领域，不断提升合作层次。2013 年 10 月 20 日中国外交部长王毅同来华进行正式访问的孟加拉国外长穆妮举行了会谈。穆妮赞赏中方新一届政府为推进双方关系所做的努力，欢迎并愿积极参与孟中印缅经济走廊建设。

从印度来看，开始对次区域合作比较担心，但之后为了实施“东向”政策，其态度已发生了较大转变。2005 年温家宝总理访问印度，双方同意建立“面向和平与繁荣的战略合作伙伴关系”。2006 年 11 月胡锦涛主席访问印度，双方不仅签署了《中印双边投资促进和保护协定》，而且发表了《联合宣言》，提出了充实和加强两国战略合作伙伴关系的“十项战略”。其中，在第七项战略“促进跨边境联系与合作”中指出，“双方对孟中印缅地区经济合作论坛建议组织的加尔各答—昆明（经过孟加拉国和缅甸）公路汽车赛表示欢迎”。2013 年 5 月 4 日，印度财政部长奇丹巴拉姆在亚洲开发银行举办的第 46 届年会上呼吁，“希望亚洲开发银行成为连接印度、孟加拉国、缅甸和中国经济走廊的合作伙伴。”2013 年中印总理不仅实现自 1954 年以来的年内互访，而且共同提出推进孟中印缅经济走廊建设。

从缅甸来看，其态度是积极的，但希望各方考虑其利益。过去缅甸一直在与中国推进通道建设和经贸合作。2010 年 5 月 18 日中国交通运输部部长李盛霖与缅甸国家和平与发展委员会第一秘书长丁昂敏乌在缅甸首都内比都举行会谈，双方就加快实施中缅交通基础设施互联互通工程中的具体合作项目交换了意见。丁昂敏乌指出，缅方愿意通过各种渠道与中方开展合作与交流。2010年缅甸总理吴登盛在内比都会见温家宝总理时表示，缅甸高度赞赏中国的发展，从战略高度重视两国合作，将抓紧落实双方商定的重点合作项目。9月缅甸国家和平与发展委员会主席丹瑞在北京与温家宝总理会见时表示，缅中是友好邻邦，有着广泛的共同利益。缅方将同中方一道，保持高层交往，深化互利合作，共同维护边境地区的和平稳定，密切在多边领域的配合，推动两国关系继续发展。2011年5月缅甸总统吴登盛访问中国，双方发表了《关于建立全面战略合作伙伴关系的联合声明》。2012年12月缅甸国家计划与经济发展部部长甘佐在大湄公河次区域（GMS）经济合作第十八次部长级会议上说，“缅甸十分关注发展GMS交通走廊和经济走廊的建设，希望通过努力能够促进本区域的互联互通和竞争力，促进区域的全面发展”。2013年8月在昆明举行的首届中国云南－缅甸合作论坛上，缅甸外交部副部长吴丹觉表示，希望与云南在交通、教育、科研、边境农业等诸多领域加强交流合作，欢迎更多的云南企业到缅投资兴业。缅甸驻昆明总领事馆总领事吴丁温也表示，孟中印缅经济走廊对于云南和缅甸来说又是一次崭新的商机，“孟中印缅经济走廊的建成，不仅能促进中缅、滇缅的合作，更能以两方带动四方”。2013年8月28日，中国外交部长王毅会见了来华出席中国－东盟特别外长会议的缅甸外长温纳貌伦。温纳貌伦表示，缅中经贸关系惠及双方，缅方愿与中方加强重大项目、互联互通等方面合作，共同维护边境稳定。从以上可以看出，孟中印缅四国是愿意推进次区域合作的。

（二）中国推动BCIM次区域合作的动因

1. 促进西南经济发展

中国西南长期处于全国开放末梢，经济社会发展与发达地区相比差距很大。特别是云南的广大农村地区、边疆地区、民族贫困地区经济更为落后。而孟中印缅经济互补性强，印度是世界新兴市场，缅甸、孟加拉国是待开发的“处女地”，中国西南资源也十分丰富。推进 BCIM 次区域合作有利于实现优势互补，改变本区域封闭落后的面貌，促进共同发展。同时也为中国西南及西部省份寻找另一便捷出海通道，这有利于改变中国西南部的开放地位，使其成为我国对外开放前沿，从而构建起更加完善的开放体系，以此加快西南地区经济发展，缩小东西差距，为促进边疆稳定、民族团结和中国周边安全做出贡献。

2. 促进三大市场融合

中国、东南亚、南亚是世界三大新兴市场，推进 BCIM 次区域合作有利于使三大市场连为一体，在更大范围内优化资源配置，为中国经济发展特别是西南经济发展开辟更加广阔的空间。同时，孟中印缅四国相互毗邻，有良好的地缘优势便于加强合作。目前，世界上很多国家都非常重视与印度、缅甸等国家加强合作，中国作为近邻更应与其加强合作。

3. 加快实施“两洋”战略

随着海洋经济的兴起，蓝色文明的显现，各国对海洋的控制权愈演愈烈。中国经印度洋的贸易量也持续增加。而过去我们高度重视面向太平洋的开放，对面向印度洋开放重视不够，不仅制约了我国全方位、多层次、宽领域对外开放体系的形成，而且不利于我国加快与印度洋周边国家的经贸合作，促进友好关系的发展。推进 BCIM 次区域合作有利于加快实施印度洋战略，使中国实现面向太平洋和印度洋的“两洋”开放。

4. 加快推进国际大通道建设

中国沿边开放发展缓慢的一个重要原因是对外通道建设滞后。而建设连接周边国家的国际大通道不仅需要投入大量的资金、人力和物力，而且需要与相关国家加强协调才能顺利推进。推进 BCIM 次区域合作有利于我国与孟印缅三国加强协调，携手推进国际大通道建设，加强区域合作水平，促进共同发展，提升我国对周边国家的经济辐射力和政治影响力。

5. 维护我国能源安全

改革开放以来，中国经济一直保持较快发展的态势，这给我国的能源资源保障造成了巨大压力。如果中国经济要继续保持较快的发展态势，必须寻求更加稳定的能源资源保障。推进 BCIM 次区域合作有利于连通印度洋周边多个具有丰富资源的国家，为中国经济发展提供能源资源保障。

6. 巩固和发展我国与周边国家睦邻友好关系

近年来，中国一直推行“与邻为善、以邻为伴”和“睦邻、安邻、富邻”的周边外交政策，力争与周边国家做“好邻居、好朋友、好同志、好伙伴”。2013 年 10 月中央召开的周边外交工作座谈会上习近平总书记又提出，对周边外交要突出体现亲、诚、惠、容的理念。尽管孟中印缅关系不断改善，但仍然面临许多问题，需要我国不断巩固和发展与其关系。推进 BCIM 次区域合作不仅有利于深化四国经贸合作，促进共同发展，而且有利于加强与缅甸、印度、孟加拉国的对话与协调，促进人员友好往来，有效遏制西方国家在我国周边地区的恶意渗透，为我国西南周边营造良好的发展环境。

BCIM 次区域合作对相关国家和地区的影响

推进孟中印缅经济次区域合作具有深远的战略意义和现实意义。既有利于加快本区域交通、通信等基础设施建设，改善本地区经济发展环境，加快四国经济发展，增强四国经济实力，也有利于吸引外来投资，优化资源配置，形成合理的国际分工，促进经济结构调整升级；既有利于促进“南南合作”，创造和平与发展的地区国际环境，也有利于拓展发展空间，增强经济发展的动力，实现共同发展，改善区域人民生活条件，同时还有利于解决这一地区存在的各种非传统安全问题，维护边疆稳定。

1. 有利于创造良好的地区发展环境

孟中印缅四国属于发展中国家，加快发展成为各国“头等大事”，而加快发展需要和平稳定的国际环境和地区环境，孟中印缅复杂的情况成为了四国毗邻地区加快发展的重要制约因素。为了建立稳定的周边环境，破解共同的发展难题，四国需要携手合作。BCIM 次区域合作有利于四国增进理解、深化合作，创造有利于区域发展的和平稳定环境。

2. 有利于促进互联互通

尽管孟中印缅是世界重要的新兴市场，战略地位十分重要，但长期以来由于各国交通、通信、电力、信息等基础设施十分落后，互联互通水平很低，远远不能适应本地区经济社会持续发展的需要。而推进 BCIM 次区域合作必须加快国际大通道建设，促进互联互通，以增强本地区经济发展的动力。同时，推进 BCIM 次区域合作不仅有利于充分发挥本地区的区位优势，沟通“三亚”（东亚、东南亚、南亚）“两洋”（太平洋和印度洋），优化各国的各种资源配置，带动沿线国家和地区经济社会发展，而且有利于印度、缅甸、孟加拉国以及其他国家与中国加强经济合作，搭乘中国经济快车。

3. 有利于促进共同发展

目前，孟中印缅已成为世界经济发展最有活力的地区之一。加强次区域经济合作，不仅可以促进四国经贸合作和增加人员往来，加快人流、物流、资金流、信息流的形成，推进四国产业结构调整和升级，提高四国参与国际经济技术合作和竞争的能力，而且可以大量引进外来资金，技术和管理开发本区域丰富的资源，创造出巨大的投资和消费需求，促进共同发展。

4. 有利于维护四国边疆和谐稳定

长期以来，由于孟中印缅四国边疆地区社会经济发展水平较低，人民生活贫困，影响了边疆的稳定和民族团结。加强BCIM次区域合作，不仅有利于四国加快开放步伐，加强经济合作，促进整个国家经济发展，促进“南南合作”，而且也使中国西南、缅甸北部、印度东北部、孟加拉国东部等边疆地区有了与国内中心城市连接、与国外大市场连接的机会，而这有利于促进区域统一市场的建立，打破边疆地区封闭落后、观念保守的状态，缩小其与本国发达地区的差距，为其解决非传统安全问题创造条件，而这有利于促进本国边疆稳定、民族团结和社会和谐。

5. 有利于改善四国政治关系

尽管近年来四国关系不断向前发展，但同时还有许多问题等待解决。加强BCIM次区域合作有利于四国加强经济联系，促进经济合作，缓解贫困状态，实现共同发展。而这种给四国和四国人民带来实实在在利益的合作项目有利于扩大四方的共同利益，拉近各方距离，加强相互沟通，增加共识，增进友谊，从而改善孟中印缅四国政治关系。

BCIM次区域合作前景

尽管孟中印缅地区经济合作至今已历时十多年，先后在中国昆明、印度新德里（或加尔各答）、孟加拉国达卡、缅甸仰光（或内比都）召开了11次会议，并通过了《昆明倡议》《达卡声明》《昆明合作声明》《德里声明》《加尔各答声明》《仰光声明》《内比都声明》等一系列促进合作的“倡议”或“声明”，这充分反映了各方加强合作交流的强烈愿望，同时也取得了许多成绩，但也应看到，深入推进孟中印缅次区域合作还面临许多问题与挑战。一是缺乏合作组织。目前，孟中印缅论坛仅是一个“一轨半”的机制。2013 年中印总理实现互访后推进了四国政府间的合作机制建立，使孟中印缅合作层次得到提高。但至今仍然缺乏推进次区域合作的定期的高官会议、部长会议及元首峰会，这必然影响 BCIM 次区域合作。二是四国差距悬殊。孟中印缅国情不同，四国在人口规模、经济规模、土地面积、人均 GDP、社会制度、风俗习惯等方面存在较大差异，使得四国对参与次区域的态度不尽相同，要形成合力还需一个过程。三是区域内关系错综复杂。中印、印孟、孟缅都存在领土争端，互信水平有待提高，边境纠纷时常发生。同时，四国贸易发展不平衡，企业和公众对次区域合作了解不够，参与不多，使得印度等国担心推进次区域合作会使本国利益受到损害。四是区域内非传统安全问题突出。目前，孟中印缅地区非法移民、人口贩卖、恐怖主义、卫生疾病、跨国犯罪、走私、贩毒、水资源争端等非传统安全问题突出，这对四国推进次区域合作形成压力。五是通关便利化和自由贸易区建设滞后。目前，四国关税和非关税壁垒较高，通关便利化没有实现，且还没有进行自由贸易区谈判，这必然影响次区域合作。六是外部因素干扰。目前，印度、缅甸、孟加拉国受区域外大国因素的影响较大。美国、日本以及欧盟等区域外国家或组织都加紧与其联系，加大合作力度。一些国家还利用各种手段拉拢其围堵中国，这使得 BCIM 次区域合作受到各种干扰。

但当前仍然有不少有利因素推进 BCIM 次区域合作。一是有良好的区位条件。孟中印缅区域地处东亚、东南亚、南亚三大市场的连接地带，区位条件优越。推进这一地区经济合作有利于密切双边投资和经济联系，更有助于连接东南亚、南亚与中国三大区域市场，进一步推动整个亚洲区域内市场的形成和亚洲地区合作进程。二是有巨大合作潜力。孟中印缅四国山水相连，人文相通，人口多，自然资源丰富，资源禀赋各异，经济互补性强，合作潜力巨大。四国人口共计约27亿，总面积共计1000多万平方公里。目前，四国是正在快速发展的世界新兴市场，市场开发空间大，合作前景广阔。2008年以来的全球金融危机不仅使我们进一步看到亚洲国家对外部市场依赖的脆弱性，而且使我们看到了进一步推进BCIM次区域合作的紧迫性与重要性。三是符合四国共同利益。BCIM次区域合作能给四国和四国人民带来实实在在的好处。中国政府及相关部门多次表示，高度重视与孟加拉国、印度和缅甸的关系，一如既往地继续支持云南为论坛发展作出的不懈努力，并期待着云南与其他各方一道，共同推动论坛不断取得新的更大的发展。中国“十二五”规划纲要也明确提出要推动区域合作进程，深化同新兴市场国家和发展中国家的务实合作。目前，中国正在实施新一轮西部大开发战略，正在大力支持把云南建设成为中国面向西南开放的门户。同时，印度、孟加拉国都实行了东向政策，缅甸也在加大开放的力度，这为推进BCIM次区域合作提供了战略机遇。四是有合作基础。在全球区域经济合作方兴未艾的大背景下，经过多年的努力，孟中印缅的发展条件都大为改善，经济实力明显增强，为深化BCIM次区域合作奠定了坚实的基础，创造了广阔的空间。

因此，从总体上看，推进BCIM次区域合作的共同利益大于分歧，机遇大于挑战。目前，四国对推进BCIM次区域合作的分歧不大，但在怎样推进上仍然有一些分歧。各国最关心的是本国在次区域合作中的地位、作用，以及它能否给本国带来更多利益和安全。这需要设计一个各方都能够接受的方案。而这一方案由于四国存在利益差异，各方会对推进路线图、利益分配等提出要求。缅甸、孟加拉国希望中国和印度做出更多承诺，以保障其有平等的机会。印度则希望掌握更大主导权。可见，BCIM次区域合作虽然前景广阔，但要取得大发展还需要与各方进一步加强沟通和协调。

大国与地区

美国加强“印太”海上安全合作及其影响

曹筱阳*

自实施亚太“战略再平衡”以来，美国调整了全球军事部署，海洋与海上安全成为美国政府的主要关注点和着力点。本文拟分析美国强化“印太”海上安全合作的举措及其影响。

一 “印太”海上通道与美国海上安全战略

作为一个海洋大国，美国海洋战略的核心是确保海洋的自由通行。2005 年 9 月，美国发布《国家海上安全战略》。该战略阐明指导美国海上安全战略的三原则：一是保护海上自由是美国的首要目标。二是美国政府必须推进和保护商业，以确保海运自由。三是必须促进所需商品和人员的出入境流动，同时甄别危险人员和危险品。[①] 2007 年美国发布由

* 曹筱阳，中国社会科学院亚太与全球战略研究院助理研究员。在本文的写作过程中得到中国社会科学院亚太与全球战略研究院的朱凤岚副研究员的帮助，特此致谢。

① The national Strategy for maritime security, September 2005, pp. 7 – 8.

美国海军作战部长、海军陆战队司令和海岸警卫队司令联名签署的《21世纪海上力量合作战略》。报告指出了美国海上力量为实现海洋和国家战略目标必须具备的六种核心能力：前沿存在能力、威慑能力、海上控制能力、力量投送、海上安全能力和人道主义援助/灾难应对能力。[①]

在2011年的香格里拉会议上，时任美国国防部长盖茨表示，维持海上通道安全和航行自由的原则是美国在亚洲利益的核心。这些关键的海上通道不仅包括太平洋的通道，还包括印度洋，它们是东亚、南亚、中东、非洲和欧洲的贸易必经之地。在《21世纪海上力量合作战略》中，"印太"海上通道的重要性是这样表述的："可靠的作战力量将持续地部署在西太平洋和阿拉伯湾/印度洋，以保护我们的关键利益，对我们的朋友和盟友提供持续的安全承诺，威慑并劝阻潜在的对手和竞争者……决不允许我们的海上力量不能自由行动，也不允许敌人企图通过封锁重要的通讯和海上商业线路来截断全球供应链"。[②] 奥巴马政府的亚太"再平衡战略"强调把太平洋与印度洋连成一片，保障美国海上力量的调度和通行自由。

与"亚太"相比，在"印太"概念下，印度洋的战略地位和印度的作用得到强调。美国希望印度为地区安全做出更大贡献。"印度在印度洋和太平洋的强势存在对美国而言是一种宽慰，印度可能成为地区海域的潜在安全提供者"。[③] 2012年美国《国防战略指针》明确表述："美国将与印度建立长期战略合作关系，支持印度成为地区经济之锚和更广阔印度洋地区的安全提供者"。"印太"概念仍在发展中，目前主要包括以

① United States Navy, United States Marine Corps and United States Coast Guard, *A cooperative Strategy for 21st Century Seapower*, p. 9, http://www.navy.mil/maritime/

② United States Navy, United States Marine Corps and United States Coast Guard, A Cooperative Strategy for 21st Century Seapower, Proceeding, 2010 (11): 18-19.

③ William J. Burns, "U.S. - India Partnership in an Asia——Pacific Century", December 16, 2011, http://www.State.gov/s/d/2011/178934.htm.

下内容：同印度海军加强合作，将印度海军塑造为印太海洋通道（包括印度洋、南海、马六甲海峡以及更大范围的太平洋）的“管理人”；加强美印在东亚海洋安全事务上的政策立场协调；将澳大利亚的西北海岸线打造成美国“印太”纽带上朝西太平洋和东印度洋的力量投送点。[①]

二　美国加大“印太”海上安全合作的举措

随着亚太地区安全形势的发展，尤其是中国海军实力的发展，美国对“印太”海上安全的重视程度不断提升。美国认为，中国、伊朗等国的反介入和区域拒止能力对美国构成威胁，而同时，印太地区面临着恐怖主义、海盗、武装抢劫等非传统安全威胁。为维护海上安全，维护美国在亚太地区的主导地位，美国加强了与伙伴和盟友的海上安全合作。[②]其主要措施包括以下方面。

1. 加强在“印太”的海军力量部署

近年来，美国大规模调整其在亚太的防务态势，以使更多的海上力量临近亚洲海上通道，增强其对海上安全的掌控力。美国不断加大对关岛的投入，计划建造耗资 80 亿美元的超级军事基地。美国还投入 1.26 亿英镑用于改善印度洋迪戈加西亚军事基地的基础设施。[③] 在 2010 年和 2011 年的香格里拉会议上，前美国国防部长盖茨宣布美国将进一步加强在亚洲的防务存在。他描述增强的防务态势将“在地理上更广泛分布、行动上更具有灵活性并且在政治上可持续”。他强调美国正在寻求保持

① 陈雅莉：《美国的“再平衡”战略：评估和中国的应对》，载《世界经济与政治》2012 年第 11 期，第 68～69 页。

② 美国强化“印太”海上安全合作的努力，请参阅 John F. Bradford, The Martime stredegy of the United state: Implication for Indo－pacific Sea Lanes, contemporary southeast Asia, Vol. 33, No. 2（2011）. 本文在他的基础上有所补充。

③ 束必铨：《日本海洋战略与日美同盟发展趋势研究》，载《太平洋学报》2011 年第 1 期，第 97 页。

在东北亚存在的同时拓展其在东南亚和印度洋的存在。2012 年 6 月的香格里拉会议上，美国国防部长帕内塔宣布，60% 的美国海军将部署在太平洋，包括 6 艘航空母舰，大部分巡洋舰、驱逐舰、滨海作战舰和潜艇。这一部署与美国“空海一体战”作战理念相一致。

为加强西太平洋南部边缘的轮换部署，美国与新加坡、澳大利亚和菲律宾就军事合作达成共识。在 2011 年的香格里拉会议上，前美国国防部长宣布美国将在新加坡部署滨海战斗舰，并探索提前部署灾难救援设备、提升命令和控制能力，拓展训练机会。自 2013 年 3 月 1 日起，美国“自由号”濒海战斗舰已正式在新加坡展开为期 8 个月的首次部署。新加坡的樟宜海军基地还可以为美航空母舰提供停靠及全面的后勤保障。“自由号”濒海战斗舰的部署，将提升美海军在南海周边的作战能力。美国将进一步提升澳大利亚在其亚太战略中的地位。2011 年，美国和澳大利亚达成新的军事合作协议：2012 年，美国在澳大利亚达尔文市部署 250 名海军陆战队员并将于 6 年内增加到 2500 人；美国 B－52 轰炸机、F－18 战机、猎犬、C－130、C－17 和全球鹰无人机等军用飞机将增加在达尔文市的进出频率；美国核动力航母将更加频繁进出澳水域；美澳军队将加强在印太地区的联合演习和训练。

2. 强化“印太”海上伙伴关系

美国认为，当代世界海上威胁日益严峻，世界上“没有任何一个国家具备足够的资源，或者仅靠自身力量可以确保整个海域安全”，对付国际恐怖主义的威胁仅靠一个国家的力量是无法实现的。美国提倡在其主导下合作的方式来维护海上安全。2005 年，美国海军作战部长迈克尔·马伦提出“千舰海军”计划，呼吁联合多种力量共同维护海上安全。之后，美国海军推广了这一主张，并冠以“全球海上伙伴关系”（Global Maritime Partnership，GMP）。美国希望通过“全球海上伙伴关系”，与国际社会、非政府组织一起以合作的方法共同维护海上安全和稳定。GMP 本质上非常灵活，是海上利益相关者在没有正式协议的情况下走到一起，处理共同的安全关切或应对自然灾害和人为的灾难。GMP 对美国的同盟体系和伙伴关系起到补充作用。

“全球海上伙伴关系”的核心在于提高效率和获得更大的成果。在这一概念下，美国与“印太”海上伙伴增加交流和互动，以建立信任，提高能力和相互协调性。美国通过高层访问、港口访问、人员培训、武器和技术转让、联合军事演习等形式与海上安全伙伴建立信任，提升能力和协调性。

（1）军舰外交和港口访问

海上安全是美国与许多“印太”伙伴进行防务对话的突出主题。为建立信任，美国海军官员与日本、澳大利亚、韩国和其他国家的官员建立起正式的、经常性的谈话，并倡议与印度和新加坡进行正式的司令对司令的谈话。美国海军发展了与其他海上伙伴更强有力的对话机制和舰队层面的信息共享。

美国海军派出大量的舰船进行港口访问，以培植良好的合作关系。例如，自首次访问越南岘港以来，美国对越南进行频繁的港口访问。美国也增加了对印度的港口访问。2007 年 7 月，美国“尼米兹”号航空母舰对印度进行首次港口访问，这也是美国航空母舰对印度的首次访问，2011 年 4 月，“拉霍亚”号核动力航空母舰首次访问印度。美国舰船更频繁地访问马来西亚、泰国和印尼等东南亚国家。

（2）军事培训和军事援助

在“国际军事教育和培训”（IMET）项目下，美国对朋友和伙伴国的海军人员进行培训。美国还组织移动训练小组（Mobile Training Teams）直接部署到对象国以进行特殊培训任务。通过军事培训和军事援助，美国与盟友和伙伴国培养好感、建立信任，并提升伙伴国的能力。

IMET 项目成立以来的主要对象是盟友，但是 2010 年以来，美国对越南、缅甸、柬埔寨和老挝的支出大幅增长。以越南为例，美国对越南的培训经费增长迅速。2004 年美国对越援助为 33 万美元，2008 年达到 60 万美元，2010 年达到 74 万美元，2010 年的培训费比 2004 年增长了 124%。[①] 美国通过 IMET 培训的项目主要有语言学习、医疗技能、国防资源管理、跨部门合作和信息共享、海上救援等。在该项目下，美国向印度提供的资助从 2001 年的 50 万美元增加到 2011 年的约 1.4 亿美元；印度军事人员可以从美国 150 所军事院校的 2000 门课程中选修自己感兴趣的课程。[②]

（3）武器销售和技术转让

增强盟国和伙伴的军事实力，是美国亚太战略的重要组成部分。近年来，美国对中国周边国家的战机、反导弹系统和其他先进武器的销售大幅增长。以印度为例，由于印度在美国亚太战略中的地位上升，它在美国军售中的份额也急剧上升。2008 年美国对印军售几乎为零，2011 年印美签署约 69 亿美元的军购合同，2012 年签署 80 亿美元的合同。未来还将继续增长。据《印度时报》报道，从弹道导弹防御、航空技术，到机器人和微型无人机技术，美国迫切希望在高端防御技术方面与印度开展合作，以便能使美国取代俄罗斯、以色列和法国，成为印度首要的武器供应商。未来数年内两国将开展研发方面的合作。

向盟国和伙伴转让武器和技术，是美国建立海上伙伴关系的重要举措。因为军售和技术转让不仅给对象国带来新的技术，更重要的是，这意味着他们进入了长期的战略伙伴关系，在互通性上联系在一起。最近，美国向“印太”国家转让的先进技术主要包括：向澳大利亚和韩国的驱

① 付瑞红：《美国和越南军事合作的新变化与未来走向评析》，《东南亚研究》2013 年第 1 期，第 26 页。

② Saroj Bishoyi, “Defense Diplomacy in US – India Strategic Relationship.” *Journal of Defense Studies*, Vol. 5. No. 1, 2011, p. 74.

逐舰转让宙斯盾技术，向新加坡转让 S－70 海上直升机、向印度转让 P－8海上巡逻机技术。[①]

（4）联合军事演习

长期以来，美国通过与盟友和伙伴的联合军事演习起到展示军事存在、威慑对手、提升协同性的作用。自美国实施亚太再平衡战略以来，其军演的频率、规模、参与人数呈增长之势。“环太平洋 2010”联合军演，是美国集聚环太平洋 13 国的 34 艘舰船、5 艘潜艇、超过 100 架飞机和 2 万人在夏威夷海域进行的以防范中国等新兴军事力量崛起为目的的世界规模最大联合军演。[②]“金色眼镜蛇”是美国在亚太地区最大的多边军事演习，由美泰联合举办，新加坡、日本、马来西亚、韩国和印尼等国都参加了此次军演。“卡拉特”（CARAT）联合军演通过提高海上拦截、信息共享、反海盗和反走私演习及联合海上行动，以提高地区海上安全。卡拉特军演的目的在于发展海上安全能力和提高互通性。近年来，美印联合军演的规模和层次不断提升，几乎涉及所有军种。两国海军军演的规模最大，年度演习就有“马拉巴尔”“蛇神”（Habu Nag）“眼镜蛇行动”（Spitting Cobra）和“潜水与营救行动”（Salvex）四个。

人道主义救援是美国主导的联合军演的主要内容之一。“太平洋伙伴关系”使命（Pacific Partnership Mission）成为在“印太”地区建立信任措施的重要努力。“太平洋伙伴关系”使命起初是为应对 2004 年席卷东南亚部分地区的海啸所造成的破坏，由美国军方主导的应对自然灾害的人道主义救援行动。2006 年美国海军医疗舰“仁慈号”（USNS Mercy）又再度前往该地区，进行首次“太平洋伙伴关系”使命。这次使命

① John F. Bradford，The Maritime Strategy of the United States：Implications for Indo－Pacific Sea Lanes，Contemporary Southeast Asia，Vol. 33，No. 2（2011），p. 200.

② 百度百科：环太平洋 2010 联合军演。http：//baike. baidu. com/link？url＝fnSf9esIaYTNPFGJN5 X_XQ3bIP6_KQt4pAntAtfSD0tDP20wL_UhPNvuBkQEcRUslaexRczveg1Lxub74bkhVq.

的参加者包括伙伴国的军队和非政府组织人员，为提高孟加拉国、印度尼西亚、菲律宾和东帝汶的救灾能力展开工作。此后，“太平洋伙伴关系”使命在范围和规模方面不断壮大。2006 年有 8 个伙伴国和 8 个非政府组织参与，而 2012 年的使命已经包括 13 个伙伴国、28 个非政府组织、4 个美国政府机构，以及美国国防部各部门的共同努力。“太平洋伙伴”使命的目的在于提升与东道国、伙伴国和其他伙伴组织的关系，提高灾难救援能力、提高安全伙伴国之间的安全合作。2013 年“太平洋伙伴关系”使命在大洋洲地区展开，自 5 月开始，为期四个月。[①]

3. 参与地区海上合作机制

认识到仅靠一国的力量和资源不能保障海上安全，美国积极参与地区海上合作机制，以共同维护海上安全。美国参加东盟地区论坛组织的海上安全对话。美国 2010 年参加东盟防长扩大会，就海上安全问题与东盟及其伙伴国加强海上安全对话。美国还在东亚峰会中提议讨论南中国海问题。此外，美国还主导防扩散安全倡议、集装箱安全倡议、《地区海上安全倡议》等一系列海上安全倡议，通过多边合作的方式维护海上安全。

三　美国亚太盟友及伙伴的应对

1. 日本的应对

作为一个典型的海洋国家，日本对海洋利益拓展、海上通道安全极为关注。长期以来，日本通过强化日美同盟和参与美国全球海外军事行动来拓展其全球海洋战略空间。[②] 日美海权同盟将全球海上交通要道纳

① 《美国海军“2013 年太平洋伙伴关系”使命以援助大洋洲地区为主要内容》，2013 年 5 月 15 日，美国驻华大使馆官方博客，http：//blog. sina. com. cn/s/blog_ 67f297b00102eass. html。

② 束必铨：《日本海洋战略与日美同盟发展趋势研究》，《太平洋学报》2011 年第 1 期，第 90 ~ 98 页。

入其安全防御范围，关注新兴大国崛起对海洋秩序构成的挑战，不断拓宽同盟的范围。早在“全球海上伙伴关系”提出之初，美国就要求日本支持该倡议，与美国合作加强在印度洋和太平洋的行动。日本把美国重返亚太看成是一个机遇。日本要利用这个机遇，一方面和美国一起应对“中国威胁”，另一方面要与美国共同主导新型海上秩序的构建，扩大自己的海洋战略利益。

2013 年 3 月日本国际问题研究所发表题为《在亚洲（特别是南海、印度洋）的安全保障秩序》的专题报告，对日本版的“印太”战略构想进行阐述。日本的战略构想包括：“构建以自由开放为基础的新型海洋秩序”“强化防卫力量与危机管理合作能力”和“加强与区域国家的合作”三个部分。具体而言，在构建海上秩序方面，日本强调建立基于自由、开放和规则下的海洋秩序，日本要发挥领导作用，由相关各国派海洋联络官设立地区海军协调机制，共同应对海上非传统安全合作问题。设立海上执法机构组成的危机管理组织，在共同的安全标准下，进行海上现场执法。在强化日本防卫力量方面，日本要以海上自卫队为核心，强化其防卫能力，加强陆、海、空统一协调能力，海上潜艇的防卫能力。在加强区域合作方面，日本应加强与印度、澳大利亚和印尼等东盟国家的全面合作关系；深化与澳大利亚、韩国、印度等民主主义国家的防务协作关系；强调日美同盟、日美印澳四国合作的公益性；对“环印度洋区域合作”组织倾注力量。①

纵观日本政府近年的海上安全战略，日美同盟是日本外交政策的基轴，日本希望“借船出海”，实现自己的海洋战略。未来日本将加强日美海上安全合作，日美协调性和共同行动将进一步增强。除美国外，日

① 张彤：《论“印太”战略之构想》，《中国战略观察》2013 年第 9 ~ 10 期，9 ~ 11 页。日本国际问题研究所：《在亚洲（特别是南海、印度洋）的安全保障秩序》。

本还加强了与印度和澳大利亚的合作，强调日美澳、日美印的三边合作与协调。加强日印安保合作，是21世纪日本对外战略的重要组成部分。日印签署了《战略安全保障合作联合宣言》（2008年10月）和《深化安全合作行动计划》（2009年12月），自2010年起，每年定期召开外交与防卫部门的副部长级对话。2011年12月，日本、美国和印度在华盛顿启动了首次三边对话，2012年4月和10月三国又分别在东京和新德里举行第二、三次对话，这标志着美日印三边合作走向机制化。从三边会谈的内容来看，三国力图建立他们主导的“印太”地区的安全保障体系。2012年6月，日印在日本近海首次举行双边联合海上军演。未来双方军事合作水平将会不断提升。

日本也非常重视与澳大利亚的合作。日澳签署了《安保联合宣言》和《物品劳务相互提供协定》（ACSA），日本自卫队和澳大利亚国防军在执行维和、救灾、人道主义救援等任务时相互提供食品、燃料、交通工具、住所、医疗卫生等后勤保障服务。[①] 日本还倡导日、美、澳应该联合成为海洋安全的稳定器，成立海上国家联盟，对海洋安全和可持续发展发挥领导作用。未来日本将深化日印澳、日澳印尼等多边合作，深化日澳在维护南太平洋海洋安全方面的合作。

此外，日本还重点加强并寻求与中国有领海争端的国家的海上安全合作，以对中国海洋崛起形成制约。随着南海争端的不断升温，日本加强了与菲律宾的安全合作。2012年7月2日，日菲签署了防卫合作协定，文件内容包括将实施日本海上自卫队与菲律宾海军的共同训练，海上安保领域的情报共享；推进两国在联合国维和行动（PKO）、人道主义援助和救灾领域共享信息。2012年6月，日本首次参与了美菲的“肩并肩”军演。

① 孙茹：《美国亚太同盟体系的网络化及其前景》，《国际问题研究》2012年第4期，第46页。

2. 印度的应对

美国对“印太”这一战略概念的青睐，说明在美国的亚太战略中，印度洋的战略地位和印度作用得到提升。印度对此做出积极回应，高度重视在“印太”地区与美国的战略协调与配合，并借此提升自己的影响力，实现对外政策目标。

首先，大力购置美国的先进武器，提升印度军事实力。2012 年 4 月，美国新任驻印大使南希·鲍威尔宣布两国将签订总额达 80 亿美元的军售合同。2012 年 6 月，美国国防部长帕内塔在会晤印度国防部长 A. K. 安东尼时，强调美印安全合作是美国调整其在亚太地区军事部署的“关键”，美印安全合作必须超越单笔军售，提高防务的数量和质量，他保证美国将放宽军事技术转让和共享限制。在技术转让方面，美国逐步放宽对印度的出口限制，2010 年 11 月，奥巴马在访印期间宣布，美国将放宽自 1998 年以来实施的对印技术出口限制，取消禁止印度购买军民“两用”技术的规定。随后，美国修订了技术转让制度，从黑名单中删除了印度的一些企业，并将印度列入高技术转让紧密伙伴国之中。[①] 印度希望通过武器进口，与美国达成研发协议，获得技术转让，实现武器装备的国有化。

其次，美印联合军演的规模越来越大，演练的科目越来越多，演习地点从印度洋、马六甲海峡、印控克什米尔地区到阿拉斯加，美印防务关系已超出印度洋。印度海军还为美国舰队通过马六甲海峡和安达曼海护航。在“印太”概念下，未来美印在印度洋的合作必将进一步增强。

再次，积极配合美日在南中国海的军事活动，开展与东盟国家的海上安全合作，插足南中国海争端。印度的海洋战略可以概括为：主导印度

① S. Amer Latif, U. S. – India Defense Trade, Report of the center for Strategic and International Studies, Washington. D. C. , June 2012, p. 37.

洋、东进太平洋。通过与美日和东南亚国家举行反恐、反海盗和联合搜救等海上联合军演，印度海军频繁进入南中国海。印度还通过在与中国有南海主权争端的国家进行油气资源的投资和开发，加强同越南、缅甸的防务合作，对中国海军进行牵制，提升自己在南中国海问题上的影响力。

3. 澳大利亚的应对

在2009年澳大利亚的“国防白皮书”中，澳大利亚的国防任务按重要性排序依次为：澳大利亚本土、南太平洋地区和亚太地区。随着2010年以来“印太”概念不断地被使用，并从一个地理概念变成一个战略概念，澳大利亚也开始以此来界定其战略利益和国防安全战略。澳大利亚改变以前以太平洋为中心的防务安排，开始把印度洋和太平洋一起作为海洋战略和防务计划的核心。澳大利亚海军司令格里格斯（Griggs）强调两洋部署和行动能力，“我们的护卫舰将继续在印太地区展示存在、决心，保护贸易，与其他的地区海军力量建立强有力的关系”。[①] 澳大利亚国防军的长期目标已经由中东地区转移到印度洋-太平洋地区。

作为美国的长期盟友，澳大利亚不仅加强了与美国的联盟关系，而且还在“印太”概念下对同盟关系做出调整，正如希拉里所说，“拓展美澳同盟关系，使之从太平洋伙伴变成印太伙伴”。美国视澳美安全合作为“印太”地区之锚。美国将加强其在澳大利亚的军力部署、情报分享与合作。在印太框架下，澳大利亚同时加强与美国和印度的双边关系，澳方认为，美印澳三边关系的发展，可以补充现有的美日澳和美日印三边合作的不足。[②] 澳大利亚重视印度的作用，因为印度不仅在印度洋活动，而且通过“东向政策”在东南亚和西太平洋活动。印澳两国对海盗中断马六甲

① Griggs, R. The Navy's Role in the Maritime Century, 17 August 2012, http://www.navy.gov.au/sites/default/files/documents/CN_Lowy_Speech_The_Navy_in_the_maritime_century_0.pdf (1 February 2013, date last accessed).

② David Scott, Australia's embrace of the "Indo-Pacific": new term, new Region, New Strategy? International Relations of the Asia-Pacific, 2013, p. 12.

海峡通航和中国在南中国海与印度洋不断增长的存在有着共同的关切。正如澳大利亚学者梅德卡尔夫（R. Medcalf）所说：“澳大利亚和印度在理解和管理中国崛起对‘印太’战略秩序的影响上具有共同利益，这并不是什么秘密”。[①] 澳大利亚已经与印度共同参加在印度洋举行的“马拉巴尔”和“米兰”多边演习，未来两国将加强在西太平洋和印度洋的合作。

达尔文港位于澳大利亚的西北岸，临近印度洋，具有重要的战略地位。澳大利亚和东南亚、西太平洋国家举行的“卡卡杜”（Kakadu）多边联合军演就在达尔文港举行。未来澳大利亚将加强对达尔文港海军基础设施建设，“达尔文是能够为澳和来访的盟国海军舰艇提供燃油补给的重要北部基地，这一新码头能为目前和未来的海军舰艇，包括海军的两栖攻击舰的着陆直升机甲板，提供燃料补给和后勤支持”。[②] 在澳大利亚《2012 防务态势评估》中，澳大利亚重视科科斯岛作为海上空中巡逻和监视活动的重要战略价值。[③] 未来美澳印三国将加强在“印太”弧形地带的情报监视和侦察合作。

4. 菲律宾的应对

美国亚太战略再平衡在东南亚国家中重要对象是菲律宾。在美国高调介入南海争端的鼓动下，菲律宾积极向美国靠拢，极力发展与美国的防务合作，希望借美国实现其南海利益诉求。菲要求美国加大军事援助力度。2011 ~2012 年，菲从美国获得两艘“汉密尔顿”级巡逻舰。2012 年美国对菲军事援助达 3000 万美元，而 2011 年为 1900 万美元。2013 年美国对菲军事援助提升到 5000 万美元。[④] 菲律宾强调美国是菲律宾唯一

---

① R. Melcalf, Stakes in Uncertainly: Australia's Future with China, India and the United States, June 19. http://Lowyinstitate. Cachofly. net/files/medcalf－orf－remarks－19－June. 2012. pdf.

② David Scott, Australia's embrace of the “Indo－Pacific”: new term, new Region, New Strategy? p. 11.

③ David Scott, Australia's embrace of the “Indo－Pacific”: new term, new Region, New Strategy? p. 11.

④ Sheldom Simon, US－Southeast Asia relations: Philippines－An Exemplar of the US rebalance. Comparative Connectives, A Triannual E－Journal on East Asia Relations, p. 51.

战略伙伴，多次要求美国在南海地区部署军事力量，以保护弱小国家。在美国的支持下，菲律宾制定了改善南沙机场并投入50亿比索（约1.18亿美元）强化南海卫戍军力的计划。[①] 2012年4月，菲美召开首次2+2战略对话，就海上安全、防务合作、经济增长等地区和全球问题展开高层磋商。2012年，菲同意授权美军重新使用苏比克湾空军基地和美方人员在苏比克湾的半永久驻扎。菲美防务官员宣称，两国正就新的防务框架协定进行协商，新协议将使美军舰和人员在菲基地上获得更大的准入，美军可以在菲预先部署设备。这将使美国的快速反应能力得到提升。菲律宾还与日本、澳大利亚、印度等国进行海上安全合作，以抗衡中国的影响。

四　对地区安全形势的影响

奥巴马政府第一任期注重以军事的方式重返亚太，对亚太地区的军购起到推波助澜的作用。伦敦国际战略研究所最新报告宣称，2012年亚太地区（不包括美俄）的军费开支总和已经超过欧洲，表明全球军事力量重心已经转移到了亚太。

斯德哥尔摩国际和平研究所2012年发表统计报告，显示印度2007年至2011年成为全球最大武器买家。印度2012至2013财政年度军费开支大约400亿美元，比上一年度增加17.8%。[②] 2011年，东南亚军费开支总额为245亿美元，较前一年增长13.5%。预计到2016年，东南亚军费开支总额将增至400亿美元[③]。在东南亚，印尼2006年军费开支仅为

① 鞠海龙：《菲律宾南海政策中的美国因素》，《国际问题研究》2013年第3期，第63~64页。

② 《美国企业与印度拟签订约80亿美元的军售合同》，新浪网，http://mil.news.sina.com.cn/2012-04-29/0414689082.html.

③ The Economist, "Military Spending in South-East Asia: Shopping Spree", March 24, 2012, pp. 29-30.

26亿美元，2012年增至80亿美元，其新增部分主要用于进口军事装备。印尼新从美、俄等国进口了包括F-16战机、C-130运输机、海军战舰等在内的大量军事装备。越南增购了7艘以上的新护卫舰并订购了6艘俄制“基洛级”潜艇。菲律宾为增购军事装备，2011年军费开支也增至24亿美元。①

美国国会研究局统计，美国2011年军售合同总额为663亿美元，占全球军售份额的78%。2012财年，美军太平洋司令部辖区内的国家和地区与美国签订采购合同达137亿美元，环比增加5.4%。亚太地区武器进口的大幅增长与美国重返亚太战略不无关系。美国通过出售武器强化与盟国和朋友的军事关系。强化对亚太地区的军售是配合美国战略东移的主要措施之一，也是美国注重从军事上重返的必然结果。美国借中国与周边国家的领土领海争端“挑事”，渲染中国的威胁，推动亚太国家购买美式高科技武器。通过对外军售既可以重振美国经济，还可以强化外交关系，发展长期的战略伙伴关系，帮助盟友和伙伴发展自我防卫能力，这是维持美国全球霸权的低成本方式。

（1）使南海争端、钓鱼岛争端进一步复杂化

南海争端是美国重返亚太的一个重要抓手。美国在多边场合宣布维护南海的和平与稳定是美国的核心利益。在东盟地区论坛上，希拉里高调宣布南海航行自由、亚洲公海的开放，以及对国际法的尊重事关美国的利益，甚至与越南、菲律宾等国一起推动南海问题国际化。“来自美国的外交鼓励、军备协助和安全承诺改变了菲律宾以往应对南海问题的政策基础，成为影响和改变菲律宾南海政策的有力推手。”② 美国的高调介入，助长了菲律宾和越南不切实际的期望，导致南海形势进一步紧张。

① 林利民：《亚太安全机制的“缺位”与“补位”》，《当代世界》2012年7月，第23页。
② 鞠海龙：《菲律宾南海政策：利益驱动的政策选择》，《当代亚太》2012年第3期，第46页。

2010年钓鱼岛撞船事件以来，野田佳彦政府所谓“国有化”和安倍晋三否认搁置争议的言论，使中日关系陷入严重困境。日本强硬行为的背后是美国在撑腰打气。2010年10月，美国国务卿希拉里在与日本外相前原诚司会见后，宣称钓鱼岛“属于规定美国对日防卫义务的《日美安保条约》第5条的适用对象”，就钓鱼岛问题是否属于美日安保范围做出明确表态，她甚至提议就钓鱼岛争端举行美中日三国会谈。日本强化日美海权同盟，扩大与印度、菲律宾、越南等与中国有领土领海争端国家的海上安全合作，“遏制中国”是其首要考虑。美国的介入和表态使钓鱼岛争端进一步复杂化。

为维护美国全球霸权和亚太主导权地位，美国力图强化同盟体系，团结和争取新的伙伴和朋友，就共同关心的海上安全问题进行磋商与合作。他们隐含的针对中国的合作，对中国未来的安全环境将产生负面影响。例如，2012年10月在新德里举行的美日印三边对话，主要内容是讨论中国在南海问题上与周边国家的紧张关系，以及这一地区的安全保障问题。日本政府官员还就钓鱼岛主权主张和日本的立场作了说明。[①] 在美国的推动下，印度也介入南海问题。2012年印度海军司令乔希在记者会上称，虽然印度不是南海争议的相关国家，但如有必要，印度已经做好准备赴南海，以保护该国在这一海域的海事和经济利益。与此同时，美国和印度在印度洋乃至西太平洋区域以牵制中国为目标的安全合作，对中国来说无疑增加了印度洋海上通道的安全风险，在一定程度上构成安全挑战。

（2）美国强化亚太同盟体系对中国安全的影响

美国亚太战略再平衡的核心在于在战略上从中东和南亚的陆地战争转向东亚的海上。[②] 美国调整亚太军力态势的目的在于确保美国在西太

---

① 何理：《美日印三边合作升温的背景与前景》，《现代国际关系》2013年第2期，第28页。

② Christian Le Miere, Rebalancing the Burden in East Asia, Survival, April – May 2013, p. 32.

平洋的航行自由，应对中国的反介入/区域拒止能力。为了应对中国的挑战和威胁，美国强化了其亚太联盟体系，并寻求广泛的伙伴。首先，利用周边事态，强化双边同盟。如利用天安号事件、延坪岛炮击事件，强化美韩同盟和美日韩三边安全合作。利用南海争端，强化与菲律宾、泰国、新加坡的安全合作，并拓展与越南的军事合作关系。其次，积极发展同盟的网络化。推动美日韩、美日印、美日澳等三边合作。

美国强化亚太同盟体系、就海上安全构建其主导的全球海上伙伴关系，对中国的安全构成了直接的压力和挑战。美国提出新的"空海一体战"概念主要针对中国。"空海一体战"强调利用海空军优势和盟友的帮助，对中国的陆上战略目标进行打击，以阻止中国的反介入/区域拒止能力。这必然引起亚太地区战略力量的失衡。

中美关系具有复杂性、全球性和不确定性。美国的亚太战略既想利用中国与周边国家的矛盾和冲突，来加固自己的地位，规制中国，但是又不想与中国发生军事冲突或战争。这就需要美国的战略要保持微妙的平衡。但是美国大卖军火给与中国有争端和冲突的国家，对与中国有领土领海争端的国家有所偏袒，无疑加剧了中美战略疑虑，不利于中美关系的长期发展。虽然奥巴马政府第二任期内对亚太战略进行了再平衡的再平衡，缓解了中美关系的紧张，但是未来一段时间内，如何建立中美战略互信，管控中美分歧，处理好崛起国与守成国的关系，无疑是中美关系的重大课题。

美国与东盟国家军事关系的新发展及主要特点

刘 琳*

奥巴马政府推行“亚太再平衡”战略以来，明显加大对东南亚战略投入，美国与东盟几乎所有国家的军事关系都得到新的发展，并强化了与菲、泰、新等盟国和准盟国的关系，积极构建与越、印(尼)、马的新战略关系，以及改善与柬、老、缅军事关系。此举既是美国亚太战略调整的需要，也有防范中国崛起的考虑，且迎合了东盟各国的战略需求，不仅可以改变美亚太部署态势“北重南轻”的局面，而且有在南海周边投棋布子的意味，需要我国高度关注。

自奥巴马政府推行“亚太再平衡”战略以来，美国对东南亚的战略关注明显增加。该战略的重点和亮点之一，就是加强与东南亚的全方位关系，而这其中强化在东南亚的军事存在又是主要方面。此举不仅可以改变美亚太部署态势“北重南轻”的局面，而且有在南海周边投棋布子

* 刘琳，供职于中国军事科学院外国军事研究部。

的意味，需要我国高度关注。

美国加强与东盟国家军事关系的主要动因

（一）美国调整其亚太战略的需要

长期以来，在美国的对外战略中，东南亚地区是作为东亚或亚太战略的一部分进行考虑的。小布什政府时期，美国就寻求将战略重心转移到亚太，也提出过加强在东南亚地区军事存在的设想，例如，2001 年，美国兰德公司发表的报告《美国与亚洲：探索美国的新战略与兵力态势》就建议美国空军扩大对东南亚军事基地的使用。[①] 不过，“9·11”事件后，由于美国忙于两场反恐战争，对东南亚地区有所“忽视”，虽然与东南亚部分国家加强了反恐合作，但总体来说，美军事部署向东南亚倾斜的举措没有落实。直至奥巴马政府上台后，美国基于经济、地缘、安全等考虑，全面“重返亚太”，推进“亚太再平衡”战略，东南亚才成为美国经营的重点。2009 年以来，美国加入了《东南亚友好合作条约》，提出了“下湄公河行动倡议”，与东盟 10 国举行了“美国 - 东盟峰会”。加强与东南亚军事关系也是美国在东南亚战略的重要组成部分。特别是奥巴马第一任期，美国“亚太再平衡”在军事上举措较多，也备受关注。美国提出，要在亚太构建“政治上可持续、作战上灵活、地理上分散”的新兵力态势，因此在部署上开始做出由北向南，从第一岛链向第二、三岛链倾斜的调整，加强在东南亚的军事存在便是实现这种部署的重要步骤。从根本上说，美国加强与东盟国家军事关系是服务于其“亚太再平衡”战略的，是为弥补美亚太战略中的薄弱环节，由于作为

① 扎勒米·哈利勒扎德等：《美国与亚洲：探索美国的新战略和兵力态势》，军事科学出版社，2001，第 172 ~ 175 页。

主要着力点，其许多举措力度更大，更为引人关注。

（二）基于地缘战略考虑而采取的战略预置

美国加强与东盟国家军事关系，有诸多考虑，如应对日益增加的非传统安全威胁等，然而，不可否认，地缘战略是其中一个重要考虑。美国亚太战略的目标之一，就是防止任何大国对其在欧亚大陆的霸权地位构成挑战。而冷战后这个“大国”主要就是指中国。美国兰德公司早在2000年一份题为《东南亚在美国对华战略中的作用》的报告中，就把中国描绘为“对美国和东南亚国家的一个潜在军事威胁”。随着中国的快速崛起和军事现代化的推进，尤其是海空军力量的增强，美国的不安和焦虑进一步上升。美国担心中国威胁其在东亚的海上霸权地位，因此认为，必须加强在该地区军事部署，以做好防范和预置。此外，中国与部分东南亚国家之间的南海问题近年来不断升温，而美国虽在南海有关主权问题上不持立场，但坚持南海航行自由事关其国家利益。且美国认为，中国在南海日益表现出的所谓“咄咄逼人”态势，是南海局势紧张的重要原因，为此，必须加强美在该地区的军事存在，因为这“有助于为各声索国寻求政治解决方案和鼓励东盟国家强化彼此间防务合作提供稳定的环境”。[①] 换句话说，美国认为，自身的军事存在可以为争端的和平解决发挥某种威慑作用，使各声索国不敢轻易动用武力，同时也可以为东盟的军事整合创造条件。

（三）东盟各国借重美国的战略需求

东南亚地区安全环境与整个亚太地区一样，始终充满着不确定性。

---

① Bronson Percival, “The South China Sea: An American Perspective”, Paper presented to the second international workshop on South China Sea, Hanoi, November 2011.

这里既有南海问题等传统安全问题，也有海盗、恐怖主义、跨国犯罪、自然灾害等多种非传统安全关切，还有大国力量的激烈博弈。为此，东盟在安全上无力单独应对，需要借助外力，而美国是它们最主要借助的力量。这是因为：其一，东盟不少国家，尤其是老东盟国家，与美国有着传统的深厚军事关系。其二，东盟始终认为，美国是本地区“经过检验的大国”，而中国未来的意图难以确定，因此在安全上更多倚重美国来“平衡”中国。随着中国崛起态势的日益明显，东盟对中国的战略疑虑和担心进一步增强。正如著名东南亚问题专家萨图·利马耶所指出的，中国崛起使许多东南亚国家抓住机会加强与华盛顿的军事关系。[①] 其三，在东盟国家看来，美国仍是本地区和全球军事实力最强的国家，各国在推进军队现代化和职业化过程中，需要得到美国的帮助或援助。在应对自然灾害、打击跨国犯罪等非传统安全威胁方面，美国的许多装备和能力，如兵力投送能力等，也可以弥补东盟能力的不足。东盟的上述意图，为美国加强与东南亚各国军事关系提供了契机。此外，奥巴马政府比布什政府专注反恐的东南亚政策更趋多元，更加温和，也更强调多边和软实力，从而更易为东南亚各国所接受，因此，美国与东南亚各国军事关系在奥巴马政府时期进一步深化。不过，东盟各国在加强与美国军事关系的同时，也在“两面下注”，即同时注重加强自身军力建设，包括加大从国外采购先进装备的力度以及加强东盟内部的军事防务合作，以提高自身应对各种危机和风险的能力。

美国与东盟国家军事关系的新发展

美国与东盟国家军事关系的发展是不平衡的，大体可以分为三类，第一

① Satu Limaye, “United States - ASEAN Relations on ASEAN’s Fortieth Anniversary: A Glass Half Full”, *Contemporary Southeast Asia* 29, No. 3 (December 2007), p. 462 - 463.

类是美国的盟国（菲律宾、泰国）和准盟国新加坡，三国始终与美国关系密切；第二类是印尼、马来西亚和越南，三国与美国政治关系起伏不定，但冷战后仍保持了一定的军事关系；第三类则是过去与美国基本没有军事关系的柬埔寨、老挝和缅甸。美国实施“亚太再平衡”战略以来，美国与上述三类国家的军事关系都取得了很大进展，这是以往从未有过的局面。

（一）显著强化盟国和准盟国在美东南亚战略中的支柱地位，与菲、泰、新（加坡）军事关系进一步提升

一是升级美菲、美泰同盟关系。冷战后，美国对与菲、泰同盟的经营不如美日、美澳同盟。一个明显表现是，美与日、澳均建立了“2+2”机制，但与菲、泰则没有上述机制。奥巴马政府上台后，作为加强在东南亚军事存在的一个重要举措，美国开始升级与菲、泰同盟关系。2011年1月，美菲举行了同盟关系建立近50年来的首次“2+2”会晤。美国还希望将美泰战略对话扩展为“2+2”模式。二是扩大合作领域。冷战结束后，美菲、美泰军事合作领域有限，在菲律宾主要是协助政府军打击阿布沙耶夫武装等恐怖组织，在泰国则主要是继续演练丛林战，2001年之后增加了反恐、灾难救援等内容。随着地区和国际安全形势的变化，特别是南海问题的升温，近年来美菲军事合作侧重点逐渐转向海上安全。2011年美菲“2+2”会晤中，美国承诺将在海上态势感知、海上接触及其他与菲律宾领海和邻近水域有关问题上加强对菲支持，包括提供武器装备、为菲海岸警卫队和海军提供培训等。美泰则在2012年签署的《美泰防务联盟联合展望声明》中，提出两国要致力于“使海洋、太空和网络等全球公域对所有人开放”，①合作范围明显扩大。三是

① Walter Lohman, “The U. S. –Thailand Alliance and President Obama's Trip to Asia”, The Heritage Foundation, *Issue Brief*, No. 3778, November 16, 2012.

试图重启冷战时期在菲、泰的军事基地。尽管美国表示不打算再在东南亚建立永久基地，但近年来通过舰艇访问、军事演习等手段加大了对菲律宾苏比克海军基地和克拉克空军基地的使用频率，实际上变相实现了重返上述基地。2013 年 8 月，美菲又展开了《关于强化合作与轮换存在框架协议》的谈判。该协议一旦达成，将使美国增加在菲律宾轮换部署人员的数量，更大限度地使用菲军事设施和基地并且允许美在菲预置武器装备，这将进一步强化美在菲军事存在。菲律宾将成为美国“亚太再平衡”战略和南海周边布局的重要棋子。与此同时，美国也与泰国讨论了租用乌塔堡海军航空站，将其建成一个“人道主义和灾害救援行动”中心的可能性。四是在新加坡部署濒海战斗舰。首艘“自由”号已于 2013 年春开始在新加坡进行为期 10 个月的部署。濒海战斗舰采取模块化设计，可执行扫雷、反潜和水面作战等多种任务，尤其适于在亚太濒海地区实施作战行动。

（二）大力发展与印（尼）、马、越等国的军事关系，作为同盟关系重要补充和在东南亚军事存在的主要着力点，“新战略关系”构建取得很大进展

美国 2010 年《四年防务评估报告》明确将东南亚国家归为三个类别：正式盟国、战略伙伴和可预期的战略伙伴。第一类包括菲律宾和泰国；第二类是新加坡；第三类包括印尼、马来西亚和越南。报告还称美国除继续加强与地区长期盟友的关系，还要与印尼、马来西亚和越南“发展新的战略关系”，以应对恐怖主义、毒品走私等问题和支持地区人道主义救援行动。基于此，奥巴马政府高度重视与印尼、马来西亚和越南的军事合作，美与三国关系都不同程度突破了以往由于政治、历史、人权等因素而受到的种种制约，合作领域与深度不断拓展，有些甚至接近于盟国的水平。美国太平洋司令部还提出了“战区安全合作计划”，以拉近与这些国家的军事安全关系。

美国与印尼逐步恢复和加强了因东帝汶问题而中断的军事关系。事实上，这一进程从小布什政府时期就开始了。“9·11”事件后，美国考虑到印尼在反恐战争中的重要地位，开始重启与印尼的军事接触。2005年5月，印尼总统苏西洛访美期间，美国国务院宣布将逐步实现两国军事关系正常化，并放宽对印尼的军售限制。同年11月，美国正式宣布解除对印尼实施6年的军事援助禁令，并准备为印尼特定的军事计划和部队提供援助，以帮助印尼军队实现现代化，美印（尼）军事关系中“国际军事教育与培训”（IMET）“对外军事销售”（FMS）及“对外军事资助”（FMF）三大项目也得以恢复。奥巴马政府更加积极推进与印尼军事合作，不仅大幅增加了对印尼的军事援助，还帮助印尼安装了7套海岸雷达监视系统，以提升其海上安全能力。[①] 2010年6月，美国与印尼还签署了一份内容广泛的《防务合作框架协议》，意在整合两国现有防务合作。同时，美国还宣布向印尼提供5600万美元资金帮助其建设巴淡岛地区海上指挥中心的沿海及舰载雷达系统。该系统包括16颗沿海雷达、11颗舰载雷达、1套指挥设备及2个地区指挥中心。[②] 同年7月，美国宣布解除与印尼国民军特种部队合作的禁令。另外，时任美国国防部长的帕内塔于2011年10月访问印尼时表示，将向印尼提供24架经过翻新的F－16C/D战斗机，并将于2014年7月开始交付。[③] 2013年2月，美国国会又批准向印尼提供15.6亿美元的军事援助。据悉，印尼将用这些资金采购坦克、火箭炮、24架贝尔412型直升机和20架UH－60“黑鹰”直升机等装备。[④] 美国与印尼联合军演也逐渐增多，如印尼陆军与

① Australian Strategic Policy Institute：*Southeast Asia*：*Patterns of Security Cooperation*，September 2010.

② 《美媒称中美正在争夺印尼军火市场》，http：//mil.cnr.cn/gjjs/201009/t20100902_506988796.html.

③ “Indonesia to buy 24 refurbished US F－16 fighters”，http：//www.reuters.com/article/2011/11/19/us－asia－summit－f－idUSTRE7AI04V20111119.

④ “Indonesia gets ＄1.56B in US Military Aid”，http：//www.upi.com/Top_news/World－news/2013/02/13/Indoneis－gets－156B－in－US－military－aid/UPI－39321360767598/.

美太总陆军的“哥鲁达盾牌”（Garuda Shield）演习、印尼空军与美空军的“对抗西部”（Cope West）演习、印尼海军与美海军的“卡拉特”演习等。2013年9月，美国和印尼还在印尼仙图市联合主办了由亚太18个国家参与的联合反恐演习。

美国与马来西亚军事关系在“9·11”事件后由于两国政治关系的改善而发展迅速。不过，小布什政府时期，美马军事关系主要围绕反恐和防扩散展开。两国分别签署《反恐谅解备忘录》和《采购与相互提供服务协定》，美国还出资在吉隆坡成立了“东南亚地区反恐中心”。此外，美国向马来西亚提供了军事行动和执法方面的大量援助。[①] 奥巴马政府时期美马军事关系发展更为全面、深入。两国军事演习次数明显增多。除继续举行“卡拉特”演习外，美马军种之间还举行“马来剑攻击”联合指挥所演习，旨在促进美马两军作战互通性并提升马军维和行动能力。2010年和2011年，马来西亚首次作为正式成员国分别参加了美国主导的“环太平洋”多国军演和美泰新“金色眼镜蛇”演习。[②] 另外，马来西亚派遣了由40名军事医疗人员组成的分遣队参与美国主导的阿富汗重建行动。美国海军舰艇也更多造访马来西亚的巴生港和哥打基纳巴卢。2012年5月，美海军“马金岛”号两栖攻击舰还访问了马来西亚新建的潜艇基地塞邦加湾。美国著名智库战略与国际问题研究中心（CSIS）在2012年5月的一份报告中，提出了进一步加强美马防务关系的几点建议，包括：使马来西亚有更多机会接触先进的防务技术；提升两国军事演习的质量和水平；扩大军官交流并实现常规化，允许各自军官在对方司令部和作战岗位任职；扩

① Thomas Lum, *U. S. Aid to East and South Asia: Selected Recipients*, Congressional Research Service, Washington, D. C., Octomber 2008.

② Colin S. L. Koh, "ASEAN's View on U. S. Military Role in Region", in Pavin Chachavalpongpun (ed.): *ASEAN – U. S. Relaitons: What are the Talking Points?* ISEAS Publishing, 2012.

展军事教育和训练项目，协助马实施“职业军事教育项目”；扩大对马防务和安全研究能力发展的援助。[①] 如果上述建议得以落实，美马军事关系将得到实质性提升。

美越军事关系发展近年来最令人瞩目。两国合作领域已从实现关系正常化初期的高层军事互访、军事医学、搜救和扫雷等领域，拓展到防务磋商与对话、舰艇访问、军事演练、人员交流等，合作更趋务实和机制化。自2003年以来，美国军舰每年都造访越南港口，且频率有时达到每年3次，舰艇类型也从作战舰艇扩大到非作战舰艇，越南船坞还开始对停靠的美舰提供维修服务。此外，越南军官多次被允许登上美舰艇进行参观，显示美对越南军事上的更大开放度。美越军方高层磋商也逐步启动并形成机制，为不断推动两国军事关系提供了指南和动力。2010年8月，两国启动了国防部副部长级防务政策对话。2011年9月，签署《防务合作谅解备忘录》。2012年6月，美国国防部长帕内塔访越并参观了金兰湾。进入奥巴马第二任期以来，美越军事关系发展势头不减。2013年6月，越南人民军总参谋长杜伯巳访美，双方同意继续加强防务领域合作。2013年10月28日至29日，越美第四次防务政策对话在华盛顿举行。美国表示愿意与越南扩大合作，为越南海岸警卫队提供援助，双方希望在海上安全、海上预警研究和经验分享等领域合作。此外，双方承诺将通过两国国防学院、国防研究院的合作加强培训领域交流，共同推动两国海军舰艇互访等。

① Murray Hiebert, Elina Noor, Gregory Poling and Tham Siew Yean, *From Strength to Empowerment: The Next Generation of U. S. - Malaysia Relations*, A Report of the CSIS Southeast Asia Program and ISIS Malaysia, May 2012.

表 1　美国海军舰艇对越南港口的访问（2003～2013 年）

访问日期	舰艇名称	访问港口
2003 年 11 月	“范德格里夫特”号导弹护卫舰	胡志明市
2004 年 7 月	“柯蒂斯·韦伯”号驱逐舰	岘港
2005 年 3～4 月	“加里”号导弹护卫舰	胡志明市
2006 年 7 月	“爱国者”号和“保卫者”号扫雷舰	胡志明市
2007 年 7 月	“佩莱利”号两栖攻击舰	岘港
2007 年 10 月	“布鲁斯·希曾”号测量船	岘港
2007 年 11 月	“爱国者”号和“卫兵”号扫雷舰	海防
2008 年 6 月	“仁慈”号医院船	芽庄
2009 年 6 月	“布鲁斯·希曾”号测量船	岘港
2009 年 8～9 月	“卫兵”号扫雷舰	胡志明市
2009 年 11 月	“蓝岭”号两栖指挥舰和“拉森”号导弹驱逐舰	岘港
2010 年 2～3 月	“理查德·伯德”号补给船	鸿魁港
2010 年 5 月	“仁慈”号医院船	归仁
2010 年 8 月	“约翰·S. 麦凯恩”号导弹驱逐舰	岘港
2011 年 7 月	“钟云”号导弹驱逐舰、“普雷贝尔”号导弹驱逐舰和“保卫者”号辅助支援舰	岘港
2012 年 4 月	“蓝岭”号两栖指挥舰、“查飞”号驱逐舰和“哨兵”号救难舰	岘港
2012 年 6 月	“理查德·伯德”号补给船	金兰湾
2013 年 4 月	“钟云”号导弹驱逐舰和“救难者”号打捞救助船	岘港

资料来源：根据 Australian Strategic Policy Institute：*Southeast Asia*：*Patterns of Security Cooperation*（2010.09）及其他有关资料整理。

（三）积极改善与柬、老、缅等国军事关系，介入各国军事现代化和职业化进程，使美在东南亚军事链条趋于完整

在与东南亚国家的军事关系中，美国过去一直忽视与柬埔寨、老挝和缅甸等大陆东南亚国家的关系，这其中既有意识形态的因素，也与缅甸、柬埔寨国内局势有关，特别是由于对缅甸军政府的不满，美国自 20

世纪90年代以来一直对缅甸实施全面制裁，政治、经济、军事联系几乎全部中断。但自奥巴马政府执政以来，在“重返亚太”战略的指导下，美国对柬埔寨、老挝和缅甸的战略价值有了新的认识，认为发展与上述国家的军事关系将很大程度上强化在东南亚西部的军事存在，使美在该地区军事部署趋于完备，而且柬、老、缅与中国传统关系深厚，加强与上述国家关系可以削弱中国的影响力。基于这些战略考虑，美国大幅改善了与柬、老、缅的军事关系，尽管这些发展较之美国与其他东南亚国家的军事关系仍处于起步阶段，但仍值得高度关注。

美国与柬埔寨的军事关系在上述三国中发展最快。早在2004年，美国防部就启动了重建与柬防务关系的努力，主要侧重点是：①重新将柬埔寨纳入有关反恐、打击跨国犯罪、人道主义灾难应对等多边会议和地区安全论坛中；②寻求利用双边活动的合适资源，包括扫雷、工程训练、搜救和灾难应对、医学研讨会、维和及多余资产项目；③采取务实行动，如规划舰艇访问、派遣评估团与柬王家军共同评估基础设施建设情况等，继续探讨两国开展联合训练的可能性，以及利用IMET、FMS等支持柬埔寨军队职业化建设。奥巴马政府上台后，美柬军事关系在上述三方面都取得了不少进展。首先，美柬继续在开展人道主义扫雷行动等传统领域展开合作。其次，美柬加强了在反恐、禁毒、灾难救助及维和等领域的合作，特别是在维和领域，2010年7月，美柬根据美国提出的“全球维和行动倡议”，共同主办了第一次代号为“吴哥哨兵”的大规模多国维和军演，旨在加强各国维和行动能力。再次，美国日益介入柬埔寨军队职业化建设进程。当前，柬埔寨王家军正致力于长期的改革和兵力结构评估。美国向柬埔寨提供了许多相关培训和指导。如2009年8月，美国海军研究生院民事－军事关系中心对柬埔寨王家军一些高级军官进行了防务政策制定方面的培训。随后，柬王家军成立了一个“防务安全评估小组”，对培训情况进行了总结，并着手制定新的防务政策。[①] 美、澳还参与了柬埔寨防务白皮书的撰写。另外，美国通过“防务资源管理学习”课程向柬埔寨王家军提供培训，主要涉及防务管理实践、加强防务透明度和可靠性、新能力获取以及深化美柬高层军事交流等方面。

美国与老挝军事关系的一个主要进展是2008年双方互派武官。同时，美国向老挝提供的援助有一部分流向军事领域，但范围有限。美老军事合作仍主要局限在扫雷及寻找美军越战失踪人员等方面，近年来增加了军事教育与培训等内容（主要是英语语言和军队职业化方面的培训）。

美国与缅甸的军事关系仍处于萌芽状态，实际合作尚未展开，但双方均表现出合作的意向。2012年8月，美国战略与国际问题研究中心一份关于缅甸的报告建议，美国应加强与缅甸军方的接触，包括“考虑与缅甸武装部队举行联合军事演习并为优秀的缅甸军官提供在美国军校参与‘国际军事教育与培训计划’的机会。”[②] 报告还提出美国与东盟应在新加坡举行的年度“香格里拉对话”和每两年举行的“东盟防长扩大会”等论坛上与缅甸军方进行接触。同时，美国智库在为缅甸军官提供非军事培训机会方面应发挥重要作用。2012年10月，美太平洋司令部陆军司令弗朗西斯·维辛斯基中将率领一个小型代表团访问了缅甸，标志着美缅军方开始尝试接触。同时，2013年，缅甸首次作为观察员观摩了“金色眼镜蛇”演习。

美国与东盟军事关系新的特点

奥巴马政府上台后，美国与东盟军事关系的发展表现出一些新的特点。

---

① Lewis M. Stern, “U. S. - Cambodia Defense Relations: Defining New Possibilities”, *Strategic Forum*, No. 251, December 2009, Institute of National Strategic Studies, US National Defense University.

② Ernest Bower, Michael Green, Christopher Johnson, and Murray Hiebert, *CSIS Myanmar Trip Report*, September 10, 2012, http://csis.org/publication/csis-myanmar-trip-report.

（一）更趋平衡和多元

首先，从对象上看，过去美国与东南亚国家的军事关系主要局限在与菲、泰、新等盟国和准盟国之间，与其他国家的军事关系基本陷于停滞。但奥巴马政府上台后，美国大力拓展与印尼、越南、马来西亚这三个东南亚大国的军事合作，务实性合作不断增加，可以说成为牵动美国与东南亚军事关系整体提升的最重要支柱。与此同时，与过去鲜有接触的缅甸、老挝、柬埔寨等国开启和发展军事关系使得美国在东南亚的军事存在从地域和内容上更具全方位性。其次，从内容上看，美国当前与东南亚国家的军事合作不仅覆盖反恐、维和、救灾等非传统安全领域，也涉及共同应对海上入侵等传统安全领域。这两方面美国都很重视，因为在美国看来，非传统安全领域合作敏感度低，各国容易接受，而且可以更好地塑造美国的军事形象和体现军事“软实力”，而传统安全领域合作有助于提升美国在东南亚军事存在的层次和水平，并为应对地区危机或冲突进行战略预置。从目前来看，美国与南海周边国家的军事合作涉及的传统安全色彩更浓一些，而与柬、老、缅等国的合作主要强调非传统安全领域，意在增进与这些国家的互信。

（二）突出海上安全考量

近年来，亚太地区海洋领土和权益争端日渐升温，特别是钓鱼岛问题和南海问题。美国认为，中国在这些争端中表现出日益强硬的态度，而且中国海军实力正不断增长并试图突破第一岛链，这都可能挑战美国在西太平洋的海上霸主地位。作为应对，美国在强化与东盟国家军事关系时将侧重点放在海上安全合作方面，如将海上安全纳入与菲、泰同盟合作领域，积极帮助菲律宾、印尼和马来西亚建设海岸监视系统，为越南海岸警卫队提供援助等。由于东南亚各国对海上安全的关注也日益增大，这一领域今后可能成为美国与东南亚军事关系发展的主要推动力。

（三）以寻求多点进入为主要着眼点

美国与东亚之间远隔太平洋的地理特点，使其非常重视力量投送、作战进入和保持在全球公域（特别是海洋）的行动自由，以便在出现紧急事态时能够做出及时应对。而这要求美国必须能够使用本地区军事基地或设施。为避免政治上的麻烦和增大灵活性，美国已不再寻求像冷战时期那样建立大型固定基地，而是通过与东盟国家签署各种基地使用协议和舰艇频繁访问，为其战时进入预做准备。奥巴马政府上台后，美国在寻求基地准入权方面着力更大，视野更广。一方面，与菲律宾展开关于加强在菲轮转存在协议的谈判，主要是着眼使用菲境内各种基地和设施。这是美军自 1992 年撤出菲律宾军事基地后强化与菲律宾军事关系的最大手笔，一旦达成协议，将产生深远意义。另一方面，以多种方式在东南亚其他国家寻求进入点，如频繁造访越南多个港口，且借舰艇维修毫不掩饰其进入金兰湾的企图；提出租借泰国乌塔保海军航空站；舰艇造访马来西亚新建的哥打基纳巴卢海军基地；在新加坡部署濒海战斗舰；等等。

（四）注重应对所谓“反进入/区域拒止”威胁的先进装备的部署

奥巴马政府上台后，认为美国在东亚面临的“反进入/区域拒止”威胁愈发严峻，一些国家和组织已经在利用地缘优势“采取武力胁迫和政治行动对抗美国的军事存在和力量投送”，并且妨碍其自由进入全球公域中重要的海域和空域”。[1] 基于此，美国提出了“空海一体战”作战

① 〔美〕诺顿·施瓦茨和乔纳森·格林纳特：《空海一体战：在不确定的时代促进稳定》，《外国军事学术》2013 年第 1 期，第 19 页。

概念，并在东南亚和东北亚的军事部署上体现出应对上述威胁的考虑。如在新加坡部署“濒海战斗舰”，同时将最先进的 F－35 战斗机、P－8 反潜巡逻机、“鱼鹰”倾斜旋翼飞机、“朱姆沃尔特”级导弹驱逐舰等优先部署在这一地区。

结　语

当前美国与东盟国家军事合作以海上安全为重点，很大程度上着眼于南海，随着美国在该地区军事存在的进一步强化和完善，将对我国在南海维权和军事活动构成潜在挑战。同时，美国着力打造对抗所谓“反进入/区域拒止”威胁的能力，竭力保持其兵力投送和作战进入自由，也将从作战角度对我国构成威胁。此外，美国强化与东盟各国联合演训、增大对其军售、加强人员培训和介入各国军队职业化进程，将使东盟各国在军事体制、装备、理念上进一步融入美国主导的体系，从而可能强化东南亚地区业已存在的经济上依赖中国、安全上倚重美国的二元结构。同时，美国着力拓展与印尼、越南等东盟主要大国的军事关系以及开启与我国传统友好国家柬埔寨、缅甸等国军事关系，将给我国处理与东盟国家关系带来更多复杂因素。

亚太大国博弈与中南半岛安全局势

杨丹志*

2013年，中南半岛国家的安全议题主要集中在国内安全层面。亚太各大国在中南半岛的战略行为则更多是由战略互疑所驱动，特别是中美、中日、中印之间的战略互疑直接或间接导致中南半岛安全局势的复杂化。中美、中日、中印之间的战略互疑甚至导致各方在中南半岛事实上的战略竞争。目前，中南半岛安全局势中的不稳定因素尚不足以危及中国的周边安全，但仍然暗流涌动。未来中国的中南半岛外交局势仍将是挑战与机遇并存。

中南半岛是亚洲南部三大半岛之一。旧称印度支那半岛（Indo - China Peninsula），又称中印半岛。位于中国和南亚次大陆之间，西临孟加拉湾、安达曼海和马六甲海峡，东临南海，为东亚与群岛之间的桥梁。中南半岛包括越南、老挝、柬埔寨、缅甸、泰国及马来西亚西部，是世

* 杨丹志，中国社会科学院亚太与全球战略研究院，博士。

界上国家第二多的半岛。[①] 中南半岛一直是亚太地区多个大国力量的交汇地带。近年来，因国内政治、经济转型，政党纷争、政府轮替带来的震荡效应及因民族和宗教问题引发的冲突成为多个中南半岛国家国内安全的主要议题。此外，随着地区安全形势的变化，中南半岛在亚太大国博弈中的地位也日益凸显。

一　中南半岛安全局势

1. 中南半岛国家国内安全形势

2013 年，中南半岛国家中，缅甸政局基本保持稳定，一个突出的表征是总统登盛和主要的反对派全国民主联盟领导人昂山素季在政治改革及国家和解进程中已能够相互合作。自 2011 年开始的民主化进程没有出现停滞。缅甸政府军与人口众多的少数民族克伦族和禅族已经签署了停火协议。但政府军与少数民族反叛者的战斗在一些边境地区仍在持续。[②]

值得关注的是缅甸佛教徒与穆斯林之间的暴力冲突烈度在持续上升，并有外溢至马来西亚和印度尼西亚之势。前东盟秘书长素林指出：这种冲突的激化态势将对本地区产生广泛的战略和安全上的影响。自 2012 年 6 月以来，约 200 人（大部分是穆斯林）在佛教徒和穆斯林的冲突中丧生。2012 年暴力行为主要发生在若钦邦，2013 年逐渐蔓延至缅甸全国。2013 年 5 月份，东北缅甸佛教徒聚集的腊戍再次发生骚乱，佛教徒民族主义者焚烧穆斯林住宅及不加区分地进行杀戮。这些袭击事件据称与佛教极端民族主义组织“969 运动”有关。[③]

---

① http：//baike.baidu.com/link？url = G_q76fxqctxSVY9b07HQfaW81wdxX2FkZBKyV9WQvXLufy5QIuqKIWlJri2skw6V。

② Country Report，Myanmar，September 2013，The Economist Intelligence Unit Limited 2013，p. 4.

③ 该组织号召抵制穆斯林商店，以及佛教徒与穆斯林的分离运动。

在马来西亚和印度尼西亚也出现了佛教徒与穆斯林关系的紧张现象。发生在吉隆坡的缅甸穆斯林袭击缅甸佛教徒的行为使得整个地区风险徒增。按联合国难民署（UNHCR）的统计，在马来西亚有83000名缅甸难民，其中28000人是缅甸西南部若钦邦的穆斯林罗西雅人。缅甸政府要求马来西亚政府尽最大努力保护在马缅甸公民，并采取行动打击袭击者。缅甸派出高级代表团赴吉隆坡了解局势，如果其公民受到不公正对待即提出抗议。在缅甸，佛教徒迫害穆斯林的态势没有缓解。最大的伊斯兰国家印度尼西亚反应强烈。印尼政府表明将继续支持在缅甸的穆斯林少数民族，并许诺100万美元援助缅甸穆斯林。支持还来自印尼的伊斯兰强硬分子，被囚禁的激进组织领导阿布·贝卡·巴沙尔写信给登盛总统，威胁要针对缅甸迫害罗西雅人的行为发动圣战。

在马来西亚，居住着佛教徒和穆斯林的难民营发生暴力事件并导致人员伤亡。在印尼，也发生了多起未能得逞的穆斯林针对佛教徒的暴力袭击事件。2013年5月，警察挫败了一起针对缅甸驻印尼使馆的爆炸袭击。在缅甸驻印尼使馆外，1000余名印尼穆斯林游行，反对缅甸迫害穆斯林，支持巴沙尔的圣战主张。同样的抗议还发生在棉兰（Medan）、苏鲁和中爪哇。

如果事态得不到有效的控制，缅甸所引发的穆斯林激进活动将外溢至整个东南亚。缅甸佛教徒与穆斯林之间的暴力冲突不可避免地冲击了缅甸的民主化进程，也影响缅甸与其他东盟国家，特别是印度尼西亚、马来西亚等国的关系。一旦暴力冲突造成严重的人道主义危机，缅甸的国际形象及与西方的关系也将严重受损。

2013年越南国内政局基本平稳，该国国内民众对征地、腐败、贫富差距分化等问题的不满度在上升，在互联网上开始出现越来越多对政府不满的声音。越南政府开始了新的网络整肃。2013年上半年，已有46人因在网上从事“反政府活动”获罪（超过2012年获罪人数总和）。两名知名博主在6月份也被逮捕。[①] 越南政府日前颁布禁令，规定网络用户在私人博客或社交网站不得张贴、转发如时事新闻一类的“公共信息”。泰国《曼谷邮报》援引一名不愿透露姓名的西方驻越南使馆外交官的话说，新法令让越南当局在逮捕上述人士时有了更明确的依据。

2013年5月中越南海纷争在越南再次引起强烈反响。越南外交部5月27日称，中国渔船20日在越南专属经济区驱逐、冲撞越南渔船，6月2日越南首都河内再次爆发反华抗议活动，约150名越南人聚集在河内市中心抗议中国“侵占越南领海”。越南安全部队随即驱散抗议人群，并逮捕30名抗议者。路透社认为，执政的越南共产党积极阻止所有抗议，即便是一度允许的反华抗议现在也不松口子，他们担心，抗议可能演变成更大规模反政府活动。

种种迹象表明，尽管目前越南共产党的执政地位尚未受到威胁，越南官方还是对互联网上出现反政府信息保持高度警觉，甚至通过专项立法加以控制。面对国内日益上升的民族主义，越南政府的担忧也在增加，因为越南国内的异见者极可能利用民族主义作为招牌从事反政府的活动。

泰国政局在2013年11月起进入动荡期，因英拉政府发布大赦令而引发一系列大规模反政府示威游行。在泰国前副总理素帖领导下的反政府抗议示威群体，以及改革泰国学生及民众联盟、泰反他信体制“人民军”等群体，分别前往泰国总理府、外交部、国家电视台等处游行，多处政府部门遭占领或围困。据泰国外交部发布的消息显示，已经有20余个国家向本国民众发布旅泰提醒公告。

迄今为止，英拉政府对于国内反对派的无政府行为保持克制。军队作为泰国政治中一支举足轻重的力量目前仍保持着超然的态度。泰国乱局并未导致泰国国家和社会的完全失控。但岁末泰国政治的动荡表明，

① Country Report Vietnam, July 2013, The Economist Intelligence Unit Limited 2013, p. 4.

泰国尚未形成新的、稳定的权力结构，各政治力量之间博弈仍在激烈进行中。

柬埔寨局势在2013年7月底全国大选后也出现了动荡。根据7月28日的大选结果，原执政党人民党赢得超过半数议席以上（赢得68席）获得组阁权，洪森连任首相。反对党救国党（CNRP）领导人桑兰西随后发起示威抗议活动，要求成立由联合国及国际组织参与的独立调查团对大选的“严重违规现象”进行彻底调查，但遭到洪森政府拒绝。反对派在大选后发动了一连串抗议。甚至要求首相洪森解散国会重新选举。反对党救国党主席桑兰西指出，7月28日的大选不是一场公平的选举，其结果不能被接受，因此该党呼吁洪森下台重选。由桑兰西党和人权党合并而成的反对党救国党首次参加大选即获得国会123个席位中的55席（在上届议会中桑兰西党和人权党共占29席），人民党议席由90席下降至68席。[①] 洪森强人政治遇到了强劲的冲击。这改变了过去世人心目中柬埔寨反对党分裂、弱小和贫穷的印象。柬埔寨民众的求变心理及美国对柬反对党参选的支持是救国党在大选中异军突起的主要原因。

选举过后的动荡甚至影响了柬埔寨与西方国家的安全合作，8月初大选揭晓后美国以大选可能存在不公为由取消了与柬埔寨的多项军事交流。柬埔寨与澳大利亚的反恐与海上安全项目也被推迟。有美国国会议员警告说，如果选举存在不公正，美将取消对柬军事援助。而澳大利亚则呼吁对柬埔寨选举进行调查。如何处理与西方的关系，将是洪森新政府面临的难题。

2. 中南半岛国家的军力建设

近年来，东南亚国家先后进入新一轮军备扩充时期。中南半岛国家

① Country Report Cambodia, September 2013, The Economist Intelligence Unit Limited, 2013, p. 4.

也不例外。据斯德哥尔摩国际和平研究所统计，印度尼西亚、越南、柬埔寨与泰国在2002年至2011年间，国防预算增加的比例最大，幅度达到66%～82%。

中国军事科学院发布的《战略评估2012》年度报告指出，东南亚主要国家，特别是南海权益声索国，近年纷纷订购大型舰只，目前已基本实现作战舰艇的导弹化和大型舰艇载机化。越南2006年从俄罗斯采购2艘猎豹级护卫舰，2011年已经全部交付。越南还从俄罗斯购买了6艘改良版基洛级潜艇。相比经典的基洛级潜艇，改良版潜艇的隐身技术和战斗范围都得到极大提升。此外越南还将订制苏－30战机约18架。据英国《简氏防务周刊》报道，洛克希德—马丁公司海上巡逻项目主管克莱·菲尔诺称，越南海军欲购买6架P－3海上巡逻机，美国政府对此表示赞成。泰国也启动10亿美元的护卫舰采办项目，并经内阁会议批准拨付资金9.72亿美元用于护卫舰采购。缅甸则启动了购买俄制战斗机的计划。

总体上看，尽管国内安全问题仍是中南半岛国家的首要安全议题，但近年来上述国家不惜斥巨资购买的武器装备却主要用于应对所谓“外部威胁”，特别是保护航道、海上边界和港口安全，以及与他国对海上资源的争夺。越南的意图是形成针对大国的不对称战力以有利于其争夺南海权益；泰国则期望能更有效地维护泰国湾的安全；缅甸之所以加强空军力量建设，一个重要的原因是在与孟加拉国争夺孟加拉湾海上石油资源时不落下风。中南半岛国家的军备扩充固然不足以改变东亚地区的军事力量均衡，但作为国际军火市场主要卖家的亚太大国之所以乐于与中南半岛国家达成交易，并不仅仅出于经济上获益的动机，在交易背后往往有着战略上的考量。这无疑加大了中南半岛安全局势的不确定性。

二　亚太大国在中南半岛的战略行为及其影响

1. 日本在中南半岛的战略行为

日本在中南半岛战略行为的主要对象是湄公河流域国家。2012 年年底至 2013 年，日本在湄公河流域采取了一系列外交攻势。包括日本首相安倍晋三在内的诸多日本政要及经济界人士先后访问湄公河流域国家（2012 年 12 月至 2013 年 10 月，在 1 年之内，安倍还完成了对所有东盟国家的访问）。通过密集出访，在政治、安全、经济、教育与社会发展等广泛领域，日方与湄公河流域国家达成广泛共识。这表明，在中日关系僵局未能打破的背景之下，日本正致力于将东南亚国家特别是湄公河流域的发展中国家作为外交的一个重要突破方向。

日本在湄公河流域外交攻势目的与动机主要为四个方面。一是更有效地维护日本在湄公河流域的利益特别是经济利益，通过与湄公河流域国家的有效合作，既满足日本国内产业换代升级的需要，又可以进一步巩固和扩大日本在湄公河流域的影响力。二是希望湄公河流域国家在与日本利益相关的重大国际事务，例如在安理会席位扩大、朝核问题、朝鲜绑架日本人问题、海上航行自由及运用国际法来和平解决国际争端方面能够坚决支持日本的态度和立场。三是平衡中国的需要。日本将湄公河流域国家视为中日关系权力天平上作用不可小视的砝码。中日在钓鱼岛相持不下的情况下，日本在湄公河流域外交攻势及经济攻势的成败，将有可能决定中日双方在东南亚势力的消长。如果日本与湄公河流域国家关系能不断巩固和发展，无疑是在中国的“后院”打下“楔子”，必将对中国形成战略上的牵制。四是巩固美日同盟的需要。由于美方已经宣布将继续深化推进在亚太的再平衡，而东南亚正在成为美国再平衡的主要着力区域，日本在湄公河的系列攻势，实则也是配合美国战略调整的需要，对美国的“再平衡”构成了战略上的呼应。

从2012年年底至今，日本方面在湄公河流域的活动主要集中在以下方面：

一是利用2013年是日本与湄公河流域国家建交重要纪念年份（例如与越南建交40年，2013越日友好年，与老挝建交60周年）之机，开展高层互访，营造日本与湄公河流域国家亲善友好的氛围。此外，日本积极参与或是积极承办与湄公河流域国家间多边协商机制框架下的会议。利用多边交流增进理解，加强关系。

二是继续推进湄公河流域“东西经济走廊”“南部经济走廊”及湄公河－印度经济走廊建设，争取将日本与湄公河流域国家达成的协议具体落实。

三是有效利用公共部门与私企合作伙伴关系（PPP），以官方和民间路径结合的灵活方式促进湄公河流域开发。

四是高度重视湄公河流域国家的能力建设，主要是湄公河流域国家的人力资源发展，公民（特别是妇女）的社会参与。帮助湄公河流域国家增强管理体系和制度建设。

五是帮助缅甸、越南等国减贫、改善民生、发展经济与帮助其加快实现政治、经济转型同步。但日本比过去更为强调ODA的基本原则，强调受援国的人权、自由、民主化和推行市场经济。

例如，在缅甸，日方拟投入170亿日元用于进行基础设施建设。缅甸基础设施建设在东盟国家中处于较低的水平，乡村面临风险尤其严重。日方经费用于新建或重建基础设施，道路、电力、水供应等，在缅甸7个区和邦，通过落实该计划改善乡村居民生活质量和减贫。

电力资源短缺在缅甸是严重的问题，特别是在旱季，水电能源的减少会影响经济和社会活动，仰光郊区特别是迪洛瓦经济特区的开发，进一步增加了能源需求量，建立一个稳定的能源供应系统成为紧迫的问题。

该项目在缅甸设立运转更有效的电站和变电站，改善供电情况，推动缅甸经济可持续发展。

除了在基础设施建设方面帮助缅甸，日本还积极推动缅甸民主化进程。2013年4月，日本外务省还邀请缅甸民盟领导人昂山素季访问日本。4月18日，在昂山素季与日本首相安倍晋三的会谈中，安倍明确表示支持缅甸的民主化进程和民族和解进程，日本将为缅甸的民主化进程及民族和解做出贡献。2013年2月11日日缅两国还举行了第一次人权对话。交流内容包括人权委员会的活动，缅甸国内和平谈判及释放囚犯，日本帮助缅甸与联合国配合改善缅甸人权状况。

日本对越南的政治、经济转型也较为关注，日本外相岸田文雄会见越方高层时也表示，日本将继续通过ODA和其他方式来支持越南的经济和社会发展。

此外，日本还致力于拓展与湄公河流域国家合作领域。例如日本应越南之约，与越南在电子、农业机械、农产品和水产品加工、造船、环境与能源节约及汽车与汽车零配件生产等六个主力工业产业进行合作。此外，日越两国在军事、公共安全以及议会（国会）部门的交流也在加强。日本还采取相应措施，继续为日本和湄公河流域国家科技文化交流和人员往来提供便利。例如，在缅甸推行人力资源发展学者计划，金额为4.56亿日元，主要为缅甸青年官员提供指导及赴日本学习费用。日方认为，这批官员有助于促进缅日相互理解和发展友好关系。日本与湄公河流域国家达成的自2010年起湄公河流域国家30000人次赴日交流学习的计划仍在进行。在东南亚国家民众赴日签证等相关事宜方面，日方也提供了更多的便利。

从目前态势来看，日本在湄公河流域所推行的是包含政治、经济、安全及社会发展等因素在内的总体外交，强调外交中的价值观因素，强调与湄公河流域国家在水源开发、利用，基础设施建设等领域具体的合作只是其总体的湄公河战略、中南半岛战略乃至东南亚战略所涉及的一部分。日本在中南半岛的战略行为呼应、配合了美国的亚太再平衡战略，但日本并不满足于“对美协调”，其终极目的是获取在该地区事务中的主导权和实现战略利益的最大化。

2. 美国在中南半岛的战略行为

中南半岛国家均为中小国家，不具备影响、决定东亚安全秩序和经济秩序构建的足够实力，在小布什执政期内，中南半岛乃至整个东南亚在美国的战略考量中属于相对边缘的位置。但在奥巴马任内，这一情况有了明显的改变。其原因有三：其一，美国推进亚太再平衡的需要。盟友和伙伴关系的再平衡是美国再平衡战略的重要组成部分。在这一时期，美国更为重视与中小国家的关系。在中南半岛国家中本就包括了美国的盟友泰国，而地缘政治地位突出，且处在政治经济转型进程中的越南则有望成为与美国开展全面合作的伙伴，为政治强人洪森统治多年的柬埔寨也属于美国力图拉拢的对象。缅甸的民主化转型更为美国介入中南半岛提供了机会。因此，加强对中南半岛的外交攻势，有可能使美国在亚太的再平衡更有成效。其二，具体落实和推进“印太”战略的需要。目前，“印太”已经成为美国、印度和澳大利亚战略界热炒的概念，实力下降期的美国意欲控制印度洋和太平洋，不仅需要印度和澳大利亚的配合与支持，还需要在地接两洋的中南半岛保持足够的影响力。其三，制衡中国的需要。东南亚特别是中南半岛是中国的近邻，也是中国改革开放30多年来周边外交最见成效的地区之一。但近年来，东南亚国家对于中国的快速发展及其在与周边国家的领土、边界争端中日趋自信和强硬感到担忧。美国感知并在一定程度上利用了东南亚国家与中国的分歧。试图联手东南亚国家遏制和约束所谓“中国日益膨胀的领土野心”。

美国在中南半岛的战略行为主要体现在三个方面。

一是打“安全牌”，在安全领域，美国采用举行涉及战略与安全议题的对话，人员交流与培训，联合军演等多种方式强化与中南半岛国家的安全关系。

2013年10月28日至29日美国和越南在美国首都华盛顿举行的第四次国防部副部长级国防政策对话上，双方就双边国防军事合作进程、地区安全局势、航行自由安全、海洋安全、威胁本地区和平稳定的潜藏危机等双方共同关注的问题交换意见并进行评价。越美一致认为东亚、东南亚海域各方应遵守国际法尤其是《1982年联合国海洋法公约》及《东海各方行为宣言》（DOC），通过对话磋商，以和平方式解决海上安全相关问题与争端，尽早推动《东海各方行为准则》（COC）制定进程。美方高度评价越南在地区和多边合作框架内所扮演的角色，希望进一步加强与越南和东盟各国的关系以推动信心建设。美方代表对越南宣布正式参与联合国维和行动表示赞同，并重申，美国随时愿意协助越南有效参与该行动。

美越之间类似对话举行过多次，并显现出高端化、战略化、制度化的特征。越美两军在军事培训和联合军事演习方面的合作也较为顺利。美国国务卿克里12月16日在访问越南期间，宣布将向东南亚国家提供额外的3250万美元的援助，帮助他们保护自己的领海和确保海上航行自由。克里称越南将得到多达1800万美元的援助，其中包括给越南海岸巡逻部队的5艘高速巡逻艇。

美国与柬埔寨的军事合作已持续多年，美国是柬埔寨最大的军事援助国。2012年，美国对柬埔寨军事援助达520万美元。美国与缅甸关系改善后，两军军事交流也在进行，多批次缅甸军人参加了在美军事培训，缅甸还应邀参加了2013年的“金色眼镜蛇”联合军事演习。

目前，美国国防部长已邀请东盟各国国防部长于2014年4月初赴美国夏威夷举行会晤，就地区安全问题和双边国防合作方向深入交换意见。美国与东盟防长间的10+1对话可能导致美国与东盟防务合作的持续深化。

二是“经济牌”。美国灵活运用包括援助和制裁在内的多种经济手段处理与中南半岛国家关系，引导中南半岛国家向美国期待的方向进行政治、经济转型。

20世纪80年代缅甸军政府建立以来，美国等西方国家对缅甸采取了制裁措施。2012年奥巴马总统对缅甸进行具有历史性意义的访问后，鉴于缅甸在民主化进程方面取得的进展，2013年2月22日，美国财政部宣布解除对缅甸四家银行——缅甸经济银行、缅甸投资和商业银行、亚洲绿色发展银行以及伊洛瓦底银行的制裁。这为美国银行和企业进入缅甸铺平了道路，也有利于缅甸银行与国外其他银行建立联系。由美国主管经济商务事务的助理国务卿何塞·费尔南德斯率领的包括50名美国企业高管组成的代表团于2月24日至28日对缅甸进行访问，这是2012年美国总统奥巴马访缅后到访缅甸的第一个大型美国商务代表团。据报道，代表团涵盖了百胜餐饮集团（肯德基和必胜客的所有者）、通用汽车公司、康菲石油公司、卡特彼勒公司等美国众多大公司。随着缅甸民主化进程的推进，缅甸所面临的制裁有望全部解除。

美国对于越南的政治经济转型进程也颇为关注，2013年12月美国国务卿克里在对越正式访问发表的讲话中指出，英特尔、微软、通用电气等美国大型企业正在越南有效运行，这是美国赴越南展开经营活动释放的积极信号。他强调，一个开放的社会将有利于国家的繁荣富强。他呼吁越南政府把握这个机遇，保护个人权利。TPP也一直是美国与越南热议的话题，按照TPP的高准入标准，越南要想加入将不得不对其多项国内法律进行改革。

三是打人权牌和民主牌。对于越南国内整肃媒体，缅甸境内的民族冲突、宗教冲突，以及柬埔寨2013年7月大选美国都予以了高度关注。

实践中，美国在中南半岛往往是将三张牌组合使用，寻求效果的最大化。未来中长期内，越南、缅甸和柬埔寨将是美国中南半岛外交的重点。

3. 印度在中南半岛的战略行为

印度在地理上天然接近中南半岛，印度在中南半岛的战略行为与印度“东向政策”紧密相关。“东向”政策发轫于20世纪90年代初，在当今印度对外战略中仍然占有较重要的地位。通过推行“东向政策”，印度迅速恢复了与东南亚国家的联系，并加快了与东亚的互动和融合。中南半岛在地理上也属于印度的东方，地连印度与东亚，从广义上讲印度的中南半岛战略实则是其东向战略的重要组成部分。

印度中南半岛战略的主要驱动来自三个方面：能源需求，制衡中国和扩大地区影响力。

2010年11月9日，国际能源机构（IEA）在伦敦发布了2010年《世界能源展望》，该报告称以中国和印度为首的新兴经济体将在未来25年里驱动全球能源需求。印度在2008年到2035年期间是全球能源需求增长的第二大动力，届时该国能源需求将翻一番，占全球能源需求的18%。[①]

印度塔塔能源研究所估算，2011年印度的石油消耗量约为1.5亿吨，而本国最多只能生产6500万~7000万吨，每天需进口150万桶。[②] 为了寻求稳定、廉价、可靠、便捷的能源供应渠道，印度必然加大对中南半岛拥有丰富石油资源的缅甸和越南的关注。仅在2001~2004年，印度能源巨头印度石油天然气公司就在越南、缅甸等国家的14个石油和天然气项目中投资110亿美元。[③] 为了便于能源的运输，印度还加大了在

---

① 新华社信息伦敦2010年11月9日电，http://news.cnpc.com.cn/system/2010/11/11/001312689.shtml.

② 绍志勇、徐祥军：《印度军力为哪般——访国防大学胡思远教授》，《光明日报》2000年11月15日。转引自郑泽民《南海问题中的大国因素》，世界知识出版社，2010，第171页。

③ 《对能源的渴望是如何导致和解的》，《美国商业周刊》2004年11月15日，转引自郑泽民《南海问题中的大国因素》，世界知识出版社，2010，第171页。

缅甸的港口等基础设施建设的力度，试图在落后的印度东北各邦与缅甸之间建立便捷的交通网络，以“东向”来带动印度落后地区的发展。印度与越南在南中国海石油开发方面的合作，表明印度的触角已经伸入西太平洋地区。

印度在中南半岛的战略行为很大程度上是为了制衡中国。中国与缅甸的合作，特别是中国在缅甸临近印度洋港口基础设施的建设引起了印度的担忧。印度认为，中国谋求在缅甸的有效力量的存在，是对印度的战略包围。印度担心中国由此会更为便捷地进入印度视为自己势力范围的印度洋。所谓中国正在打造围堵印度的“海上珍珠链”的说法在印度战略界也颇有市场。对于印度而言，中南半岛是中印的力量交会地带。巩固与中南半岛国家特别是与印度有着传统渊源及友谊的缅甸和越南的关系，实则可对中国构成战略上的牵制。为此，印度在 2013 年向缅甸提供了 5 亿美元的贷款，印度还与越南合作高调介入了南中国海石油资源的开发。越印两国防务合作特别是海军合作得到进一步加强。

扩大在地区事务中的影响力是印度在中南半岛战略行为的又一重要驱动因素。印度声称要做有声有色的大国，不满足于仅仅扮演一个南亚大国的角色。这就要求印度能够介入和参与除南亚外更为广泛的地区议程。因此，2000 年印度积极参与了恒河 – 湄公河组织的创立和此后历年的活动。尽管该组织主要强调在旅游、文化、人力资源开发方面的合作。印度仍然希望借此能够提升印度在中南半岛的影响力。此后的印度 – 东盟峰会上，印度还许诺将为缅甸、越南、老挝及柬埔寨经济社会的发展提供支持。正是由于越南等东盟成员国的力挺，印度成为了东亚峰会的正式成员。从而为印度深度参与东亚区域化进程甚至分享红利创设了机遇。

三　中国与日本、美国、印度在中南半岛的战略竞争与合作

1. 中日在中南半岛的战略竞争与合作

在日本的中南半岛战略构想中，平衡中国在该地区的影响力始终是日本的重要考量因素。近年来，中日两国在中南半岛的战略竞争日渐激烈。

在缅甸，中日竞争实则在20世纪90年代即已开始。当西方国家对缅实行孤立和制裁之际，中国采取的政策使其获得实惠，特别是一些能源领域的重要项目，例如中缅油气管道、中缅经济走廊及水电、铜矿开发项目等，这些都是日本所不愿意看到的。因此，在一些重要的外交举措上，日本总是紧随中国并不断调整对缅政策。[①] 只要中国与缅甸达成重大的经济合作意向，日本必然予以缅甸更多利好，这已经成为常态化之举。近年来，缅甸处于民主化进程的狂热期，中国在缅甸的经济活动受挫，对缅甸投资大幅减少，日本则借机加紧开展对缅甸的经济和外交攻势。2013年，日缅高层互访频繁，经济上大手笔频出。此外，日本还凭借其在资金和技术上的优势赢得在缅建设多项既惠及民生又有助于日本确立良好声誉的工程项目的机会。

中日在缅甸的竞争，只是两国在中南半岛竞争的一个缩影。在未来中长期内，日本在湄公河流域将继续主打五张牌。一是“经济牌”和“技术牌”。日本深知湄公河流域国家在资金和技术等方面对其有较大需求，在资金和技术方面，可以利用打“经济牌”及“技术牌”要挟这些国家在政治或其他领域对日本做出相应的让步，抵消中国的影响力。二

① 赵洪：《中日在缅甸的竞争与合作》，http：//www. zhgpl. com/crn - webapp/mag/docDetail. jsp：coluid = o & docid = 102845537。

是打“美国牌”，由于美国已经逐渐深度介入湄公河流域，其在湄公河流域事务中的影响力会不断加大。一旦美国就湄公河流域发展提出建议，或做出新的调整（例如对缅政策），日本最大的可能是选择呼应和跟进。而中国不会贸然选择与美针锋相对。三是“多边”牌，特别是巩固日本与湄公河流域国家间的多边机制，并进一步拓展其职能。好处是可以利用多边之力对中国构成战略牵制。四是密集的防务外交和安全导向的官方开发援助，以及新军事援助计划。在灾害救济和道路建设方面，来自柬埔寨和东帝汶的军人正在接受日本自卫队工程师的培训。[①] 在 2013 财年，日本的军事援助也指向印度尼西亚和越南。就如何治疗护理新成立的潜艇部队的艇员，这两国医务人员正在接受日方培训。[②] 印度尼西亚、菲律宾和越南被日本视为在安全领域更积极地与东南亚再度展开接触的关键伙伴。在解决与中国的领土争端方面，越南及菲律宾和日本有着共同的关切。在日本看来，与菲律宾相比较，越南是一个在经济和战略潜力方面更有能力的伙伴。2010 年 7 月，日本与越南举行外长和防长 2 +2 对话；2011 年 10 月，双方签署促进防务交流备忘录；2012 年 12 月和 2013 年 8 月，举行越日战略对话；2014 年日越举行第一次双边安全对话；2013 年 9 月，日本防卫省长官还访问越南金兰湾，这是 1976 年来的第一次，表明这两个国家在共同面对与中国领土争端时的团结。[③]

与东北亚的朝鲜、韩国和中国相较，湄公河流域国家对日本并不仇恨，他们更看中的是日本的资金、技术和市场，认为日本产品与中国产品相较，普遍质量很高。由于与中国在地理上接近，国力相差悬殊加之中国未来发展的不确定性，湄公河流域国家甚至可能认为来自中国的威

---

① Japan DefenceFocus, No. 37, Ministry of Defence, 2013.

② Defence of Japan 2013, Tokyo: Ministry of Defence, 2013, 239 - 240.

③ CelinePajon, Japan's "Smart" Strategic Engagement in Southeast Asia, http://www.theasanforum.org/japans-strategic-engagement-in-southeast-asia/.

胁大于来自日本的威胁，也希望日本能在一定程度上平衡中国。这一点对中国不利，也值得中国反思。

2013 年，日本加强对缅甸、越南和柬埔寨的外交攻势并取得一定进展。日本迅速修复了与缅甸的关系并成功赢得多项大宗项目订单，充分体现了日本的软实力。越南与日本在海上安全领域多次达成共识并拓展和深化安全合作。安倍中南半岛外交取得的突破还来自于传统上被认为“倒向”中国的国家。2013 年 11 月 16 日，柬埔寨与日本签署联合声明，声称“为了在亚太地区确立原则和法律法规，两国领导人强调以和平方式解决海上争端的重要性”。这些和平方式与得到普遍公认的，包括《1982 联合国海洋法公约》在内的原则相适应。而在 2012 年东盟峰会和东亚峰会上，在涉及南中国海议题讨论时，作为东道国的柬埔寨采取的是支持中国的立场。

当然，中日在中南半岛也存在着一定的合作空间。例如，在开发缅甸市场、促进缅甸经济社会发展上，两国有相同的意愿和利益共同点。中国对缅甸的投资重点和优势在基础设施和资源开发上，而日本企业则更多侧重于金融服务、出口加工业及工业园区的建设。在出口贸易上，中国对缅甸出口更多的是与工程建设有关的机械设备、建筑材料及轻工产品，而日本则更多的出口汽车、电器新产品及其他工业生产技术设备。两国在对缅提供官方援助、帮助缅甸摆脱西方孤立政策等方面有相同的经验和成效。[①] 在生态、环保及其他非传统安全问题领域中日也有着共同的关切和利益。如果中日两国有着帮助越南、柬埔寨和老挝等中南半岛发展中国家发展经济和改善民生的共同意愿，中日之间就存在着合作的可能。

---

① 赵洪：《中日在缅甸的竞争与合作》，原载新加坡联合早报，转引自 http：//www. zhgpl. com/crn - webapp/mag/doc Detail. jsp？ coluid = o & docid = 102845537。

但在中日关系远离战略互惠，且由战略互疑滑向危险的战略竞争的时期，中日两国在中南半岛的战略行为导致的是竞争甚至是零和博弈。

2. 中美在中南半岛的战略竞争与合作

中美在中南半岛的竞争主要集中在双方与中南半岛国家间的关系方面。

中越关系是中国与东盟国家间最为特殊的双边关系之一，涉及两国执政党、政府和国家关系三个层面。近年来，中越关系因南中国海纷争而受到冲击和影响。但通过双方党际外交和顶层外交得到有效的控制。越美高层互动频繁和军事合作的持续加强，对意在夺取南中国海权益的越南而言无疑是一种暗示和鼓励。借助美国的支持，越南在南中国海问题上的态度将日趋走强，也使得中越两国通过党际外交和顶层外交化解纷争的难度加大。

2012 年美国总统奥巴马访问缅甸之后，美国与缅甸关系全面解冻，美缅军事交流也逐步恢复。由于地缘关系，缅甸与中国西南边疆的安定密切相关，与我国进入印度洋的贸易通道密切相关，美缅关系改善背景下的双方军事合作，不可避免地会对中缅关系带来一定程度的冲击，并在某种意义上挤压中国的战略空间。①

中美两国在柬埔寨的影响力之争在 2013 年也开始变得激烈。由于中国资助了柬埔寨主要的基础设施建设项目。中国正在成为洪森政府重要的伙伴。② 与美国资助项目强调受援方须高度尊重人权不同，中国的援助不附加条件。这使美国与中国在柬埔寨的竞争中处于下风。

2013 年，总体上看美国并未继续在中南半岛掀起强劲的外交攻势，

---

① 释清仁：《美缅军事关系的新转向》，《中国青年报》2013 年 1 月 4 日，第 9 版，http://zqb.cyol.com/html/2013-01/04/nw.D110000zgqnb_20130104_3-09.htm。

② Country Report Combodia, September 2013, The Economist Intelligence Unit Limited 2013, p. 6.

原因在于中东问题和美国国内问题已经消耗了美国大量的政府资源。同时，由于部分中南半岛国家国内形势并不明朗，美国在中南半岛的战略投入也较为谨慎。对于日本在中南半岛咄咄逼人的外交攻势，美国并不予以干涉或阻挠。对于美国而言，在现阶段充分利用东盟及湄公河国家已经建立的机制，确保机制的有效运转，巩固在中南半岛外交的既有成果并适度推进机制建设无疑是最佳选择。但基于深化亚太再平衡，经略“印太”、制衡中国和推动中南半岛国家民主化转型进程的考虑，未来中长期内美国会进一步加大在中南半岛的战略投入。

3. 中印在中南半岛的竞争与合作

出于地缘经济和地缘政治两方面因素的考虑，中南半岛在中国和印度地区战略中的地位正在上升。对于印度而言，缅甸的能源资源以及南中国海储量丰富的油气资源极具诱惑力。印度20多年来积极推行“东向政策”，试图分享东亚的经济红利，也需要以中南半岛作为起跳板而非阻碍其东向的屏障。此外，印度还担心中国在中南半岛国家打下更多战略上的楔子，并逐渐将力量投射至印度视为其后院的印度洋。印度在中南半岛的战略投入主要集中于越南和缅甸。

印度认为，印越关系有着深厚的基础。2007年7月，越南和印度已将两国关系提升至战略伙伴关系。2013年11月越共中央阮富仲总书记访印前夕，印度外交部部长萨尔曼·库尔希德在接受越南媒体专访时明确表示，越南是印度“向东看”政策中的支柱之一。

印方还认为，印越两国发布的《越南与印度关于建立战略伙伴关系的联合声明》中提出了两国在政治与国防安全、经济与贸易、科学与技术、文化与教育、地区与多边问题等领域上的五大合作支柱。印越双方在上述五大合作支柱上都取得了重要进步。

印方认为，越印扩大双边合作关系的潜力巨大。2013年，双边贸易额同比增长40%。印度相信，两国至2015年双边贸易额将达70亿美元。

印度对越投资额也猛增，同时仍有许多印企希望赴越南经营。

印方还认为，双方应注重开发科学技术、信息技术、生物技术、农业、宇宙、和平利用核能等领域。在促进两国人民交流、旅游和经营合作方面印方也有具体的构思和建议。

在阮富仲总书记访印期间，印越两国签署了涵盖教育、国防和能源领域的8项协议。其中，在越南国家石油公司和印度石油天然气公司负责海外开发的子公司之间的协议中，越南向印度提供南海7个石油区块用于勘探。印度媒体宣称，“这是对中国的反击”。媒体还表示，“对印度延伸到亚太地区而言，越南已成为一个关键，两国正在增强双边关系的规模和性质”。《金融快报》称，越南向印度提供多个石油勘探区块，旨在确保新德里能站出来抗衡中国巨大的经济影响力，以及回应中国对南海的“领土声索”。印度《印度斯坦时报》称，这个举动会使中国感到不安。印度《商业标准报》则称，印越签署的这份石油勘探协定可能会进一步激怒中国。然而，印度不可能放弃联手越南制衡中国的上好机会。随着印越在战略与安全领域合作的日益加深，印度在中南半岛和南中国海的影响力也有望提升。

缅甸因其丰富的资源和在中印间的重要地缘战略区位而被视为是缩微版的“大博弈”发生之地。在参与缅甸发展进程的“玩家”中，印度和中国因斥资数十亿美元用于缅甸深水港及能源项目建设而处于领跑位置。[①]

为了将力量投射至东南亚并避免中国支配这一地区，印度在缅甸近海油气田北部的实兑进行资助并建立了深水港，实兑港是印度修建的加拉丹多种交通运输联运大型项目的最重要部分，通过加尔各答和实兑间的海上通道及实兑到印度东部米佐拉姆邦的陆上通道和河道连接印度东

① S. Rajaratnam School of International studies（RSIS）：http：//www. rsis. edu. sg/cens/about - cen/staff - profile - Eliane - Coates. htm.

部和缅甸。中国则在实兑南部100公里的皎漂建立了深水港，这是中国长期以来渴求的可以从陆上进入并到达印度洋的港口。[①] 中国还在建设从皎漂到云南省的油气管道。这在一定程度上使中国可规避在海上通道可能遇到的风险，并可放手应对南中国海可能的冲突。可见，无论对于印度的东向战略还是中国西进战略的实施，缅甸的价值都不容小视。

然而，近期缅甸境内的佛教徒民族主义者针对穆斯林的暴力行为及因此引发的骚乱对印度和中国与缅政府的合作构成了巨大威胁。印度苦心经营的实兑港是缅甸反穆斯林暴乱最严重的地方。如果若钦邦的罗西雅穆斯林寻求境外圣战组织的帮助，实兑港的设施将极易遭受袭击。印度靠近缅甸的米亚佐姆邦及其他6个邦的分离主义分子在过去与尼泊尔的毛派游击队及巴基斯坦圣战组织有联系，可能会与缅甸伊斯兰战士联手。

中国修建的油气管道经过的曼德勒，也是反穆斯林骚乱的发生地，771公里长的油管极易遭到伊斯兰圣战组织的破坏。而在缅甸境内伊斯兰圣战组织的活动也极可能危及中国西南边疆的安全。[②] 目前，中国和印度两国国内都面临伊斯兰极端势力的威胁，海外利益也极有可能受到伊斯兰极端势力的侵害。在防范和应对伊斯兰极端势力威胁方面，中国和印度有着共同的利益需求，这可能成为双方未来合作的重要领域。但在中南半岛，对传统安全因素和地缘战略竞争的关注是否仍将支配中印两国的中南半岛战略行为仍有待进一步观察。

此外，俄罗斯、韩国、澳大利亚也在一定程度上加大了中南半岛外

① Myanmar's anti – Muslim violence: a threat to Chinese and Indian Interests, East Asia Forum, Economics, Politics and Public Policy in East Asia and the Pacific.

② Myanmar's anti – Muslim violence: a threat to Chinese and Indian Interests, East Asia Forum, Economics, Politics and Public Policy in East Asia and the Pacific.

交的力度。特别是俄罗斯多批次出售先进武器给越南和培训越南作战人员，致力于强化与越南的关系，力图确证自己在中南半岛和南中国海的存在。俄罗斯的亚太战略有从“务虚”向“务实”转变之势。

结　语

2013 年，中南半岛国家的安全议题更多集中在国内安全层面。越南国内开始对越南国内互联网及其他媒体平台进行整肃，防范、控制危及社会稳定及越南共产党执政地位的言论传播，并着力解决革新开放进程中出现的腐败等违法乱纪行为。缅甸政府与克钦武装虽然已经再次达成和解，但缅甸境内佛教徒民族主义者与若钦邦穆斯林之间的民族冲突却持续加剧，无疑加剧了处在政治、经济转型期的缅甸国内政局及社会的不稳定。2013 年 11 月持续至今的泰国民主党与为泰党之间的政党纷争所引发的政治动荡，也使泰国政局的未来走向充满变数。柬埔寨自 2013 年 7 月底大选结束以来，反对党救国党抗议选举不公而发动系列示威游行至今亦未平息。尽管缅甸的民族冲突已经开始外溢至部分东南亚邻国。在短期内，其他中南半岛国家内部的动荡纷争尚不至于外溢并对该区域产生灾难性的冲击效应。但未来中长期内，缅甸、越南等中南半岛国家国内政治、经济的剧烈转型及由此导致的安全形势不稳仍然可能对其外交政策及对外关系产生复杂的影响。

中南半岛长期以来一直是亚太地区多个大国力量的交会地带，近年来该区域在大国博弈中的地位日益凸显，美国的“亚太再平衡”，日本的“价值观外交”，印度的“东向战略”，俄罗斯的亚太战略新构想与中国渐趋清晰的周边战略在中南半岛碰撞交集。对中南半岛国家而言，妥善处理与大国的关系已成为其处理对外关系的重中之重。另外，大国关系是否能够保持良性互动，各大国在中南半岛能否开展务实、高效的合作，将在很大程度上决定中南半岛安全格局的基本面貌及安全形势的基本走向，同时，也在一定程度上决定大国地区战略目标能否顺利实现。

“新型大国关系”构想的提出，对于中南半岛国家和亚太各个大国而言，都是一个新的机遇。“新型大国关系”强调国际关系民主化，强调大国间相互合作和避免对抗，不仅可使中南半岛国家避免陷入因大国对抗而带来的被迫“选边站”的窘境，还可以使其有足够的空间在国际事务中发挥不可替代的作用。对大国而言，要实现全球治理的目标并非易事，且全球治理进程往往始自并倚重于有效的地区治理。在中南半岛这一次区域实现有效的治理，从长远看，有利于大国在亚太地区的持久合作。无论在安全领域还是经济领域，亚太大国为中南半岛提供充足的公共产品，也有助于其赢得区域内中小国家的信任和尊重。

目前，亚太各大国在中南半岛的战略行为更多是由战略互疑所驱动，特别是中美、中日、中印甚至中俄之间的战略互疑直接或间接导致中南半岛安全局势的复杂化。中美、中日、中印之间的战略互疑甚至导致各方在中南半岛事实上的战略竞争。

由于中东问题和国内问题的牵绊和困扰，2013 年美国对中南半岛国家的外交攻势有所“放缓”。奥巴马总统因政府关门先后缺席在印尼举行的 APEC 峰会和在文莱举行的东亚峰会，在某种程度上是美国东南亚外交的一次挫败。但 2013 年 12 月克里国务卿访问越南，2014 年春奥巴马总统预定出访马来西亚和菲律宾，则被视为美国在东南亚“收复失地”之举。由于“印太”概念在美国及印度战略界的热炒，加之缅甸和越南有望出现美国所乐见的政治、经济转型并成为从中国西南方向牵制中国的帮手，从长远来看美国对中南半岛的关注和战略投入会不断加强。与过去相较，2013 年日本针对中南半岛国家发动的外交攻势较为强劲，且不再仅仅是配合美国行事，体现出更强的独立性和主动性。日本正试图利用其在资金和技术方面的优势，力争与中国在中南半岛的竞争中胜出。这一态势仍将持续并加强。与日本相较，印度在中南半岛的动作虽然较为低调，但印度正致力于强化与越南的关系，加强对缅甸的影响力也是不争的事实。俄罗斯长期以来在亚太地区“虚招”多，“实招”少，但通过加强与越南的军事合作，俄罗斯正在增强其在中南半岛乃至整个东南亚的存在。2013 年，部分中南半岛国家利用大国纷争从中渔利的战略意图得到进一步强化。东南亚的军备竞赛也呈“升温”之势。在非传统安全层面，中南半岛国家与中国等亚太大国的合作存在着巨大的潜力和空间。然而，在传统安全层面，中国更多被中南半岛国家及其他亚太大国视为潜在威胁或防范对象。如何对中国的战略行为进行正确的研判，并促成包括中国在内的亚太各大国间的有效互动及合作，是中南半岛国家甚至整个东盟面临的共同难题。

从此次越南、柬埔寨等中南半岛国家对中国在东海设立防空识别区的反应来看，尽管上述国家通过各种渠道表明对中国此举的担忧，但 12 月 13 日至 15 日举行的日本 - 东盟特别峰会上通过的声明所传递的信息是：包括中南半岛国家在内的绝大多数东盟国家并不愿因过于靠拢日本而对中国 - 东盟关系造成实质性的损害。日本借助东盟对中国形成强力牵制的战略企图并未实现。

总体上看，目前中南半岛安全局势中的不稳定因素尚不足以危及中国的周边安全，但仍然暗流涌动。未来中国的中南半岛外交仍将是挑战与机遇并存。

非传统安全治理与新型大国关系构建

李志斐*

非传统安全问题使主权国家所面临的新挑战和新竞争是“新型大国关系”概念提出的重要原因。“合则两利”，非传统安全治理可以从安全观念、安全合作、战略互信三个层级积极促进新型大国关系的构建。反过来讲，新型大国关系一旦构建完成，可以有效预防非传统安全问题的产生，降低其对国家安全的威胁。非传统安全问题治理和新型大国关系构建是一种互相促进的良性关系。

新挑战与新竞争：“新型大国关系”概念的提出

“新型大国关系”的概念最早是针对中美关系而提出的，中国政府将其作为中美外交发展的方向，后被推而广之，应用到与其他大国关系的塑造中。2012 年 7 月，习近平在“世界和平论坛”开幕式致辞讲话中

* 李志斐，中国社会科学院亚太与全球战略研究院博士。

指出："中美正在积极探索构建相互尊重、合作共赢的新型大国关系，这符合中美两国和世界的共同利益，也将是国际关系史上的一个创举。中国将继续推动各大国客观理性看待彼此战略意图，尊重各自利益关切，加强在重大国际和地区问题上的协调合作，着力构建21世纪新型大国关系和国际关系。[①]

中国提出建立中美之间的"新型大国关系"，一方面是中国坚持走和平发展道路，另一方面是在客观上，中国需要和美国协力处理两国所共同面对的问题与挑战，而这些问题大多是非传统安全问题。非传统安全问题的凸显，不但对中美这两个世界上重要的国际行为体构成安全威胁，更容易让彼此之间意识到合作的必要性与紧迫性。从一定意义上说，非传统安全问题的产生和凸显，是"新型大国关系"概念提出的重要原因。

从内容上说，非传统安全主要是指除军事、政治、外交冲突以外的其他对主权国家及人类整体生存与发展构成威胁的因素。非传统安全问题主要包括：经济安全、金融安全、生态环境安全、信息安全、资源安全、恐怖主义、武器扩散、疾病蔓延、跨国犯罪、走私贩毒、非法移民、海盗、洗钱等。[②]

非传统安全问题具有跨国性，不仅会对某个主权国家形成威胁，而且其他国家的安全也会受到不同程度的波及；非传统安全问题具有不确定性，非传统安全问题的产生根源不仅仅局限于国家，还可能来自个人、组织或集团；非传统安全问题具有转化性，如果非传统安全问题得不到及时的解决，很可能威胁到国家的传统安全，激化国家之间发生武装冲突或局部战争。

---

① 《习近平在"世界和平论坛"开幕式上的致辞》，载 http：//www. gov. cn/ldhd/2012 - 07/07/content_2178506. htm。

② 江泽民：《在中国共产党第十六次代表大会上的报告》，人民出版社，2002。

以网络安全问题为例。中美是网络使用大国，但也是网络安全不断受到威胁的国家，一度互相指责，打网络“口水战”，尤其是在2013年更是“激烈不断”。美国称自己是中国“黑客”攻击的受害者，中国军队和国家机关都参与针对美国的黑客袭击事件，奥巴马甚至暗指中国是网络攻击事件的幕后支持者，表示中国的黑客袭击已经成为威胁中美关系发展的因素。美国国务院副国务卿罗伯特·霍马茨更加“明目张胆”地对外宣称，华盛顿相信源自中国的网络侵入和窃取行为已达到“严重高度”，这不但破坏双边互信，且长久以往反噬中国利益。对于美国的指责，中国予以坚决反击。中国国防部称，包括国防部网在内的中国两大军方网站，2012年遭受来自境外的攻击月均达14万余次，其中来自美国的攻击几乎占三分之二。对于国防部的说法，中国互联网的数据显示，2013年1~2月，中国境内190余万台主机和超过1.14万个网站遭受来自境外的攻击，其中主要是来自美国。[①]

现在，美国国家情报委员会已经把网络袭击的威胁置于跨国威胁清单的最前列，其严重性超过了通常主导该清单的大规模恐怖主义袭击以及在2009年被视为美国头号威胁的金融危机，正如美国连续推出的《网络空间国际战略》和《网络空间行动战略》所显示出的推行全球网络战略。同维护网络霸权的强势姿态一样，美国试图通过“先发制人”的策略来打造自己在网络安全领域的领先地位，如运作有关遭遇网络攻击后防御及反击的新规则、扩编网络技术人才、策划网络进攻行动等。而作为网络攻击严重的另一个大的受害者——中国，则一直倡导构建一个和平、安全、开放、合作的网络空间，希望和美国一起探索实现网络安全的国际规则和机制。2011年中国与俄罗斯等国家向联合国提交了“信息

① 《中美互联网论坛在北京开幕　互联网安全引激烈讨论》，http://world.huanqiu.com/photo/2013-04/2688502.html。

安全国际行为准则”草案，该草案被称为网络空间国际规则的“中国方案”，是中国希望在网络安全议题中所提供的公共安全产品。

网络安全的共同威胁已经使中美表现出一定程度上的共同认知与合作意愿，尤其是斯诺登事件发生后，美国在网络问题上的谈判筹码降低，中美在网络问题上形成对话机制的迫切性凸显。2013 年 6 月，参加香格里拉对话的美国国防部长哈格尔在“美国亚太区域安全政策”演讲时表示，网络入侵的行为已经影响到了包括中国在内的所有国家。这说明亚太地区各国有基于这一问题的共同利益，中美两国加强网络安全合作，是共同利益和共同威胁下的必然选择。[①] 2013 年 7 月，中美在战略安全对话框架下举行了第一次网络工作组会议，会议就网络工作组机制建设、两国网络关系、网络空间国际规则、双边对话合作措施等问题展开对话。媒体评论认为，中美作为网络空间两个最主要的行为体，是对话还是冲突，是合作还是对抗，将直接影响其他国家的抉择。中方并不否认双方在许多根本问题和基本概念上存在分歧，但分歧并不应成为阻碍两国合作的“绊脚石”。[②]

此外，在中印关系互动中，应对非传统安全问题的挑战也是两国形成构建新型大国关系共识的推动因素。2013 年 10 月，印度总理辛格访华期间提出了对印中关系发展的七项原则，列举了 8 个两国具有合作潜力的领域，涉及技术与投资、水资源与废物处理、产业互补、能源合作、粮食安全、国际贸易体系维护、金融风险、气候变化与环境挑战等问题领域，其中 7 个都属于非传统安全领域。辛格还特别提到了在防止周边极端主义、恐怖主义，印度洋和太平洋的海上安全等领域开展合作的紧

① 《中美网络“相互确保安全”应形成机制》，http：//world. people. com. cn/n/2013/0608/c157278 - 21782969. html。

② 《中美网络“相互确保安全”应形成机制》，http：//world. people. com. cn/n/2013/0608/c157278 - 21782969. html。

迫性。辛格表示，两国共同面临的挑战也给了两国合作的机会，印中两国不是命中注定的对手，两国应该拿出成为合作伙伴的决心，通过合作而不是对抗来定义两国的未来。这不仅关系到印中两国的未来，也关系到本地区和整个世界的未来。①

从中国的角度讲，中美关系是中国与发达大国关系的典型代表，而中印关系是中国与发展中大国关系的典型代表，这些大国间的合作具有“竞争性共存”和“谋求共同发展利益”的特点。在某些非传统安全领域，大国之间往往存在着竞争与博弈，如中美之间的网络战，其背后较量的是网络空间治理权和战略优势的谋求，其中网络战略优势竞争，包括网络技术优势的夺取、网络军备竞赛和网络话语权竞争。② 而中印，在融入全球化进程当中，两国在能源资源和市场等方面存在着竞争。在非传统安全领域，大国之间存在的竞争，从根本上说是竞争在国际格局塑造和地区秩序构建中更大的主导权和影响力。

“合则两利”，现在，不仅是中美之间的网络对话正在逐步实现“机制化”，而且同其他大国的网络安全合作也正在成为中国非传统安全治理新领域。2013 年 7 月，中国同金砖国家代表在俄罗斯符拉迪沃斯托克的第四届安全事务高级代表国际会议上，共同就制订网络和信息安全行为准则达成共识。③

随着时代的发展，非传统安全问题层出不清，显示出极强的“创新性”，正因为很多是“新”问题，问题领域存在“规则空白”，国家之间为了谋求对他国的战略优势，寻求自身的绝对安全，很容易在规则制定和问题治理上竞争，导致非传统安全问题领域成为国家利益博弈的新疆

① 周晶璐：《辛格力捧“新型大国关系”理念》，《东方早报》2013 年 10 月 25 日，第 A11 版。

② 蔡翠红：《网络空间的中美关系：竞争、冲突与合作》，《美国研究》2012 年第 3 期，第 108 页。

③ 《中美网络安全对话进展顺利》，http：//www. dfdaily. com/html/51/2013/7/11/1031015. shtml。

域。但是，事实正在证明，合作是解决非传统安全问题的唯一出路，国家之间只有开展有效务实的合作，推动国际规则的不断完善，才能实现共同安全。

治理与合作：新型大国关系构建三要素

对于“新型大国关系”的内涵，习近平主席在2013年6月访美期间曾阐释为“不冲突、不对抗，相互尊重，合作共赢”。从习主席的阐述中可以看出，新型大国关系的构建已经不同于历史上新兴大国与守成大国之间的“必有冲突”的关系，而是以“创新思维、相互信任、平等互谅、积极行动、厚植友谊”为理念；以相互尊重、求同存异、共同发展的合作伙伴关系为核心；以对话和协商方式处理崛起国与守成国之间的矛盾和冲突；以合作而不对抗，包容而不排斥，共赢而不“零和”为基本特征。[①]“新型大国关系”构建的关键是“合作”，意即通过合作来构建可以实现共赢的国家间关系。

1. 合作理念：新型大国关系构建的观念基础

习近平主席在2013年10月24日的周边外交工作座谈会上指出，中国的周边外交要“坚持互信、互利、平等、协作的新安全观，倡导全面安全、共同安全、合作安全理念”[②]。外交理念是外交政策制定与外交工作开展的指导性因素，是对外关系塑造的观念性基础。非传统安全问题的产生和挑战，使主权国家们逐渐意识到，军事安全、政治安全等传统安全并不能保证国家不受到威胁，安全的主体已经多元化，其不仅仅包

① 李海龙、毕颖：《解析“新型大国关系”》，《中共四川省委省级机关党校学报》2013年第4期，第2页。

② 《习近平：让命运共同体意识在周边国家落地生根》，http://news.xinhuanet.com/2013-10/25/c_117878944.htm。

括国家安全，还包括个人安全和社会安全，国家安全范畴除了传统的安全要素外，恐怖主义、民族矛盾、经济安全、信息安全、气候变化、水资源安全等非传统安全内容也属于国家安全的范畴。在维护安全的手段上也已经实现多元化，需要军事手段和非军事手段的综合运用。同时，国家的安全与地区安全、国际安全也是相互影响的，每个国家都应对地区安全和国际安全承担责任，通过积极建立各种安全保障机制，推动地区合作与国际合作来维护国家安全。

非传统安全问题的应对与治理要求大国在继续重视传统安全挑战的同时，改变传统的安全观念，从战略的高度认识非传统安全问题的冲击，使得安全观念更多地吸收共同安全、综合安全、合作安全、相互安全和集体安全等理念，摒弃冷战思维，共同应对挑战，维护共同利益。

作为中国提出来构建新型大国关系的重要对象国美国来说，非传统安全问题的层出不穷使其越来越认识到美国虽然依旧是全球经济、政治和军事领域的主导力量，但已经不能再想当然地认为自己就是全球领袖，或继续按照过去的方式行事，在全球、地区与国内挑战重重的情况下，美国根本无法再单打独斗下去，国际合作的合理性越来越突出。[①] 位于美国华盛顿的新美国安全中心（The Center for a New American Security，CNAS）曾在《中国登场：构建一个全球关系的战略框架》的报告中指出，“没有北京和华盛顿的联合行动，解决世界上最严重的问题（包括全球金融动荡、武器扩散和恐怖主义、气候变化、能源保障）是难以想象的。”[②] 可以说，非传统安全问题的凸显，为中美等大国之间创造了新的利益共同点，催生了创新性合作开展的可能性，使大国之间形成需要

① 〔美〕帕特里克·克罗宁、亚伯拉罕·丹马克：《传统与非传统安全挑战：美中未来合作领域》，《现代国际关系》2010 年第 8 期，第 45 ~ 46 页。

② Abraham Denmark，Nirav Patel. *China's Arrival：A Strategic Framework for a Global Relationship*，Washington：Center for a New American Security，September 2009.

构建新型大国关系的共识。

2. 合作安全：新型大国关系构建的实质

习近平曾在2012年“世界和平论坛”开幕式致辞时阐述说，“当前世界范围的安全问题呈现多样性、传染性、联动性、突发性特点，一国与他国、国内与国际、传统与非传统等各种安全因素相互交织，种种新问题新挑战层出不穷。”大国之间要通过发展、平等、互信、合作、创新求安全，共同应对各种问题和挑战，携手营造和谐稳定的国际和地区安全环境。[①] 中国已经将合作安全作为与大国之间实现共赢、构筑稳定关系的路径。

传统的安全模式只重视政治、军事领域的安全合作，忽视不同领域之间的相互依存性和利益共同性，其目标只是指向政治与军事领域，追求的是单一领域内的安全，合作的基础是很薄弱的。而合作安全主张在相互依存的行为体之间寻求共同利益基础，通过在政治、经济、军事、文化、科技等多领域开展综合性的交流与合作，强调不同领域之间的相互促进，实现多领域的综合性安全。合作安全主张的是在矛盾差异体中求同存异，通过积极寻求交流、对话、协商与合作实现共同安全利益，实现同一范围内所有参与者的安全保障，而不单单是某一国家或某一部分国家的安全利益和安全保障。

合作安全诉诸的手段排除军事行动和武力行为，主张参与者之间通过政治协商和对话、增加政策和行为透明度、建立相互信任措施和机制、开展预防性外交等非军事手段，利用和平的手段消除成员国之间在安全问题上的误解和分歧，弥补彼此在安全利益方面的差异和矛盾，从而实现共同安全。合作安全摒弃了传统安全模式的争夺、对抗的“零和”暴

---

① 《习近平在“世界和平论坛”开幕式上的致辞》，http：//www. gov. cn/ldhd/2012 - 07/07/content_2178506. htm。

力性特征，反对将一国的安全建立在威胁和削弱他国安全的基础上，主张将区域内的其他参与者视为平等的利益行为体，奉行开放式的合作共赢模式。国与国之间在寻求共同利益的基础上不断拓展合作安全范围和深化合作层次，实现国与国之间的平等合作，使各方在合作中均获利，不仅实现单个安全利益，同时也实现共同利益的可持续增长，最终实现共同安全。

非传统安全问题的跨国性使世界各国处于“一荣俱荣，一损俱损”的状况，比较典型的例子就是美国的次贷危机，其爆发是美国国内和国际诸多因素综合作用的结果，在经济全球化的时代，危机迅速扩展并演变成一场跨国性的金融危机。所以，非传统安全问题的治理仅仅靠一国之力是很难完成的，需要国家之间的合作，这种合作是国家之间在平等互信的基础上，以和平的、多边的、合作的方式来寻求共同安全和综合安全。可以说，非传统安全问题的治理过程是国家之间合作获得安全的过程。

在气候合作问题上。中国是世界上最大的发展中国家，美国是世界上最大的发达国家，两国分别是全球第二和第一大经济体，作为温室气体排放和能源消耗的大国，两国面临的气候变化的压力日益加大，两国已经意识到气候变化对人类生存带来的巨大影响和对两国形成的巨大威胁。在气候变化问题上，中美两国面临共同的挑战，首先是在能源安全方面，两国都是石油的净进口国，石油的对外依存度一路攀升，中东地区等主要进口原油市场的动荡使得石油供应是否安全可靠成为两国一直“提心吊胆”的问题。其次，两国国内主要使用煤炭发电，而煤炭又是温室气体排放最大的能源，因此，中美两国的碳排放量远高于其他发展中国家和发达国家。未来，如何降低对石油和煤炭等高耗能资源的依赖，寻找降低碳排放的能源消耗方式，开发新能源是两国共同面临的挑战。

中美已经意识到在应对气候变化问题上的共同利益。在美国看来，自2009年奥巴马入主白宫以来，就向国际社会发出信号，表达美国要重返全球环境保护领袖的位置，但由于美国国会对奥巴马政府气候政策的限制，美国必须通过开展大国之间的双边外交来主动创造发展空间。从而在清洁能源的开发、煤炭的清洁利用、碳减排技术等方面形成巨大的合作需求。同样，在中国看来，中美在建设兼顾大国社会经济利益的气候变化规则制定方面拥有共同利益，两国在清洁能源的技术开发上可以互相借鉴。因此，中美两国已经开始为繁荣低碳经济而开启系列对话与合作，并于2013年4月共同发布了《中美气候变化联合声明》，声明指出“中美两国采取强有力的国内适当行动，包括大规模的合作行动，比以往任何时候都至关重要”[①]，中美两国在气候安全、气候合作机制、低碳经济合作上持有共同立场，在能源安全、环境清洁、自然资源等方面存在互惠利益，中美在“多边谈判领域和推进应对气候变化具体行动方面携手努力，能够成为双边关系的一个支柱，增进彼此信任和相互尊重，为更强有力的全面协作铺平道路”。[②]

所以，从《中美气候变化联合声明》中可以看出，应对气候变化问题，开展新能源合作已经成为中美关系新的利益会合点，中美建立气候和新能源领域的对话与合作机制将成为两个大国建立持久合作关系新的推动力量与基础，共同推动可持续发展的低碳经济逐渐成为两国外交战略中的重要一环。

3. 战略互信：新型大国关系构筑与维护的基石

战略互信的建立既是国家间互动所产生的积极结果，也是未来国际间关系良性发展的基础，“信任不仅对参与者，而且对信任得到普及的更广大的共同体（团体、联合体、组织等）有重要功能”，“信任促进信

① 《中美气候变化联合声明》，《人民日报》2013年4月14日，第3版。

② 《中美气候变化联合声明》，《人民日报》2013年4月14日，第3版。

任。当信任和实现信任的惯例变成信任者和被信任者双方都遵守的标准规则时，它产生了信任的文化。”信任文化是一个规则系统，它调节给予信任和达到、回报信任以及相互信任的行为。[①] 信任文化的形成，意味着信任作为一种规范得以形成和确立。同时，在国际政治生活中，国家之间通过协商制定在某些问题领域的双边或单边的行为准则，来约束和监督双方行动的责任性和规范性，以此确保信任的持久性。信任持久性的保持会促进合作持久性的保持。所以，新型大国关系的构建与维护离不开国家间信任关系的建立。

非传统安全问题多属于非敏感领域，国家之间在非传统安全问题上的合作可以培养大国之间合作与交流的习惯，有助于减少国家之间的战略误判，逐步建立起战略互信。2013 年 10 月，国家主席习近平在印度尼西亚国会发表《携手建设中国－东盟命运共同体》的演讲中，将印度洋海啸和汶川大地震中应对自然灾害的合作作为两国增强互信，推动两国全面战略伙伴关系的推动因素。[②]

大国之间合作应对与治理非传统安全问题的过程是一个不断战略互信的过程。自美国发生“9·11”恐怖袭击事件之后，中美之间的反恐合作开启，两国建立了反恐磋商机制，在情报领域开展合作，签署“集装箱安全倡议”（CSI）合作原则声明等。反恐合作成为中美新的利益会合点和重新定位中美关系的积极促进因素。正是因为恐怖主义这样的非传统安全问题使“不可一世”的美国认识到，中国是亚太地区乃至世界上的一个举足轻重的大国，美国要想在反恐和防止大规模杀伤性武器扩散的斗争中取得实质进展，离不开中国的支持与配合，美国需要同中国

① 〔波兰〕彼得·什托姆普卡著《信任——一种社会学理论》，程胜利译，中华书局，2005，第 132～141 页。

② 《习近平在印度尼西亚国会的演讲》，http://www.gov.cn/ldhd/2013-10/03/content_2500118.htm。

开展接触与合作。反恐合作扩大了中美合作的战略基础，成为促进中美战略互信发展的一个新动力，正是这种战略互信的发展推动了双方将反恐合作逐渐扩大到防止大规模杀伤性武器扩散、反走私、反腐败、反非法移民等多个领域，两国合作关系不断发展，双方关系进入稳定和良性互动的发展阶段。

2013 年 9 月，外交部长王毅在访问美国期间表示，新型大国关系构建的过程中，国家之间需要不断增进战略互信、大力促进务实合作、积极加强人文交往、不断加强在国际地区热点及全球性问题上的合作。[①] 非传统安全问题的治理可以推动大国之间形成合作求安全的新型观念，可以促使大国之间开展务实性的合作，建立和增强战略信任关系，成为新型大国关系建构的积极动力与重要内容。

结　论

大国关系是国际关系格局与国际秩序塑造的决定性因素。“新型大国关系”构建是 21 世纪中国外交应对时代新局面所提出的外交理念，它正视了在国际格局发生变化的时代背景下，非传统安全问题给国际关系构建带来的挑战和机遇。

新型大国关系的构建是一个渐进性的、多层次、全方位的构筑过程，它是建立在一种平等、互利、互惠、双赢，相互尊重、互不干涉内政基础上的一种关系，它既可以促进大国间“去意识形态化”，追求并努力实现共同利益，推动双边关系的不断成熟和深化，还可以为其他国家提供一个学习的范式和关系构建样板，推动国际合作与发展。非传统安全

① 《王毅访美回应敏感问题　阐述中美新型大国关系》，http：//world. huanqiu. com/exclusive/2013 - 09/4377088. html。

问题为大国间开展合作创造了更多利益共同点，在合作中不仅仅实现了非传统安全领域的互助和共赢，而且扩大了地区多边主义合作的物质基础，为传统安全合作领域中的合作增加了更多的动力。非传统安全领域的合作治理，会增强国家之间合作安全观的建立，增强对差异性和利益共同性的认识，建立和增强彼此之间的信任度和认同感，推动国家之间多领域、多层面的合作。

从根本上说，非传统安全问题治理和新型大国关系构建是一种互相促进的良性关系。在新型大国关系的构筑过程中，非传统安全问题的合作治理可以从安全观念、安全合作、战略互信三个层级积极促进新型大国关系的构建。反过来讲，新型大国关系一旦构建完成，可以更加有效地预防和治理非传统安全问题。

附　录

2013年中国周边安全大事记

梁　鸿*

1月

3日　缅甸总统吴登盛在内比都会见日本副首相兼财务大臣、金融担当大臣麻生太郎，双方表示要加强两国经贸等领域的合作关系。

4日　韩国当选总统朴槿惠在首尔会见日本首相安倍晋三的特使团时表示，韩日两国应正视历史，加强交流，共同促进东北亚地区乃至整个世界的和平与繁荣。

7日　由中国海军第十二批护航编队"益阳"舰、"常州"舰和"千岛湖"舰组成的出访编队抵靠越南南部城市胡志明市，开始为期5天的友好访问。

8日　中共中央总书记习近平会见来华举行中俄第八轮战略安全磋商的俄罗斯联邦安全会议秘书帕特鲁舍夫，并强调，坚定不移地发展中俄全面战略协作伙伴关系是中国外交的优先方向。

9日　外交部发言人洪磊表示，中方一贯坚决反对日本在中国钓鱼

*　梁鸿，中国社会科学院研究生院亚太系硕士研究生。

岛海域和空域的侵权行为，对日方的升级行动保持高度警惕。

前越南副外长黎良明接替卸任的素林·比素万担任东盟秘书长，任期5年。

10日 菲律宾外长德尔罗萨里奥与到访的日本外相岸田文雄举行会谈，双方讨论了海上安全、双边贸易及日本向菲提供投资和发展援助等问题。

11日 美国总统奥巴马和来访的阿富汗总统卡尔扎伊就美军提前退出在阿作战任务达成一致。两人宣布，美军向阿富汗安全部队移交作战任务职责的期限将由原定的今年夏天提前到今年春天。

13日 美国驻菲律宾大使馆称，美军“复仇者”级扫雷舰“护卫者”号抵达位于菲吕宋岛的苏比克湾港口进行短暂访问。

14日 俄罗斯外交部称，俄罗斯拥有南千岛群岛具备法律依据，是二战结果决定的，质疑俄对南千岛群岛主权的任何言论都是不可接受的。

17日 日美两国政府在日本防卫省举行关于修改日美防卫合作指针的第一次事务级磋商，讨论修改指针事宜。

18日 缅甸总统府发表新闻公告称，缅甸国防军将从19日起停止在克钦邦迈扎央地区的军事行动。

21日 奥巴马在国会山公开宣誓就职美国总统，并发表就职演讲。

22日 日本首相安倍晋三在东京称，日中关系对日本来说是最重要的双边关系之一，维护良好的日中关系符合日本的国家利益，但同时表示，日本在“尖阁诸岛”（即中国钓鱼岛及其附属岛屿）问题上不会做出让步。

24日 朝鲜国防委员会发表声明，谴责联合国安理会涉朝决议，称将进行更高水平的核试验，为保护国家自主权展开“全面对决战”。

外交部发言人洪磊表示，中方希望朝鲜半岛问题有关各方都能保持冷静，谨言慎行，不要采取可能导致地区局势紧张升级的举措。

25日 日本政府召开内阁会议，正式决定修改现行的《防卫计划大纲》和《中期防卫力量整备计划》。

28日 外交部发言人洪磊表示，黄岩岛是无争议的中国领土。目前，黄岩岛局势已趋于稳定。中方希望不要出现反复。

29日 外交部发言人洪磊表示，“村山谈话”是日本政府就过去那段侵略殖民历史向亚洲受害国人民做出的郑重表态和承诺，希望日方以史为鉴，妥善处理有关问题。

30日 韩国首枚运载火箭“罗老”号成功发射升空，并成功施放其携带的卫星。“罗老”号成功发射标志着韩国已跻身“能在本土发射火箭”的国家之列。

31日 外交部发言人洪磊表示，对于菲方宣称要将中菲南海争议提交国际仲裁，中方不赞成这种背离共识、另搞一套的做法。

2月

4日 韩联社援引韩国军方人士的话报道称，韩国和美国当天在浦项附近的东部海上开始了为期3天的综合海上演习，核潜艇和宙斯盾驱逐舰等参与演习。

美国新任国务卿克里正式开始履职。

7日 日本首相安倍晋三在东京出席“北方领土日”纪念大会时表示，将努力解决日本与俄罗斯之间的领土问题，与俄方缔结和平条约。

12日 据朝中社报道，朝鲜劳动党中央政治局会议11日在平壤举行。根据会议通过的决定，朝鲜将隆重庆祝建国65周年和“祖国解放战争胜利”60周年，并将继续发射“光明星”系列人造地球卫星和“有威力的”远程火箭。朝鲜当天成功进行了地下核试验。

外交部长杨洁篪召见朝鲜驻华大使池在龙，就朝鲜进行第三次核试验提出严正交涉。杨洁篪表示，中国政府对朝方不顾国际社会普遍反对，再次进行核试验，表示强烈不满和坚决反对，要求朝方停止采取进一步激化局势的言行，尽快回到对话协商的正确轨道。

15日 韩美联合司令部发表新闻公报称，韩国和美国将于2月28日至3月10日举行代号为“关键决心”和“秃鹫”的年度例行联合军事演习，其中“秃鹫”演习的一部分训练将持续到4月底。

17日 俄罗斯外长拉夫罗夫与美国国务卿克里进行电话交谈，讨论了叙利亚问题和朝鲜核试验后的局势，并探讨尽快举行个人会晤的可能性。

18日 据俄罗斯国防部新闻处消息，俄国防部长谢尔盖·绍伊古在与来访的蒙古国国防部长达·巴特额尔德尼会谈时称，俄将继续向蒙古国武装力量提供支持。

19日 外交部发言人洪磊证实，中国驻菲律宾大使马克卿当天约见菲律宾外交部官员，表示中方对菲方就中菲南海争议提请国际仲裁的照会及所附通知不予接受并将其退回。

20日 俄罗斯副外长根纳季·加季洛夫表示，俄支持通过联合国安理会对最近进行核试验的朝鲜实施新制裁措施，但反对影响到与朝鲜正常的经贸合作关系。

21日 外交部发言人洪磊表示，日本首相安倍晋三称，同日本和其他亚洲邻国的冲突是中国根深蒂固的需求，意在巩固自身的政治支持。中方严肃要求日本就首相安倍晋三言论立即做出澄清和交代。

21～23日 日本首相安倍晋三在第二任期内首次访美，22日与奥巴马举行会谈。会谈主要涉及美日同盟、朝鲜核试验、钓鱼岛、《跨太平洋战略经济伙伴协定》（TPP）谈判等问题。

22日 日本岛根县在首府松江市举行“竹岛（韩国称独岛）日”活动，日本政府首次派遣高级官员出席该活动。

韩国外交通商部发表声明，严厉敦促日本立即废除“竹岛（韩国称独岛）日”，停止对独岛领土权的主张。

25日 韩国当选总统朴槿惠正式宣誓就任总统，并同时呼吁朝鲜立即放弃核计划活动。

26日 由美国哈林花式篮球队组织、美国全国篮球协会（NBA）前球星丹尼斯·罗德曼任团长的篮球代表团抵达平壤，开始对朝鲜进行为期一周的篮球友好交流访问。

日本防卫大臣小野寺五典在东京说，日本和美国决定在日本京都部署能精确追踪弹道导弹轨迹的X波段雷达。这将是在日本部署的第二部同类雷达。

27日 美国新任国防部长哈格尔在五角大楼宣誓就职。

28日 由“海巡21”“海巡31”和“海巡166”三艘海巡船组成的编队从三亚港起航赴南海水域执行巡航任务。

泰国总理英拉对马来西亚进行为期一天的工作访问。访马期间，在马来西亚政府的斡旋下，泰国政府首次与一个泰南分离主义组织签署了和平谈判协议，以期为结束泰国南部长达9年的动乱铺平道路。

美军太平洋舰队宣布，驻扎在加利福尼亚州圣迭戈的一艘濒海战斗舰将于3月1日起航，前往新加坡部署8个月。

3月

4日 “海巡31船”的海事直升机B7778巡视了东门礁附近通航环境、通航秩序，完成对东门礁附近水域的空巡监管任务。这是中国海事直升机首次对南海水域进行巡航监管。

5日 朝鲜人民军最高司令部发言人称，针对美韩的敌视朝鲜政策和制裁阴谋，朝鲜人民军将采取三项“重大措施”，其中包括宣布1953年签订的《朝鲜停战协定》“完全无效”。

6日 日本外务省发表公报说，日本首相安倍晋三当天晚上在与韩国总统朴槿惠通电话时表示，希望改善因竹岛（韩国称独岛）问题而恶化的日韩关系，“面向未来地”发展两国关系。

7日 联合国安理会一致通过关于朝鲜第三次核试验问题的第2094号决议。该决议要求朝不再进行核试验，放弃核武器计划，并重返《不扩散核武器条约》。决议同时承诺采取和平、外交和政治方式解决当前局势，重申支持并呼吁重启六方会谈。

8日 据朝中社报道，朝鲜祖国和平统一委员会当天发表声明宣布，将全面废除关于朝韩之间互不侵犯的所有协议，宣布《朝鲜半岛无核化共同宣言》完全无效，并关闭朝韩板门店联络渠道。

11~21日 韩国和美国举行代号为“关键决断”的联合军演。

12日 日本防卫省宣布，国产P1反潜巡逻机已经结束研发并将投入使用。

15日 日本首相安倍晋三正式宣布，日本将加入《跨太平洋战略经济伙伴协定》（TPP）谈判。

22日 中国国家主席习近平启程对俄罗斯、坦桑尼亚、南非、刚果（布）进行国事访问并出席金砖国家领导人第五次会晤。这是习近平今年3月14日就任中国国家主席后的首次出访，也是其去年11月15日就任中共中央总书记后的首次出访。

中国国家主席习近平和俄罗斯总统普京在莫斯科共同签署了《中华人民共和国和俄罗斯联邦关于合作共赢、深化全面战略协作伙伴关系的联合声明》，宣示中俄就两国战略协作及重大国际问题的立场主张。

26日 韩国外交部召见日本驻韩大使馆总务公使仓井高志，强烈抗议日方当天审定的中学教科书歪曲历史，宣称独岛（日本称“竹岛”）为日本领土、“遭韩国单方面占据”。

第五届金砖国家峰会在南非德班国际会议中心拉开帷幕。这是金砖国家第一次在非洲大陆举行领导人会晤。中国国家主席习近平、南非总统祖马、俄罗斯总统普京、巴西总统罗塞夫和印度总理辛格将出席领导人会晤。本次峰会主题为“金砖国家与非洲：致力于发展、一体化和工业化的伙伴关系”。

30 日 据朝中社报道，朝鲜政府、政党和团体当天发表特别声明，宣布朝韩关系进入战时状态，所有朝韩之间的问题将根据战时状态来处理。

蒙古国总理阿勒坦呼亚格与到访的日本首相安倍晋三在国家宫举行会谈，双方强调发展“战略伙伴关系”。这次访问是近 7 年来日本首相首次访蒙。

4 月

1 日 日本政府综合海洋政策本部公布了作为今后 5 年海洋政策方针的海洋基本计划草案，表示将推进海底资源开发并加强日本周边海域的警戒监视体制。

2 日 据朝中社报道，朝鲜原子能总局发言人当天表示，朝鲜将重新启动宁边 5 兆瓦石墨减速反应堆。

3 日 中国、俄罗斯、巴基斯坦关于阿富汗问题三方对话在北京举行，三方就阿富汗问题、本地区局势及涉阿国际地区合作等交换了看法。

美国国防部宣布，美军将在关岛部署末段高空区域防御系统，以应对来自朝鲜的导弹威胁。

5 日 日本政府召开内阁会议，决定将日本单独对朝鲜实施的制裁再延长两年。

韩联社援引韩国军方消息人士的话称，为应对朝鲜发射中程导弹的可能性，韩国军方已在附近海域部署了两艘搭载雷达的宙斯盾舰用于监视追踪。

国家主席习近平在人民大会堂同文莱苏丹哈桑纳尔举行会谈。两国元首积极评价中文关系发展，决定将中文关系提升为战略合作关系。

美国国防部长哈格尔宣布，现驻冲绳部分美军将转驻关岛和夏威夷，并向日本归还美军驻冲绳部分设施及区域。

6~8日 博鳌亚洲论坛2013年年会在海南博鳌举行，主题词“革新、责任、合作”，规模空前。

7日 习近平在海南博鳌会见澳大利亚总理吉拉德，并宣布中澳构建相互信任互利共赢的战略伙伴关系。

日本防卫大臣小野寺五典下达“破坏措施命令”，要求在朝鲜发射中程导弹的部分碎片落入日本境内时，利用导弹防御系统进行拦截。

8日 据朝中社报道，朝鲜劳动党中央书记金养健当天发表谈话宣布，朝鲜将从开城工业园区撤出全部朝鲜工人，暂时中断园区运转，并将讨论是否保留园区。

12日 正在韩国访问的美国国务卿克里表示，美国愿与朝鲜进行对话以实现半岛无核化。

13日 国家主席习近平在人民大会堂会见美国国务卿克里。

18日 日本防卫大臣小野寺五典称，为了应对朝鲜可能进行的导弹发射，防卫省当天在冲绳自卫队基地部署了“爱国者3”型导弹防御系统。

19日 日本政府召开内阁会议，通过关于自卫队可以陆路运送在海外遭遇紧急事态的日本人的自卫队法修正案。

21日 日本副首相兼财务大臣麻生太郎等3名内阁成员参拜靖国神社。

23日 168名日本国会议员集体参拜供奉有二战甲级战犯牌位的靖国神社，据日本共同社报道，这是2005年10月以来首次超过100名国会议员集体参拜靖国神社。

外交部发言人华春莹就日本国会议员集体参拜靖国神社表示，中方敦促日方切实恪守反省侵略历史的表态和承诺，以实际行动取信于国际社会。

24日 日本首相安倍晋三领导的自由民主党决定，寻求修改教科书审定标准中关于记述历史事件时顾及亚洲邻国的“近邻诸国条款”。

24~25日 第22届东盟峰会在文莱首都斯里巴加湾市举行，峰会的主题是“我们的人民，我们的未来”。会后发表的《主席声明》强调加强东盟共同体建设，扩展东盟次区域合作，和平处理有关争议。

26日 韩国政府发表声明，决定从开城工业园区撤离全部韩方滞留人员。

28~30日 日本首相安倍晋三对俄罗斯进行正式访问，这是近10年来日本首相首次正式访问俄罗斯。

5月

1~4日 外交部长王毅访问印尼、泰国、新加坡和文莱。

5~10日 韩国总统朴槿惠对美国进行正式访问，7日与奥巴马进行首脑会谈。此次访美是朴槿惠上任以来首次出访。

7日 第七届东盟国防部长会议在文莱首都斯里巴加湾市举行，东盟成员国防长围绕促进东盟政治安全共同体建设、加强地区防务合作等问题进行了讨论，并通过共同声明。

外交部发言人华春莹表示，中方坚决反对美方发表2013年度《涉华军事与安全发展报告》，已向美方提出交涉。

8日 俄罗斯总统普京称，俄罗斯将继续向阿富汗提供帮助，同时将加强安全措施应对北约从阿富汗撤军带来的局势变化。

9日 包括柬埔寨、中国、老挝、缅甸、泰国和越南在内的东亚次区域禁毒合作谅解备忘录签约六国，在缅甸首都内比都发表禁毒合作《内比都宣言》，以进一步推动开展本地区的禁毒合作。

13日　新一轮韩美海上联合军演在韩国东部海域展开。其中包括全球排水量最大、舰载机最多、现代化程度最高的美国海军“尼米兹号”核动力航空母舰。

越南总理阮晋勇到访俄罗斯飞地加里宁格勒，参观了俄罗斯为越南海军制造的、正在当地进行出厂海试的潜艇。

15日　日本首相安倍晋三在东京表示，安倍内阁继承对日本过去的侵略战争和殖民统治表示反省和道歉的“村山谈话”。

17日　日本执政的自民党公布新《防卫计划大纲》建议草案，主张建设“坚韧的防卫力量”，同时大幅增加自卫队人员编制和防卫预算。这份建议草案在自民党内获得通过后将提交日本政府，作为政府制定新《防卫计划大纲》的参考。

18～20日　朝鲜连续发射短程导弹。其中18日发射3枚，19日发射1枚，20日发射2枚。朝鲜称导弹发射属于朝鲜军队正常军事训练。

19～27日　国务院总理李克强对印度、巴基斯坦、瑞士和德国进行正式访问，启动上任以来首次出访行程。

20日　国家主席习近平在人民大会堂同塔吉克斯坦总统拉赫蒙举行会谈。两国元首决定，建立中塔战略伙伴关系，全面深化合作，造福两国和两国人民。

美国总统奥巴马在白宫同来访的缅甸总统吴登盛举行会谈。这是缅甸国家元首47年来首次访美。

21日　日本政府召开情报安全政策会议，拟定加强网络攻击对策的“网络安全战略”草案，考虑在自卫队中新建“网络防卫队”。

24～26日　日本首相安倍晋三对缅甸进行为期三天的访问，这也是日本首相36年来首访缅甸。此访的首要目的是着力扩大日本对缅甸的投资，进而提升日本对缅甸经济影响力。

27～30日　印度总理辛格访问日本，日本首相安倍晋三与印度总理辛格29日在东京举行会谈，双方决定强化日印全球战略伙伴关系，深化防卫合作，包括日本海上自卫队与印度海军定期、频繁举行联合演习。

应国家主席习近平邀请，斯里兰卡总统马欣达·拉贾帕克萨对中国进行国事访问。

30日 日本执政的自民党确定新《防卫计划大纲》建议，主张建设“坚韧的机动防卫力量”，以取代目前的“机动防卫力量”。自民党将于6月向日本首相安倍晋三提交这份建议，为日本政府制定新《防卫计划大纲》提供参考。

31日 第12届香格里拉对话会在新加坡开幕。在为期3天的会议期间，来自亚太以及区外等20多个国家和地区的国防部长、防务高官和学者将讨论区域安全议题，并举行双边或多边会谈。

6月

1日 美国国防部长哈格尔在新加坡举行的香格里拉对话会上说，美国将在亚太地区投入更多空中、地面力量以及高科技武器，以落实在本地区的“战略再平衡”部署。

美国、日本、韩国国防部长在新加坡香格里拉对话会间歇举行三边会晤，表示三国合作以迫使朝鲜放弃核和导弹项目，停止挑衅行为。

3日 外交部发言人洪磊表示，中国从未在别国部署核武器，不参加任何形式的核军备竞赛，一直把自身核力量维持在国家安全需要的最低水平。

6日 据朝中社报道，朝鲜祖国和平统一委员会发言人当天发表特别谈话，建议举行朝韩当局对话，重启开城工业园区和金刚山旅游项目。

国家主席习近平抵达美国加利福尼亚州，将于7日至8日在安纳伯格庄园同奥巴马总统举行中美元首会晤。这是两国政府换届后中美元首首次会晤。

美国《华盛顿邮报》在其网站上刊登报道称，美国家安全局和联邦调查局正在开展一个代号“棱镜”的秘密项目，直接接入 9 家美国互联网公司的中心服务器，开展数据挖掘以搜集情报。

11 日 柬埔寨副首相兼外交大臣贺南洪与泰国副总理兼外长素拉蓬在金边就两国边境相关问题举行会谈，一致同意着手采取在两国边境地区建设经济特区等措施推动双方合作与发展。

13 日 上合组织成员国安全机构在哈萨克斯坦南部举行联合反恐演习，重点演练了在人员密集场所消灭恐怖分子、制止恐怖活动以及解救人质等项目。

14 日 外交部发言人华春莹宣布，外交部近日设立了网络事务办公室，负责协调开展有关网络事务的外交活动。

16 日 据朝中社报道，朝鲜国防委员会发言人发表谈话，提议同美国举行政府间高级会谈，以消除朝鲜半岛紧张局势、实现地区和平与安全。

18 日 阿富汗塔利班发言人向媒体确认，塔利班已于当天在卡塔尔首都多哈开设和谈办公室。美国政府一位不愿透露姓名的官员当天表示，美国将于下周与塔利班在多哈举行旨在实现阿富汗和平的会谈。

19～21 日 应中国国家主席习近平邀请，越南国家主席张晋创抵达北京，开始对中国进行国事访问。

23 日 日本冲绳县知事仲井真弘多在冲绳表示，冲绳强烈要求将驻日美军普天间基地迁出冲绳。

俄罗斯莫斯科谢列梅捷沃机场新闻部门证实，美国“棱镜门”事件揭秘者爱德华·斯诺登当天已抵达莫斯科。

26 日 俄罗斯空军总司令邦达列夫表示，俄将在白俄罗斯西北城市利达建立空军基地，该基地年内启动并将部署可用高精武器对地攻击的苏－27CM 战机。同一天，吉尔吉斯斯坦总统阿坦巴耶夫签署法案，宣布明年7月将关闭美国在中亚的唯一军事基地——玛纳斯空军基地。

27日 重新夺得澳大利亚执政党工党党首地位的陆克文，正式就任澳大利亚第28任总理，这是陆克文第二次出任澳大利亚总理。

俄罗斯总统人权委员会主席米哈伊尔·费多托夫对媒体表示，俄罗斯应该为美国“棱镜门”揭露者斯诺登提供政治避难。

27~30日 韩国总统朴槿惠对中国进行国事访问，并与中国国家主席习近平举行首脑会谈。

28日 日本政府解除今年4月对自卫队下达的关于拦截朝鲜导弹碎片的“破坏措施命令”。

28~29日 中印边界问题特别代表第十六次会晤在北京举行。中方特别代表、国务委员杨洁篪和印方特别代表、国家安全顾问梅农就落实两国领导人共识，促进中印边界问题解决和双边关系发展，以及共同关心的国际、地区问题坦诚、深入交换意见。

30日 第46届东盟外长会议及其与对话伙伴和相关国家的一系列外长会议在东盟轮值主席国文莱首都斯里巴加湾市拉开帷幕。为期三天的会议预期将主要围绕东盟一体化进程及东盟与对话国之间的合作展开。

7月

1日 中国和俄罗斯军方宣布，将于7月5日至12日在日本海彼得大帝湾举行“海上联合-2013”中俄海上联合军演，7月27日至8月15日在俄罗斯车里雅宾斯克举行“和平使命-2013”中俄联合反恐军演。

4日 国家主席习近平在北京钓鱼台国宾馆会见巴基斯坦总理谢里夫。

6日 韩朝双方在韩朝边境板门店朝方一侧的“统一阁”举行工作会谈，就开城工业园区问题进行磋商。

9日 日本政府召开安全保障会议和内阁会议，决定将本月23日到期的海上自卫队在索马里附近海域打击海盗活动期限延长一年。

日本政府批准防卫大臣小野寺五典提交的2013年度《防卫白皮书》。白皮书称，中国的动向是地区和国际社会的担忧事项。

10~11日 第五轮中美战略与经济对话在美国华盛顿举行。双方在双边、地区和全球层面的战略及经济议题上达成一系列重要共识。

11日 日本冲绳县议会召开全体会议，通过致美国政府的抗议决议以及致日本政府的意见书，反对日美政府在冲绳追加部署MV-22“鱼鹰”倾转旋翼机，反对冲绳普天间基地固定化，并要求封锁普天间基地。

13日 按照俄罗斯总统普京的命令，俄军在远东地区突击检查战备情况，举行大规模演练，定于20日结束。大约16万军人、5000辆坦克和装甲车、130架飞机和70艘太平洋舰队战舰参加演练。

美国第七舰队司令斯威夫特抵达澳大利亚，参加两年一次的美澳“护身军刀”联合军演。演习旨在提高两国海军作战计划与执行任务能力。

15日 韩国和朝鲜代表就开城工业园区问题举行第三轮工作会谈。由于双方分歧较大，会谈未能达成任何实质性协议。双方决定于本月17日举行第四轮工作会谈。

吉尔吉斯斯坦总统阿坦巴耶夫在首都比什凯克议会大厦会见中国外交部长王毅。

16日 美国“棱镜门”事件揭秘者斯诺登正式向俄罗斯提出临时政治避难申请。

乌兹别克斯坦总统卡里莫夫在塔什干总统府会见中国外交部长王毅。

22日 日本第23届国会参议院选举最终开票结果揭晓，日本联合执政的自民党和公明党在国会参议院选举中获胜，两党占据参议院过半数议席，从而终结了朝野政党分控众参两院的“扭曲国会”局面。

日本首相安倍晋三在东京称，考虑修改日本政府有关禁止行使集体自卫权的宪法解释。

韩朝第五轮工作会谈在朝方开城工业园区内的综合援助中心举行，继续讨论有关开城工业园区的相关事项，旨在尽早恢复园区的正常生产。但本次会谈依旧未能达成任何协议，双方决定于25日举行第六轮工作会谈。

24日　由日本14个有驻日美军基地的都、道、县知事组成的“涉外知事会”代表向日本外务省和防卫省递交一份请愿书，要求修改日美地位协定并早日归还基地。

24~26日　应美国总统奥巴马邀请，越南国家主席张晋创对美国进行正式友好访问。这是张晋创首次访问美国，也是美国和越南自1995年建交以来两国最高领导人之间的第三次国事访问。

25日　缅甸联邦议会通过决议，组成一个由109名议员参加的宪法评估联合委员会，以便对2008年全民公决通过的缅甸宪法进行必要修改。

朝鲜国防委员会第一委员长金正恩在平壤百花园迎宾馆会见当日抵达朝鲜访问并出席朝鲜战争停战60周年纪念活动的国家副主席李源潮。

美国总统奥巴马和越南国家主席张晋创宣布建立两国“全面伙伴关系”，以推动两国在经贸、科学和技术，以及防务和安全等领域的合作。

26日　日本防卫省出台新《防卫计划大纲》中期报告，称将加强应对朝鲜弹道导弹威胁的能力，同时让自卫队在离岛防卫方面具备水陆两栖能力。

27日　菲律宾总统阿基诺在总统府与到访的日本首相安倍晋三举行会谈，双方同意进一步加强两国海上合作。

28日　柬埔寨执政党人民党发言人乔卡纳里称，在当天的国会选举中，首相洪森领导的人民党获得过半议席，赢得大选。

29日 日本首相安倍晋三表示，日中关系应该回归战略互惠关系原点，他期望与中国领导人举行“推心置腹”的对话。

日本副首相麻生太郎在东京发表演讲时声称，日本应该效仿第二次世界大战爆发以前德国纳粹政府的做法，“不知不觉地”修改宪法。

8月

1日 马来西亚总理纳吉布在普特拉贾亚总理府会见中国外交部长王毅。

越南总理阮晋勇与日本首相安倍晋三通电话，就推动越日战略伙伴关系全面发展达成共识。

俄罗斯移民局向美国“棱镜”项目曝光者爱德华·斯诺登发放了为期一年的临时避难许可。至此，斯诺登可在俄境内自由活动。

6日 日本海上自卫队“出云”号直升机航空母舰在神奈川县横滨市举行下水仪式，预计于2015年3月服役。

7日 据朝中社报道，朝鲜祖国和平统一委员会发言人当天发表特别谈话，提议朝韩14日举行第七轮工作会谈，同时表示将解除朝方此前暂停工业园区运营的措施，全面允许韩国企业出入工业园区。

美国白宫宣布，鉴于美俄关系没有取得进展以及俄方作出同意给予“棱镜”情报监控项目曝光者爱德华·斯诺登临时避难的决定，总统奥巴马已经取消原定9月初在莫斯科与俄罗斯总统普京的会晤。

9日 美国和俄罗斯在华盛顿举行了外长及防长对话。在叙利亚局势等方面，双方一致表示将继续进行合作。但围绕美国中央情报局前雇员斯诺登的处理问题，双方磋商无果而终。

11日 上海合作组织中吉主管机关边防部门“边防联合决心－2013”联合反恐演习在中吉边境地区举行。此次演习是根据上海合作组织地区反恐怖机构理事会第二十二次会议第310号决议，经中吉主管机关边防部门磋商举办的首次联合反恐演习。

13日 韩国最大在野党民主党领袖金汉吉访问独岛（日称竹岛），谴责日本政客近期美化侵略历史的错误言论，警告任何试图复活军国主义的举动只会恶化日本与亚洲邻国的关系。

14日 菲律宾和美国谈判代表就扩大美在菲军事存在框架协议举行首轮谈判。

19日 韩美联合司令部和韩国联合参谋本部宣布，韩美2013年度“乙支自由卫士”联合军事演习在韩国境内开始举行，本次演习将持续至30日。本次演习是以防御为主的年度例行军演，旨在增强韩美联合防卫和战斗准备能力。

9~20日 日本约300吨高浓度放射性污水从地面蓄水罐泄漏，是福岛核事故发生以来最严重的单次泄漏。28日，日本原子能规制委员会决定将该事件评定为3级（严重）。

21日 柬埔寨首相洪森在金边会见中国外交部长王毅。

26日 国家主席习近平在人民大会堂会见新加坡总理李显龙。

巴基斯坦官方称，阿富汗总统卡尔扎伊当天抵达巴基斯坦首都伊斯兰堡，就与塔利班进行直接对话寻求巴基斯坦支持。

28日 据朝中社报道，朝韩双方签订协议，决定成立开城工业园区北南共同委员会，以便协调解决园区运营中遇到的问题。

29日 第二届东盟国防部长扩大会议在文莱首都斯里巴加湾市举行，与会各国的国防部长或代表同意进一步加强安全防务合作，确保区域和平与稳定。

中国－东盟特别外长会议在北京举行，中国外交部长王毅和泰国副总理兼外长素拉蓬共同主持。

30日 印度媒体报道，印度当天成功发射一颗国防卫星。这颗国防卫星的发射成功，标志着继美、俄、中、英、法5国之后，印度正式加入专有国防卫星俱乐部。

日本政府以朝鲜未停止核武器开发等为由，宣布对朝鲜实施追加制裁措施。

日本防卫省30日公布2014年度预算，共计约4.9万亿日元（约498亿美元），较2013年度增加约3%，以强化警戒监视能力，提高应对岛屿攻击、弹道导弹攻击、网络攻击及大规模灾害能力。

9月

2日 据朝中社报道，朝鲜和韩国在开城工业园区举行开城工业园区北南共同委员会第一次会议。

3~4日 国家主席习近平对土库曼斯坦进行国事访问，双方一致决定将两国关系提升至战略伙伴关系水平。

5日 韩国统一部宣布，韩朝双方当天同意于6日重新开通被切断5个多月的西部地区军事通信线路。

俄罗斯总统新闻发言人佩斯科夫在圣彼得堡称，俄日将以“平手”方式解决领土争端。普京与安倍在二十国集团峰会召开前夕举行了会晤，双方决定将于11月初在日本举行两国外交部长和国防部长“2+2”会谈。

5~6日 二十国集团领导人第八次峰会在俄罗斯圣彼得堡举行，此次峰会的主题是促进经济增长和创造就业岗位。峰会通过了《二十国集团圣彼得堡峰会领导人宣言》。

6日 日本防卫大臣小野寺五典在东京称，驻日美军MV-22“鱼鹰”倾转旋翼机今年10月将首次参加日美联合训练。

中国国家主席习近平对哈萨克斯坦进行国事访问，访问期间，习近平将同纳扎尔巴耶夫总统举行会谈。

7日 经过近18天的航行，由中国海军导弹驱逐舰青岛舰、导弹护卫舰临沂舰和远洋综合补给舰洪泽湖舰组成的113舰艇编队，在编队指挥员、北海舰队参谋长魏钢海军少将的率领下，抵达美国夏威夷珍珠港，开始为期3天的友好访问。访问结束后，中美海军将在夏威夷附近海域举行海上联合搜救演习，演习中双方将互派联络官和观察员。此次演习是中美两军七年来首次在珍珠港举行联合军演。

澳大利亚大选结果出炉，反对派领导人阿博特战胜了现任总理陆克文，成为澳大利亚第29任政府总理，从而终结了工党6年的执政历史。

7～11日 据越通社消息，应越南国家主席张晋创邀请，韩国总统朴槿惠对越南进行国事访问。这是朴槿惠自2013年2月当选韩国总统以来首次访问越南，同时也是韩国总统第五次访问越南。

8日 柬埔寨选举委员会公布第五届柬埔寨国会选举正式结果，柬埔寨首相洪森领导的现执政党柬埔寨人民党赢得此次大选，将继续领导国家进行下一个五年的发展建设。

国家主席习近平抵达塔什干，开始对乌兹别克斯坦进行国事访问。

9日 东盟防长扩大会议机制首次反恐演练在印度尼西亚茂物县拉开帷幕，来自东盟10个成员国以及8个对话伙伴国的500多名军人参加。

巴基斯坦新任总统马姆努恩·侯赛因在首都伊斯兰堡宣誓就职，正式就任巴基斯坦第12届总统。

11日 朝韩有关重启开城工业园区的会谈达成协议，双方商定16日将试运营恢复园区生产。

13日 上海合作组织成员国元首理事会第十三次会议在吉尔吉斯斯坦首都比什凯克举行。本次上海合作组织峰会的主题是研究部署进一步深化成员国睦邻友好合作关系的举措，并就重大国际和地区问题交换意见，协调立场。与会元首共同签署并发表了《比什凯克宣言》。

14日 日本宇宙航空研究开发机构在位于鹿儿岛县的内之浦宇宙空

间观测所发射了第一枚“艾普斯龙”号新型固体燃料火箭。

14~15 日 中国外交部副部长刘振民和泰国外交部次长西哈萨在苏州共同主持了落实《南海各方行为宣言》的第六次高官会和第九次联合工作组会议。此次会议是中国与东盟为制定避免在南海发生冲突、具有法律约束力的“南海行为准则”（COC）举行的首次正式磋商。

24 日 柬埔寨第五届国会第一次会议选举洪森为新一届政府首相。

加拿大总理哈珀在国会大厦与到访的日本首相安倍晋三举行会谈，双方决定进一步加强加拿大军队与日本自卫队的合作。

26 日 吉尔吉斯斯坦国家安全委员会新闻办公室称，独联体国家反恐军事演习“阿拉套反恐 2013”落下帷幕。在独联体反恐中心组织下，哈萨克斯坦、吉尔吉斯斯坦、俄罗斯、塔吉克斯坦和乌克兰的作战部队及安全部门参加演习，内容包括解救被恐怖分子劫持的人质和摧毁敌方武装力量。

27 日 美国总统奥巴马在白宫会见印度总理辛格，双方承诺加强经济和安全领域的双边合作。

10 月

2 日 国家主席习近平对印度尼西亚进行国事访问，在雅加达同印度尼西亚总统苏西洛举行会谈。双方共同决定把中印（尼）关系提升为全面战略伙伴关系。

韩美国防部长在首尔举行第 45 次韩美安保会议，正式签订应对朝鲜核威胁的“针对性遏制战略”计划。

3 日 国家主席习近平抵达吉隆坡，对马来西亚进行国事访问，双方还签署了《中华人民共和国政府与马来西亚政府经贸合作五年规划》（2013~2017 年）。

4 日 美国国防部宣布再次成功进行了反导试验，美军利用装备在

“伊利湖”号巡洋舰上的“宙斯盾”反导系统，在太平洋上空拦截了一枚中程弹道导弹。

5日 国家主席习近平抵达印度尼西亚巴厘岛，出席即将举行的亚太经合组织第二十一次领导人非正式会议。

6日 《跨太平洋战略经济伙伴协定》（TPP）部长级会议在印度尼西亚巴厘岛闭幕。会议再次确认了全面取消关税的原则，但在关键的货物市场准入等领域的分歧依然明显。

日本防卫大臣小野寺五典在视察硫磺岛时表示，将把该岛作为日本离岛防卫据点，强化对硫磺岛附近海域的防卫警戒部署。

7日 亚太经合组织第二十一次领导人非正式会议在印度尼西亚巴厘岛开幕。本次会议的主题是“活力亚太，全球引擎”。实现贸易目标、可持续和公平增长、亚太互联互通等为会议的主要议题。

9日 第23届东盟领导人会议在文莱首都斯里巴加湾市国际会议中心开幕。东盟10国领导人将在会议上重点讨论在2015年前建成东盟共同体及加强东盟对外合作等问题。

国务院总理李克强抵达斯里巴加湾市，出席即将在这里举行的东亚领导人系列会议，并对文莱进行正式访问。

10日 美国、韩国和日本开始举行联合海上军事演习，包括“乔治·华盛顿”号核动力航空母舰在内多艘美韩日舰艇参加。朝鲜军方命令部队进入戒备状态。

第八届东亚峰会在文莱首都斯里巴加湾市召开，东盟及其8个对话伙伴国领导人就地区合作问题进行讨论。会议发表了《第八届东亚峰会主席声明》和《东亚峰会关于粮食安全的宣言》。

第16次东盟与中日韩（10+3）领导人会议在文莱举行。

12日 安倍政府决定把“根本上修改‘武器出口三原则’”写入将于年底获得内阁会议批准的外交及安全政策中长期指针《国家安全保障

战略》。

13 日　国务院总理李克强对越南进行正式友好访问。

17 日　据日本媒体报道，日本首相安倍晋三以“内阁总理大臣”名义向靖国神社供奉名为“真榊”的祭品。这也是继今年靖国神社春季大祭、8 月 15 日“日本战败纪念日”后，安倍再次向靖国神社供奉祭品。

18 日　日本总务大臣新藤义孝和约 160 名“大家一起参拜靖国神社”超党派国会议员联盟成员参拜了靖国神社。

20 日　印度总理辛格抵达莫斯科，开始对俄罗斯进行为期 3 天的正式访问。

巴基斯坦总理谢里夫对美国进行正式访问。访问期间，美巴签署协议，决定将两国科学技术合作协议延长 5 年。这是数年来巴基斯坦对美国的最高级别访问，也是巴领导人 5 年来首次访美。

21 日　据日本共同社报道，日本首相安倍晋三设立的讨论安保战略机构“有关安全保障与防卫力量恳谈会”当天拟定了国家安全保障战略概要，提出要修改“武器出口三原则”等具体措施。

美国国务院称，美国务卿克里与来访的巴基斯坦总理谢里夫一致同意两国继续进行反恐合作，并加强双边经贸和投资关系。

22 日　俄罗斯总理梅德韦杰夫对中国进行为期两天的正式访问。期间，将与李克强总理举行中俄总理第十八次定期会晤。

22～24 日　印度总理辛格对中国进行正式访问。这是继李克强总理 5 月访印后，今年中印间又一次重要高层访问，将实现 1954 年以来两国总理首次年内互访。

25 日　韩国于“独岛日”当天在独岛（日本称竹岛）周边海域举行联合防御军演。这是韩国首次在“独岛日”公开举行军演。

27 日　日本首相安倍晋三在出席日本陆上自卫队阅兵式时称，将推进有关行使集体自卫权的探讨。

28 日　应朝鲜最高领导人金正恩的邀请，蒙古国总统额勒贝格道尔吉抵达平壤对朝鲜进行访问。韩联社称，额勒贝格道尔吉是金正恩担任朝鲜最高领导人后首位对朝鲜进行正式访问的外国元首。

新加坡总理李显龙对法国进行正式访问。访问期间，与法国总统奥朗德首次正式举行会谈。

11 月

1 日　日本外相岸田文雄与到访的俄罗斯外长拉夫罗夫举行会谈，双方同意继续就北方四岛问题举行谈判，最早将于 2014 年 1 月底举行副部长级磋商。

5 日　马来西亚总理纳吉布表示，马方已就美国和澳大利亚利用在该国的外交机构对马来西亚政府进行监听活动提出抗议。

据当地媒体报道，俄罗斯将于 7 日向越南交付第一艘 636 型柴电动力潜艇。它将成为越南海军有史以来装备的第一艘潜艇。

印度成功发射首颗火星无人探测器“曼加里安”号，成为继美国、俄罗斯和欧盟外全球第四个成功发射火星探测器的航天机构。

6 日　据日本广播协会电视台报道，11 月 1 日至 18 日，约 3.4 万名陆上、海上和航空自卫队将在九州和冲绳等地举行大规模军事演习。作为大规模军事演习的一环，日本自卫队当天首次在冲绳县宫古岛部署反舰导弹部队。

正在巴以地区访问的美国国务卿克里宣布，美国将向巴勒斯坦提供 750 万美元，用于基础设施项目建设。

美国国防部宣布，美军最新一艘核动力航空母舰“杰拉尔德·福特”号将于本月 9 日下水服役，取代去年退役的“企业号”航母。

8 日　今年第 30 号台风“海燕”凌晨在菲律宾中部的东萨马省登陆，中心最大风力达每小时 314 公里，成为今年最强的台风，造成重大人员伤亡和物资损失。

10日 外交部长王毅与俄罗斯外长拉夫罗夫、印度外长胡尔希德在新德里共同举行中俄印外长第十二次会晤。

11日 中国和印度尼西亚空降兵“空降利刃－2013”联合反恐训练在印尼西爪哇省首府万隆落幕。此次训练是中印（尼）两军举行的第三次特种部队联合训练。

日本政界和学界人士在东京成立“继承和发展村山谈话会”，旨在坚持反省二战中日本的侵略和殖民行为，推动日本继续走和平、非战道路。

12～13日 俄罗斯总统普京先后访问越南和韩国。访问期间，俄罗斯分别与两国在经济、能源、军事、人文等领域签订了一系列协议。

14日 美国国务院发言人珍妮弗·普萨基称，美国朝鲜政策特别代表格林·戴维斯将于下周访问中国、韩国和日本，继续与三国就协调对朝鲜政策问题开展磋商。

15日 缅甸和欧盟在缅甸首都内比都签署多项合作文件，双方将联合举办中小企业政策论坛和初级产品政策论坛，开展旅游、农业、投资等领域合作，欧盟承诺向缅甸提供发展援助。

16日 俄罗斯正式向印度海军交付改装完成的“超日王”号航空母舰，它将成为印度海军旗舰。

19日 日本和欧盟在东京举行定期首脑磋商，双方表示将加快缔结经济合作协定（EPA）谈判，以加强日本和欧盟在经济领域的合作。

20日 日本首相安倍晋三在与美国新任驻日本大使卡罗琳·肯尼迪举行会谈时表示，日本将进一步加强日美同盟关系。

23日 中国政府发表声明，宣布划设东海防空识别区，并发布航空器识别规则公告和识别区示意图。中国空军新闻发言人申进科上校此间表示，中华人民共和国东海防空识别区公布划设后，中国空军进行了首次空中巡逻。

24 日 阿富汗大支尔格会议，即大国民会议通过与美国签署《双边安全协议》，呼吁总统哈米德·卡尔扎伊尽快签署这一协议。

27 日 俄罗斯总统普京在俄黑海海滨城市索契宣布，预计 2020 年前俄海军列装的战略核潜艇将达 8 艘。

29 日 日本政府召开内阁会议，决定取消自卫队员在海外运送遭遇紧急事态的日本人时携带武器的限制。

俄罗斯总理梅德韦杰夫在乌兹别克斯坦首都塔什干表示，俄方呼吁各成员国更为积极有效地探讨成立上海合作组织能源俱乐部事宜，并将此打造成各国开展能源项目对话的平台。

上海合作组织成员国总理第十二次会议在乌兹别克斯坦首都塔什干举行，与会各方就世界和地区经济发展的广泛议题，以及发展上合组织框架内的经贸和人文合作问题交换了意见，达成共识。

英文摘要

China's Peripheral Security Environment: Development, Formation and Trends

WU Zhaoli

Since 2013, China's peripheral security environment has been driven by two forces. One is the US rebalancing strategy towards Asia – Pacific, and the other is China's new foreign policy practice. By strengthening its direct military presence in the Asia – Pacific region, promoting bilateral alliance system, and creating mini – multilateral ism, the US tries to regulate and check the rise of China. Meanwhile China, through cultivating a New Type of Great Power Relationship with major powers, putting the emphasis on the periphery diplomacy, and enhancing economic ties with ASEAN, south Asian and Central Asian regions, tries to reduce the strategic tension. In the foreseeable future, the interaction between China and the United States will be the primary factor shaping China's peripheral security environment.

On a New Type of Relations Between Major Powers

ZHAO Minghao

Despite apparent continuities, Chinese foreign policy and diplomatic practice have been undergoing significant changes since Chinese new leadership took office. The building up of a New – Type Major Power Relations (NMPR) is one key element in such changes and is consequential to Chinese policy and diplomacy toward peripheral. regions The NMPR emerges in comparison to the century – old patterns of major power relations which features geopolitical rivalry, zero – sum competition and bloc confrontation. It also seeks to respond to the contemporary nature and trends of international relations with unprecedented interdependence as the overarching characteristic, which entails multidimensional and substantial cooperation for lasting peace, stability and common prosperity. The Chinese leadership is focusing on promoting NMPR between China and the US, and recalibrating the bilateral relationship in Asia – Pacific region in a positive manner is a priority. future tasks include substantiateing the NMPR and puting the concept into specific actions as well as developing NMPR with other major powers, and coordinating Chinese policies towards major powers and its neighboring countries.

"Economic belt of Silk Road" and the New Sino – Russia Relationship

FAN Lijun

"Economic belt of Silk Road" is a new strategic concept proposed by Chinese new national leaders in the new situation, facing the changes of China's peripheral security environment. It is another strategic step of the cooperation between China and Central Asian countries after the "Shanghai Cooperation Organization". It means that the cooperation between China and Central Asian countries will be from security field to economic field. Considering the historical influence of Russia in the Cental Asia, China need to build a new type of relationship with Russia.

Japan's Policy towards China and its Implications for Asia Pacific Region

LYU Yaodong

Japan's Instigating the issue of the Diaoyu Islands and hyping up "China threat" has given cause for a deterioration in not only Sino – Japan relations but also the peace and security in the Asia – Pacific region. Abe's China policy, based on Japan's national interests and the Japan – US alliance, is to contain China's peaceful development and strives to occupy the commanding heights of the Asia – Pacific regional cooperation. Meanwhile, Abe tries to shape the Asia-Pacific security mechanism, to promote values – oriented diplomacy to contend with China, to develop relations with China's neighboring countries to offset China's influence, and to build the Asia Pacific region on a Japan – US alliance basis. With the rapid development of China's comprehensive strength, China – Japan relations are entering a sensitive adjustment period. An accurate definition of Sino – Japan bilateral relations is critical for stability and development in the Asia Pacific region.

The North – South Korean Relations and the Sino – US Relationship of New Pattern between Great Powers

PIAO Jianyi

In 2012, the main actors who effect the evolution of the Korean peninsula situation, as the two sides of inter – Korea, China, the US, Japan, Russia, had all realized the regime or government change. Thus, 2013 has been the four types of cyclical evolution of long, medium, short, micro cycles of Korean Peninsula situation after the Cold War, and the situation evolution on the Korean peninsula has entered a new stage with a great significance for the future evolution of the Korean peninsula situation. To evaluate the current situation on the Korean peninsula objectively and impartially, it's the most important thing to choose an analytical framework abstracted from facts and will be amenable to facts. Based on the preliminary theories on the Korean Peninsula issues after the Cold War, as well as the observation about the Korean peninsula situation evolution in 2013, the paper intends to assess the interactive process of the two most important relationships affect the Korean peninsula situation evolution in 2013: the relations of North – South Korea and the new pattern of relationship between great powers of Sino – US. To this end, based on the results of previous empirical research, this paper shows the critical impact of interaction of inter – Korean relations and the neighboring powers around the Korean Peninsula on the Korean peninsula situation. Furthermore, this paper reveals the basic characteristics of the relations between North – South Korea, and elaborates the role of China – US relations for the North – South relations evolution after the Cold War. Then, with the rational analysis framework above, makes an interpretation of the interaction between the inter – Korean relations and the new pattern of relationship between great powers of Sino – US in 2013. As a conclusion, the paper would look into the possible scenarios of interaction in future 1 – 2 years between the Sino – US relations and inter – Korean relations.

Toward a New Model of Sino – ASEAN Relation and South China Sea Dispute

ZHANG Jie

When the strategic partner relation between China and ASEAN enters into the second ten – year, China provides a new Southeast Asian Strategy, which vows to build Community of common destiny and to develop good neighbors with ASEAN. However, the clashes on South China Sea between China and some Southeast Asian countries break out time to time which challenge the political trust of Sino – ASEAN. In the long term, both building a new model of international relation and developing Sino – ASEAN dialogue are benefit for the regional stability, and provide an import platform for construction mechanism of trust among disputed countries. China should insist on resolving territorial dispute through bilateral negotiation, at the same time, strengthening non – traditional maritime security cooperation through multilateral mechanism.

The Development and Prospect of BCIM Sub – regional Corporation

CHEN Lijun

Bangladesh, China, India and Myanmar are linked by rivers and mountains. The four countries enjoy a long history of contacts and they vary in term of natural endowment and culture. The four economies are also highly complementary. The four countries hold the conference alternatively since BCIM Regional Economic Forum was found in 1999. BCIM have published some proposals and statements which have great impact. The BICM is aimed at mutual benefit and common development. It has achievement on the cooperation in the filed of mechanism, transport, trade, tour and so on. BCIM is an important cooperation mechanism for strengthening links and improving sub – regional cooperation between China and South Asia. However, BCIM sub – regional cooperation is still in the process of development and has a lot of problem. Compared with the new situation of economic globalization and cooperation potential between the four countries, BCIM sub – regional cooperation develops slowly. In order to boost pragmatic cooperation between BCIM, the four countries should strengthen coordination, take advantage and learn from each other.

"Indo – Pacific" Maritime Security Cooperation of the United States and its Impacts

CAO Xiaoyang

Ocean and maritime security is the main concern and focus of the Obama administration's Asia – Pacific rebalancing strategy. In order to meet challenges of anti – access and area denial capability from China, Iran and other states, and other non – traditional security threats, the United States has been strengthening "Indo – Pacific" maritime security cooperation. By enhancing the "Indo – Pacific" naval forces deployment, strengthening "Indo – Pacific maritime partnership" by high – level visits, military training and assistance, arms sales and technology transfer, vessel visits and port call, joint military exercises, and participating the regional maritime cooperation regime, the United States upgrades the level of maritime security cooperation with allies and partners. Japan, India, Australia and the Philippines and other allies and partners actively adjust their polices and see it as an opportunities to expand their national interests. The U. S. maritime security strategy adjustment has complex impacts on regional security environments.

New Development and Main Features of Military Relationship between US and ASEAN Countries

LIU Lin

Since the Obama administration began its rebalance to Asia, the US put more strategic attention and resource to Southeast Asia. And one important aspect of the US policy is to enhance its military relationship with ASEAN countries and its military presence in Southeast Asia. The US further strengthened its alliance or quasi – alliance relationship with the Philippines, Thailand and Singapore; actively pursue "new strategic relationship" with main countries in

ASEAN such as Indonesia and Vietnam; and opened new chapter in its military relationship with Cambodia, Laos and Myanmar. The US actions are not only out of the consideration of adjusting its Asia – Pacific strategic, but also checking China's rise and meeting the requirements of ASEAN countries. This will not only change the "north – heavy" military deployment of US in Asia, but also is meant to focus on the issue of South China Sea, which need us to pay great attention to.

Asia Pacific Powers and the Security Situation in the Indo – China Peninsula

YANG Danzhi

In 2013, Domestic security level issues are the main national security issues for the Indo – China Peninsula countries. The strategic behavior of Asia Pacific powers in the Indo – China Peninsula is being driven more by the strategic mutual – distrust between China and America, China and Japan, China and India. This kind of Strategic mutual – distrust directly or indirectly lead to the complexity of the security situation in the Indo – China peninsula. At present, the unstable factors in the Indo – China Peninsula security situation still can not endanger the China perimeter security, while an undercurrent of tension pervades the situation in this region. China's Indo – china Peninsula diplomacy will still be the challenges and opportunities coexist

Non – traditional Security Management and New Type of Great Power Relationship Construction

LI Zhifei

More and more countries face new challenges and new competitions come from Non – traditional security problems, which promote the concept of "new type of great power relationship" be proposed. Non - traditional security management could promote the construction of "new type of great power relationship" from three parts: security concept, security cooperation and strategy confidence. On the other hand, once the "new type of great power relationship" constructed, many non - traditional security problems could be effective prevented and decrease the security threats to countries. The relationship between the management of the non - traditional security and the construction of the new type of great power relationship is mutual promotion

图书在版编目（CIP）数据

中国周边安全形势评估 . 2014，构建新型大国关系与塑造和平的周边环境 / 张洁主编 . —北京：社会科学文献出版社，2014. 1
（国际战略研究丛书）
ISBN 978 - 7 - 5097 - 5542 - 6

Ⅰ. ①中…　Ⅱ. ①张…　Ⅲ. ①国际形势 - 研究报告 - 2014 ②国家安全 - 研究报告 - 中国 - 2014　Ⅳ. ①D5 ②D631

中国版本图书馆 CIP 数据核字（2014）第 002056 号

· 国际战略研究丛书 ·
中国周边安全形势评估（2014）
构建新型大国关系与塑造和平的周边环境

主　　编 / 张　洁

出 版 人 / 谢寿光
出 版 者 / 社会科学文献出版社
地　　址 / 北京市西城区北三环中路甲 29 号院 3 号楼华龙大厦
邮政编码 / 100029

责任部门 / 经济与管理出版中心（010）59367226　　责任编辑 / 陈凤玲　刘宇轩
电子信箱 / caijingbu@ ssap. cn　　责任校对 / 师敏革
项目统筹 / 恽　薇　　责任印制 / 岳　阳
经　　销 / 社会科学文献出版社市场营销中心（010）59367081　59367089
读者服务 / 读者服务中心（010）59367028

印　　装 / 北京季蜂印刷有限公司
开　　本 / 787mm × 1092mm　1/16　　印　　张 / 16. 25
版　　次 / 2014 年 1 月第 1 版　　字　　数 / 213 千字
印　　次 / 2014 年 1 月第 1 次印刷
书　　号 / ISBN 978 - 7 - 5097 - 5542 - 6
定　　价 / 49. 00 元